Obras Póstumas

ide

FICHA CATALOGRÁFICA

(Preparada na Editora)

Kardec, Allan,1804-1869.

K27o *Obras Póstumas* / Allan Kardec; tradução de Salvador Gentile, revisão de Elias Barbosa. Araras, SP, IDE, 30ª edição, 2021.

288 p.

ISBN 978-65-86112-15-3

Tradução de: *OEuvres Posthumes,* 6ème edition française, Paris, 1912.

1. Espiritismo I. Gentile, Salvador, 1927-2018 II. Barbosa, Elias, 1934-2011 III. Título.

CDD -133.9
-133.91

Índices para catálogo sistemático:

1. Espiritismo 133.9
2. Espíritos: Comunicações mediúnicas: Espiritismo 133.91

Obras Póstumas

É preciso propagar a Moral e a Verdade.

MUMS

POR

Allan Kardec

Título do original:
OEUVRES POSTHUMES

Tradução:
Salvador Gentile

Revisão da tradução:
Elias Barbosa

Índice Analítico:
Hércio Marcos C. Arantes

30ª edição - março/2021
3ª reimpressão - abril/2024

Conselho Editorial:
Doralice Scanavini Volk
Wilson Frungilo Júnior

Produção e Coordenação:
Jairo Lorenzeti

Capa:
Samuel Carminatti Ferrari

Diagramação:
Maria Isabel Estéfano Rissi

Parceiro de distribuição:
Instituto Beneficente Boa Nova
Fone: (17) 3531-4444
www.boanova.net
boanova@boanova.net

INSTITUTO DE DIFUSÃO ESPÍRITA - IDE
Rua Emílio Ferreira, 177 - Centro
CEP 13600-092 - Araras/SP - Brasil
Fones (19) 3543-2400 e 3541-5215
CNPJ 44.220.101/0001-43
Inscrição Estadual 182.010.405.118
www.ideeditora.com.br
editorial@ideeditora.com.br

SUMÁRIO

SEGUNDA PARTE

– 1 –

Biografia de Allan Kardec

É sob o golpe da dor profunda causada pela partida prematura do venerável fundador da Doutrina Espírita, que abordamos a nossa tarefa, simples e fácil para as sua mãos sábias e experimentadas, mas cujo peso e gravidade nos acabrunhariam se não contássemos com o concurso eficaz dos bons Espíritos e a indulgência dos nossos leitores.

Quem, entre nós, sem ser taxado de presunçoso, poderia se gabar de possuir o espírito de método e de organização dos quais se iluminam todos os trabalhos do mestre? Sua poderosa inteligência podia concentrar sozinha tantos materiais diversos, e triturá-los, transformá-los, para se derramarem em seguida como orvalho benfazejo, sobre as almas desejosas de conhecerem e de amarem.

Incisivo, conciso, profundo, sabia agradar e se fazer compreendido, numa linguagem ao mesmo tempo simples e elevada, tão longe do estilo familiar quanto das obscuridades da metafísica.

Multiplicando-se sem cessar, pudera, até aqui, bastar a tudo. Entretanto, o crescimento diário de suas relações e o desenvolvimento incessante do Espiritismo faziam-lhe sentir a necessidade de acompanhar-se de alguns ajudantes inteligentes, e preparava, simultaneamente, a organização nova da Doutrina e de seus trabalhos, quando nos deixou para ir, num mundo melhor, colher a sanção da missão cumprida, e reunir os elementos de uma nova obra de devotamento e de sacrifício.

Ele era só!... Chamar-nos-emos *legião*, e, por fracos e inexperientes que sejamos, temos a íntima convicção de que nos manteremos à altura da situação, se, partindo dos princípios estabelecidos e de uma evidência incontestável, nos fixarmos em executar, tanto quanto nos seja possível, e segundo as necessidades do momento, os projetos de futuro que o próprio Sr. Allan Kardec se propusera cumprir.

Enquanto estivermos nesse caminho, e que todas as boas vontades se unirem num comum esforço para o progresso intelectual e moral da Humanidade, o Espírito do grande filósofo estará conosco e nos secundará com a sua poderosa influência. Possa ele suprir a nossa insuficiência, e possamos nos tornar dignos de seu concurso, em nos consagrando à obra com tanto devotamento e sinceridade, senão com tanto de ciência e de inteligência!

Escrevera sobre a sua bandeira estas palavras: *Trabalho, solidariedade, tolerância*. Sejamos, como ele, infatigáveis; sejamos, segundo os seus desejos, tolerantes e solidários, e não temamos em seguir o seu exemplo repondo vinte vezes entre as mãos os princípios ainda discutidos. Apelamos a todos os concursos, a todas as luzes. Tentaremos avançar com certeza antes que com rapidez, e os nossos esforços não serão infrutíferos, se, como disso estamos persuadidos, e como lhe seremos os primeiros a dar o exemplo, cada um se empenhar em cumprir o seu dever, colocando de lado toda questão pessoal para contribuir ao bem geral.

Não poderíamos entrar sob auspícios mais favoráveis na nova fase que se abre para o Espiritismo, do que fazendo os nossos leitores conhecerem, num rápido esboço, o que foi, toda a sua vida, o homem íntegro e honrado, o sábio inteligente e fecundo, cuja memória se transmitirá aos séculos futuros, cercada da auréola dos benfeitores da Humanidade.

Nascido em Lyon, a 3 de outubro de 1804, de uma antiga família que se distinguiu na magistratura e na advocacia, o Sr. Allan Kardec (*Hippolyte-Léon-Denizard Rivail*) não seguiu essa carreira. Desde sua primeira juventude, sentia-se atraído para o estudo das ciências e da filosofia.

Educado na Escola de Pestalozzi, em Yverdum (Suíça), tornou-se um dos discípulos mais eminentes desse célebre professor, e um dos zelosos propagadores do seu sistema de educação, que exerceu uma grande influência sobre a reforma dos estudos na Alemanha e na França.

Dotado de uma inteligência notável e atraído para o ensino pelo seu caráter e as suas aptidões especiais, desde a idade de quatorze anos, ensinava o que sabia àqueles de seus condiscípulos que tinham adquirido menos do que ele. Foi nessa escola que se desenvolveram as ideias que deveriam, mais tarde, colocá-lo na classe dos homens de progresso e dos livres pensadores.

Nascido na religião católica, mas estudante em um país protestante, os atos de intolerância que ele teve que sofrer a esse respeito, lhe fizeram, em boa hora, conceber a ideia de uma reforma religiosa, na qual trabalhou no silêncio durante longos anos, com o pensamento de chegar à unificação das crenças; mas lhe faltava o elemento indispensável para a solução desse grande problema.

O Espiritismo veio mais tarde lhe fornecer e imprimir uma direção especial aos seus trabalhos.

Terminados os seus estudos, veio para a França. Dominando a fundo a língua alemã, traduziu para a Alemanha diferentes obras de educação e de moral, e, o que é característico, as obras de Fénélon, que o seduziram particularmente.

Era membro de várias sociedades sábias, entre outras da Academie Royale d'Arras, que, em seu concurso de 1831, o premiou por uma dissertação notável sobre esta questão: *"Qual é o sistema de estudos mais em harmonia com as necessidades da época?"*

De 1835 a 1840, fundou, em seu domicílio, à rua de Sèvres, cursos gratuitos, onde ensinava química, física, anatomia comparada, astronomia, etc.; empreendimento digno de elogios em todos os tempos, mas sobretudo numa época em que um bem pequeno número de inteligências se aventurava a entrar nesse caminho.

Constantemente ocupado em tornar atraentes e interessantes os sistemas de educação, inventou, ao mesmo tempo, um método engenhoso para aprender a contar, e um quadro mnemônico da história da França, tendo por objeto fixar na memória as datas dos acontecimentos notáveis e das descobertas que ilustraram cada reinado.

Entre as suas numerosas obras de educação, citaremos as seguintes: *Plano proposto para a melhoria da instrução pública* (1828); *Curso prático e teórico de aritmética,* segundo o método de Pestalozzi, para uso dos professores primários e das mães de família (1829); *Gramática Francesa Clássica* (1831); *Manual dos Exames para os diplomas de capacidade; Soluções arrazoadas das perguntas e problemas de aritmética e de geometria* (1846); *Catecismo gramatical da língua francesa* (1848); *Programa de cursos usuais de química, física, astronomia, fisiologia,* que ele professava no LYCÉE POLYMATHIQUE; *Ditado normal dos exames da Prefeitura e da Sorbonne,* acompanhado de *Ditados especiais sobre as dificuldades ortográficas* (1849), obra muito estimada na época de sua aparição, e da qual, recentemente ainda, se faziam tirar novas edições.

Antes que o Espiritismo viesse a popularizar o pseudônimo Allan Kardec, como se vê, soube se ilustrar por trabalhos de uma natureza toda diferente, mas tendo por objeto esclarecer as massas e ligá-las mais à sua família e ao seu país.

"Por volta de 1855, desde que duvidou das manifestações dos Espíritos, o Sr. Allan Kardec entregou-se a observações perseverantes sobre esse fenômeno, e se empenhou principalmente em deduzir-lhe as consequências filosóficas. Nele entreviu, desde o início, o princípio de novas leis naturais; as que regem as relações do mundo visível e do mundo invisível; reconheceu na ação deste último uma das forças da Natureza, cujo conhecimento deveria lançar luz sobre uma multidão de problemas reputados insolúveis, e compreendeu-lhe a importância do ponto de vista religioso.

"As suas principais obras sobre essa matéria são: *O Livro dos Espíritos*, para a parte filosófica e cuja primeira edição apareceu em 18 de abril de 1857; *O Livro dos Médiuns*, para a parte experimental e científica (janeiro de 1861); *O Evangelho Segundo o Espiritismo*, para a parte moral (abril de 1864); *O Céu e o Inferno*, ou a Justiça de Deus segundo o Espiritismo (agosto de 1865); *A Gênese, os Milagres e as Predições* (janeiro de 1868); *a Revista Espírita, jornal de estudos psicológicos*, coletânea mensal começada em 1º de janeiro de 1858. Fundou em Paris, a 1º de abril de 1858, a primeira Sociedade espírita regularmente constituída, sob o nome de *Sociedade Parisiense de Estudos Espíritas*, cujo objetivo exclusivo era o estudo de tudo o que pode contribuir para o progresso desta nova ciência. O Sr. Allan Kardec nega a justo título de nada ter escrito sob a influência de ideias preconcebidas ou sistemáticas; homem de um caráter frio e calmo, ele observou os fatos, e de suas observações deduziu as leis que os regem; no primeiro deu a teoria e nele formou um corpo metódico e regular.

"Demonstrando que os fatos falsamente qualificados de sobrenaturais estão submetidos a leis, ele os faz entrar na ordem dos fenômenos da Natureza, e destrói assim o último refúgio do maravilhoso, e um dos elementos da superstição.

"Durante os primeiros anos, em que se duvidou dos fenômenos espíritas, essas manifestações foram antes um objeto de curiosidade; *O Livro dos Espíritos* fez encarar a coisa sob qualquer outro aspecto; então abandonaram-se as mesas girantes que não foram senão um prelúdio, e que se reunia a um corpo de doutrina que abarcava todas as questões que interessam à Humanidade.

"Do aparecimento de *O Livro dos Espíritos* data a verdadeira fundação do Espiritismo, que, até então, não possuía senão elementos esparsos sem coordenação, e cuja importância não pudera ser compreendida por todo o mundo; a partir desse momento, também, a doutrina fixa a atenção dos homens sérios e toma um desenvolvimento rápido. Em poucos anos, essas ideias acharam numerosos adeptos em todas as classes da sociedade e em todos os países. Esse sucesso, sem precedente, liga-se sem dúvida às simpatias que essas ideias encontraram, mas deveu-se também, em grande parte, à clareza, que é um dos caracteres distintivos dos escritos de Allan Kardec.

"Abstendo-se de fórmulas abstratas da metafísica, o autor soube se fazer ler sem fadiga, condição essencial para a vulgarização de uma ideia. Sobre todos os pontos controvertidos, sua argumentação, de uma lógica fechada, ofereceu pouca disputa à refutação e predispôs à convicção. As provas materiais que o Espiritismo dá da existência da alma e da vida futura tendem à destruição das ideias materialistas e panteístas. Um dos princípios mais fecundos dessa doutrina, e que decorre do precedente, é o da *pluralidade das existências*, já entrevisto por uma multidão de filósofos, antigos e modernos, e nestes últimos tempos por *Jean Reynaud, Charles Fourier, Eugène Sue* e outros; mas permanecera no estado de hipótese e de sistema, ao passo que o Espiritismo demonstra-lhe a realidade e prova que é um dos atributos essenciais da Humanidade. Desse princípio decorre a solução de todas as anomalias aparentes da vida humana, de todas as desigualdades intelectuais, morais e sociais; o homem sabe, assim, de onde veio, para onde vai, e por que fim está sobre a Terra, e porque sofre.

"As ideias inatas se explicam pelos conhecimentos adquiridos nas vidas anteriores; a marcha dos povos e da Humanidade, pelos homens dos tempos passados que revivem depois de terem progredido; as simpatias e as antipatias, pela natureza das relações anteriores; essas relações, que ligam a grande família humana de todas as épocas, dão por base as próprias leis da Natureza, e não mais uma teoria, aos grandes princípios da fraternidade, da igualdade, da liberdade e da solidariedade universal.

"Em lugar do princípio: *Fora da Igreja não há salvação*, que entretém a divisão e a animosidade entre as diferentes seitas, e que fez derramar tanto sangue, o Espiritismo tem por máxima: *Fora da Caridade não há salvação*, quer dizer, igualdade entre os homens diante de Deus, a tolerância, a liberdade de consciência e a benevolência mútua.

"Em lugar da fé *cega* que anula a liberdade de pensar, ele diz: *Não há fé inquebrantável senão aquela que pode olhar a razão face a face em todas as épocas da Humanidade. À fé é necessária uma base, e essa base é a inteligência perfeita daquilo que se deve crer; para crer não basta ver, é necessário, sobretudo, compreender. A fé cega não é mais deste século; ora, é precisamente o dogma da fé cega que faz hoje o maior número de incrédulos, porque ela quer se impor e exige a abdicação de uma das mais preciosas faculdades do homem: o raciocínio e o livre-arbítrio.*" (O Evangelho Segundo o Espiritismo.)

Trabalhador infatigável, sempre o primeiro e o último no trabalho, Allan Kardec sucumbiu, no dia 31 de março de 1869, em meio dos preparativos para uma mudança de local, necessitada pela extensão considerável de suas múltiplas ocupações. Numerosas obras que estavam no ponto de terminar, ou que esperavam o tempo oportuno para aparecerem, virão um dia provar mais ainda a extensão e a força de suas convicções.

Morreu como viveu, trabalhando. Há muitos anos, sofria de uma doença do coração, que não podia ser combatida senão pelo repouso intelectual e uma certa atividade material; mas inteiramente dedicado à sua obra, recusava-se a tudo o que podia absorver um dos seus instantes, às expensas de suas ocupações prediletas. Nele, como em todas as almas fortemente temperadas, a lâmina gastou a *bainha*.

O corpo se lhe tornava pesado e lhe recusava os seus serviços, mas o seu Espírito, mais vivo, mais enérgico, mais fecundo, estendia sempre mais o círculo de sua atividade.

Nessa luta desigual, a matéria não poderia resistir eternamente. Um dia ela foi vencida; o aneurisma se rompeu, e Allan Kardec caiu fulminado. Um homem faltava à Terra; mas um grande nome tomava lugar entre as ilustrações deste século, um grande Espírito ia se retemperar no Infinito, onde todos aqueles que ele consolara e esclarecera esperavam impacientemente a sua chegada!

"A morte, disse ele ainda recentemente, a morte bate com golpes redobrados nas classes ilustres!... A quem virá agora libertar?"

Ele veio, junto a tantos outros, se retemperar no espaço, procurar novos elementos para renovar o seu organismo usado numa vida de labores incessantes. Partiu com aqueles que serão os faróis da nova geração, para retornar logo com eles para continuar e terminar a obra deixada em mãos devotadas.

O homem aqui não mais está, mas a alma permanece entre nós; é um protetor seguro, uma luz a mais, um trabalhador infatigável do qual se acresceram as falanges do espaço. Como sobre a Terra, sem ferir ninguém, saberá fazer ouvir a cada um os conselhos convenientes; temperará o zelo prematuro dos ardentes, secundará os sinceros e os desinteressados, e estimulará os tíbios. Ele vê, sabe hoje tudo o que previra recentemente ainda! Não está mais sujeito nem às incertezas, nem aos desfalecimentos, e nos fará partilhar a sua convicção em nos fazendo tocar o dedo no objetivo, em nos designando o caminho, nessa linguagem clara, precisa, que dele fez um tipo nos anais literários.

O homem aqui não mais está, nós o repetimos, mas Allan Kardec é imortal, e a sua lembrança, os seus trabalhos, o seu Espírito, estarão sempre com aqueles que tiverem, firme e altamente, a bandeira que ele sempre soube respeitar.

Uma individualidade poderosa constituiu a obra; era o guia e a luz de todos. A obra, sobre a Terra, nos terá o lugar do indivíduo. Não se reunirá mais ao redor de Allan Kardec: reunir-se-á ao redor do Espiritismo tal como o constituiu, e, pelos seus conselhos, sob a sua influência, avançaremos a passos certos para as fases felizes prometidas à Humanidade regenerada.

(Revista Espírita, maio de 1869).

– 2 –

Discurso pronunciado sobre o túmulo de Allan Kardec por Camille Flammarion

Senhores,

Aquiescendo com deferência ao convite simpático dos amigos do pensador laborioso, cujo corpo terrestre jaz agora aos nossos pés, lembro-me de um dia sombrio do mês de dezembro de 1865. Eu pronunciava, então, supremas palavras de adeus sobre a tumba do fundador da Librairie Académique, do honorável Didier, que foi, como editor, o colaborador convicto de Allan Kardec na publicação das obras fundamentais de uma doutrina que lhe era cara, e que morreu subitamente também, como se o céu quisesse poupar, a esses dois Espíritos íntegros, o embaraço filosófico de sair desta vida por um caminho diferente do caminho comumente recebido. – A mesma reflexão se aplica à morte de nosso antigo colega Jobard, de Bruxelas.

Hoje, a minha tarefa é maior ainda, porque gostaria de poder representar, ao pensamento daqueles que me ouvem, e àqueles milhões de homens que no novo mundo estão ocupados com o problema ainda misterioso dos fenômenos denominados espíritas; – eu gostaria, disse eu, de poder representar-lhes o interesse científico e o futuro filosófico do estudo desses fenômenos (ao qual se entregaram, como ninguém ignora, homens eminentes entre os nossos contemporâneos). Gostaria de lhes fazer entrever quais horizontes desconhecidos ao pensamento humano verá se abrir diante deles, à medida que estenda o seu conhecimento positivo das forças naturais em ação ao nosso redor; mostrar-lhes que tais constatações são o antídoto mais eficaz da lepra do ateísmo, que parece atacar particularmente a nossa época de transição; e testemunhar, enfim, publicamente, aqui, do eminente serviço que o autor de *O Livro dos Espíritos* prestou à filosofia, *chamando a atenção e a discussão* sobre fatos que, até então, pertenciam ao domínio mórbido e funesto das superstições religiosas.

Seria, com efeito, um ato importante estabelecer aqui, diante desta tumba eloquente, que o exame metódico dos fenômenos espíritas, chamados erradamente de sobrenaturais, longe de renovar o espírito supersticioso e enfraquecer a energia da razão, ao contrário, afasta os erros e as ilusões da ignorância, e *serve melhor ao progresso* do que a negação ilegítima daqueles que não querem, de nenhum modo, dar-se ao trabalho de ver.

Mas não é aqui o lugar de abrir uma arena à discussão desrespeitosa. Deixemos somente descer, de nossos pensamentos, sobre a face impassível do homem deitado diante de nós, testemunhos de afeição e sentimentos de pesar, que restam ao redor dele em seu túmulo, como um embalsamamento do coração! E uma vez que sabemos que a sua alma eterna sobrevive a este despojo mortal, como lhe preexistiu; uma vez que sabemos que laços indestrutíveis ligam o nosso mundo visível ao mundo invisível; uma vez que esta alma existe hoje, tão bem como há três dias, e que não é impossível que ela não se encontre atualmente aqui diante de mim; dizemos-lhe que não quisemos ver se desvanecer a sua imagem corpórea e encerrá-la em seu sepulcro, sem honrar unanimemente os seus trabalhos e a sua memória, sem pagar um tributo de reconhecimento à sua encarnação terrestre, tão utilmente e tão dignamente cumprida.

Eu exporei primeiro, num esboço rápido, as linhas principais de sua carreira literária.

Morto com a idade de 65 anos, Allan Kardec consagrara a primeira parte de sua vida a escrever obras clássicas, elementares, destinadas sobretudo ao uso de professores primários e da juventude. Quando, por volta de 1855, as manifestações, em aparência novas, das mesas girantes, das pancadas sem causa ostensiva, dos movimentos insólitos dos objetos e dos móveis, começaram a atrair a atenção pública e determinaram mesmo, nas imaginações aventurosas, uma espécie de febre devida à novidade das experiências, Allan Kardec, estudando ao mesmo tempo o magnetismo e os efeitos estranhos, seguiu com a maior paciência e uma judiciosa clarividência as experiências e as tentativas tão numerosas feitas então em Paris. Ele recolheu e pôs em ordem os resultados obtidos por essa longa observação, e com isso compôs o corpo de doutrina publicado, em 1857, na primeira edição de *O Livro dos Espíritos*. Sabeis todos que sucesso acolheu essa obra, na França e no estrangeiro.

Chegada hoje à sua 15ª edição (1), difundiu em todas as classes esse

(1) No momento da presente edição deste volume, *O Livro dos Espíritos* alcançava sua 52ª edição.

corpo de doutrina elementar, que não era, de nenhum modo, novo em sua essência, uma vez que a escola de Pitágoras, na Grécia, e a dos druidas, em nossa pobre Gália dela, ensinavam os princípios, mas que revestiam uma forma da atualidade pela correspondência com os fenômenos.

Depois dessa primeira obra, apareceram, sucessivamente, *O Livro dos Médiuns ou Espiritismo experimental; – O que é o Espiritismo*? ou resumo sob a forma de perguntas e de respostas; – *O Evangelho Segundo o Espiritismo; – O Céu e o Inferno; – A Gênese;* – e a morte veio surpreendê-lo no momento em que, em sua atividade infatigável, trabalhava numa obra sobre as relações do magnetismo e do Espiritismo.

Pela *Revista Espírita* e a Sociedade de Paris, da qual era presidente, se constituíra, de alguma sorte, o centro para onde tudo tendia, o traço de união de todos os experimentadores. Há alguns meses, sentindo o seu fim próximo, preparou as condições de vitalidade desses mesmos estudos depois de sua morte, e estabeleceu a Comissão central que lhe sucede.

Ele levantou rivalidades; fez escola sob uma forma um pouco pessoal; há ainda alguma divisão entre os "espiritualistas" e os "espíritas". Doravante, Senhores, (tal é pelo menos o voto dos amigos da verdade), deveremos estar todos reunidos por uma solidariedade confraternal, pelos mesmos esforços para a elucidação do problema, pelo desejo geral e impessoal do verdadeiro e do bem.

Objetou-se, Senhores, ao nosso digno amigo, a quem rendemos hoje os derradeiros deveres, se lhe objetou de não ser, de nenhum modo, o que se chama *um sábio*, de não ter sido, primeiro, físico, naturalista ou astrônomo, e de ter preferido constituir um corpo de doutrina moral antes de haver aplicado a discussão científica à realidade e à natureza dos fenômenos.

Talvez, Senhores, seja preferível que as coisas hajam começado assim. Não é necessário rejeitar sempre o valor do sentimento. Quantos corações foram consolados primeiro por esta crença religiosa! Quantas lágrimas foram secadas! Quantas consciências abertas ao raio da beleza espiritual! Nem todos são felizes neste mundo. Muitas afeições foram dilaceradas! Muitas almas foram entorpecidas pelo ceticismo. Não é, pois, nada senão de haver conduzido ao espiritualismo tantos seres que flutuavam na dúvida e que não amavam mais a vida, nem a física, nem a intelectual?

Allan Kardec fora homem de ciência, e, sem dúvida, não teria podido prestar este primeiro serviço e difundi-lo, assim, ao longe, como um convite a todos os corações.

Mas era o que eu chamarei simplesmente "o bom senso encarnado". Razão direita e judiciosa, aplicava sem esquecimento, à sua obra permanente, as indicações íntimas do senso comum. Não estava aí uma menor qualidade na ordem das coisas que nos ocupa. Era, pode-se afirmá-lo, a primeira de todas e a mais preciosa, sem a qual a obra não poderia se tornar popular, nem lançar as suas imensas raízes no mundo. A maioria daqueles que se entregaram a esses estudos, lembram-se de ter sido, em sua juventude, ou em certas circunstâncias especiais, testemunhas, eles mesmos, das manifestações inexplicadas; há poucas famílias que não hajam observado, em sua história, testemunhos dessa ordem. O primeiro ponto era aplicar-lhes a razão firme do simples bom senso e examiná-las segundo os princípios do método positivo.

Como organizador desse estudo lento e difícil, ele mesmo previu-o, esse complexo estudo deve entrar agora em seu período científico. Os fenômenos físicos sobre os quais não se insistiu de início, devem se tornar o objeto da crítica experimental, à qual devemos a glória do progresso moderno, e as maravilhas da eletricidade e do vapor; esse método deve tomar os fenômenos de ordem ainda misteriosa, aos quais assistimos, dissecá-los, medi-los, e defini-los.

Porque, Senhores, o Espiritismo não é uma religião, mas é uma ciência, ciência da qual conhecemos apenas o *a b c*. O tempo dos dogmas acabou. A Natureza abarca o Universo, e, o próprio Deus, que se fez outrora à imagem do homem, não pode ser considerado pela metafísica moderna senão como *um Espírito na Natureza*. O sobrenatural não existe mais. As manifestações obtidas por intermédio dos médiuns, como as do magnetismo e do sonambulismo, *são de ordem natural*, e devem ser severamente submetidas ao controle da experiência. Não há mais milagres. Assistimos à aurora de uma ciência desconhecida. Quem poderia prever a quais consequências conduzirá, no mundo do pensamento, o estudo positivo dessa psicologia nova?

Doravante, a ciência rege o mundo; e, Senhores, não será estranho a este discurso fúnebre anotar a sua obra atual e as induções novas que ela nos descobre, precisamente do ponto de vista de nossas pesquisas.

Em nenhuma época da história, a ciência desenvolveu, diante do olhar admirado do homem, horizontes tão grandiosos. Sabemos agora que a *Terra é um astro,* e que *nossa vida atual se cumpre no céu*. Pela análise da luz, conhecemos os elementos que queimam no Sol e nas estrelas, a milhões, a trilhões de léguas de nosso observatório terrestre. Pelo cálculo, possuímos a história do céu e da Terra em seu passado distante, como em seu futuro, que não existem pelas leis imutáveis. Pela observação, pesamos as terras celestes que gravitam na amplidão. O globo onde estamos se tornou um átomo estelar voando no espaço, em meio das profundezas infinitas, e a nossa própria existência, sobre este globo, tornou-se uma fração infinitesimal de nossa vida eterna. Mas o que pode, a justo título, nos ferir mais vivamente ainda, é esse espantoso resultado dos trabalhos físicos operados nestes últimos anos: que *vivemos em meio de um mundo invisível*, agindo sem cessar ao nosso redor. Sim, Senhores, aí está, para nós, uma revelação imensa. Contemplai, por exemplo, a luz derramada nesta hora na atmosfera por esse brilhante Sol, contemplai esse azul tão suave da abóboda celeste, notai esses eflúvios de ar tíbio que vem acariciar os nossos rostos, olhai esses monumentos e esta terra: pois bem! apesar dos nossos grandes olhos abertos, não vemos o que se passa aqui! Sobre cem raios emanados do Sol, só um terço é acessível à nossa visão, seja diretamente, seja refletido por todos os corpos; os dois terços existem e agem ao nosso redor, mas de maneira invisível, embora real. São quentes, sem serem luminosos para nós e são, entretanto, mais ativos do que aqueles que nos ferem, porque são eles que atraem as flores para o lado do Sol, que produzem todas as ações químicas (1), e são eles também que elevam, sob uma forma igualmente invisível, o vapor d'água na atmosfera para formar as nuvens; – exercendo assim, incessantemente, ao nosso redor, de maneira oculta e silenciosa, uma força colossal, mecanicamente avaliável ao trabalho de bilhões de cavalos!

Se os raios caloríficos e os raios químicos que agem constantemente na Natureza são invisíveis para nós, é porque os primeiros não ferem com bastante rapidez a nossa retina, e porque os segundos a ferem muito rápido. O nosso olho não vê as coisas senão entre dois limites, aquém e além dos quais não vê mais. O nosso organismo terrestre pode ser comparado a uma harpa de duas cordas, que são o nervo óptico e o nervo auditivo. Uma certa espécie de movimento coloca em vibração o primeiro e uma outra espécie de movimentos coloca em vibração o segundo: aí está *toda a sensação humana*, mais restrita aqui do que a de certos seres vivos, de certos insetos, por exemplo, nos quais essas mesmas cordas, da visão e do ouvido, são mais delicadas. Ora, existem, em realidade, na Natureza não dois, mas dez, cem, mil espécies de movimentos. A ciência física nos ensina, portanto, que vivemos assim no meio de um mundo invisível para nós, e que não é impossível que seres (invisíveis igualmente para nós) vivam igualmente sobre a Terra, numa ordem de sensações absolutamente diferentes da nossa, e sem que possamos apreciar a sua presença, a menos que não se manifestem a nós por fatos entrando na nossa ordem de sensações.

Diante de tais verdades, que não fazem ainda senão entreabrir, quanto a negação *a priori* parece absurda e sem valor! Quando se compara

(1) A nossa retina é insensível a esses raios; mas outras substâncias os *vêem*, por exemplo, o iodo e os sais de prata. Fotografou-se o espectro solar químico, que o nosso olho não vê. A placa do fotógrafo não oferece, de resto, jamais, nenhuma imagem visível ao sair da câmara escura, embora ela a *possua*, uma vez que uma operação a química faz aparecer.

o pouco que sabemos, e a exiguidade da nossa esfera de percepção à quantidade do que existe, não se pode impedir de concluir que não sabemos nada e que tudo nos resta a saber. Com que direito pronunciaremos, pois, a palavra "impossível" diante dos fatos que constatamos sem poder descobrir-lhes a causa única?

A ciência nos abre visões, tão autorizadas quanto as precedentes, sobre os fenômenos da vida e da morte e sobre a força que nos anima. Basta-nos observar a circulação das existências.

Tudo não é senão metamorfose. Transportados em seu curso eterno, os átomos constitutivos da matéria passam, sem cessar, de um corpo a outro, do animal à planta, da planta à atmosfera, da atmosfera ao homem, e nosso próprio corpo, durante a duração inteira de nosso vida, muda incessantemente de substância constitutiva, como a chama não brilha senão pelos elementos renovados sem cessar; e quando a alma se evola, esse mesmo corpo, tantas vezes transportado já durante a vida, devolve definitivamente à Natureza todas as moléculas para não mais retomá-las. Ao dogma inadmissível da ressurreição da carne substituiu-se a alta doutrina da transmigração das almas.

Eis o sol de abril que irradia nos céus e nos inunda com o seu primeiro orvalho calorescente. Já os campos despertam, já os primeiros botões se entreabrem, já a primavera floresce, o azul celeste sorri, e a ressurreição se opera; e, todavia, esta vida nova não está formada senão pela morte e não recobre senão ruínas! De onde vem a seiva dessas árvores que reverdecem no campo dos mortos? De onde vem essa umidade que nutre as raízes? De onde vêm todos os elementos que vão fazer aparecer, sob as carícias de maio, as pequenas flores silenciosas e os pássaros cantores? – Da morte?... Senhores..., desses cadáveres sepultados na noite sinistra dos túmulos!... Lei suprema da Natureza, o corpo não é senão um conjunto transitório de partículas que não lhe pertencem de nenhum modo, e que a alma agrupou segundo o seu próprio tipo, para se criarem órgãos pondo-a em relação com o nosso mundo físico. E, ao passo que o nosso corpo se renova assim, peça por peça, pela mudança perpétua das matérias, ao passo que um dia cai, massa inerte, para não mais se levantar, o nosso Espírito, ser pessoal, guardou constantemente a sua *identidade* indestrutível, reinou soberanamente sobre a matéria da qual estava revestido, estabelecendo assim, por esse fato constante e universal, a sua personalidade independente, a sua essência espiritual não submissa ao império do espaço e do tempo, sua grandeza individual, *a sua imortalidade*.

Em que consiste o mistério da vida? Por que laços a alma está ligada ao organismo? Por qual solução ela dele se escapa? Sob qual forma, e em quais condições, ela existe depois da morte? – Estão aí, Senhores, tantos problemas que estão longe de serem resolvidos, e cujo conjunto constituirá a ciência psicológica do futuro. Certos homens podem negar a própria existência da alma, como a de Deus, afirmarem que a verdade moral não existe, que não há, de nenhum modo, leis inteligentes na Natureza, e que nós, espiritualistas, somos vítimas de uma imensa ilusão. Outros podem, opondo-se-lhes, declarar que conhecem, por um privilégio especial, a essência da alma humana, a forma do Ser supremo, o estado da vida futura, e nos tratar de ateus, porque a nossa razão se recusa à sua fé. Uns e outros, Senhores, não impedirão que estejamos aqui, em face dos maiores problemas, que não nos interessemos por essas coisas (que estão longe de nós serem estranhas), e que não tenhamos o direito de aplicar o método experimental, da ciência contemporânea, na pesquisa da verdade.

É pelo estudo positivo dos efeitos que se remonta à apreciação das causas. Na ordem dos estudos reunidos sob a denominação genérica de "Espiritismo", *os fatos existem.* Mas ninguém conhece o seu modo de produção. Eles existem, tão bem quanto os fenômenos elétricos, luminosos, caloríficos; mas, Senhores, não conhecemos nem a biologia e nem a fisiologia. O que é o corpo humano? O que é o cérebro? Qual é a ação absoluta da alma? Nós o ignoramos. Ignoramos igualmente a essência da eletricidade, a essência da luz; é, pois, sábio observar, sem tomar partido, todos esses fatos, e tentar determinar-lhes as causas, que são, talvez, espécies diversas e mais numerosas do que não o supusemos até aqui.

Que aqueles cuja visão está limitada pelo orgulho, ou pelos preconceitos, não compreendem de nenhum modo esses ansiosos desejos dos nossos pensamentos ávidos de conhecerem; que lancem sobre esse gênero de estudo, o sarcasmo ou o anátema; elevamos mais alto as nossas contemplações!... Tu foste o primeiro, ó mestre e amigo! tu foste o primeiro que, desde o início da minha carreira astronômica, testemunhou uma viva simpatia pelas minhas deduções relativas à existência de humanidades celestes; porque, tendo na mão o livro da *Pluralidade dos mundos habitados*, o colocaste em seguida na base do edifício doutrinário que sonhavas. Muito frequentemente, nos entretemos juntos dessa vida celeste tão misteriosa; agora, ó alma! sabes por uma visão direta, em que consiste essa vida espiritual, à qual retornaremos todos, e que nos esquecemos durante esta existência.

Agora retornastes a esse mundo de onde viemos, e recolhes os frutos dos teus estudos terrestres. O teu envoltório dorme aos nossos pés, teu cérebro está aniquilado, os teus olhos estão fechados para não mais se abrirem, a tua palavra não se fará mais ouvir... Sabemos que todos nós chegaremos a esse mesmo último sonho, à mesma inércia, ao mesmo pó. Mas não é nesse envoltório que colocamos a nossa glória e a nossa esperança. O corpo cai, a alma permanece e retorna ao espaço. Encontrar-nos-emos, nesse mundo melhor, e no céu imenso onde se exercerão as nossas faculdades, as mais poderosas, continuaremos os estudos que não tinham sobre a Terra senão um teatro muito estreito para contê-los.

Gostamos mais de saber esta verdade do que crer que tudo jaz inteiramente nesse cadáver, e que a tua alma haja sido destruída pela cessação do funcionamento de um órgão. A imortalidade é a luz da vida, como esse brilhante Sol é a luz da Natureza.

Até breve meu caro Allan Kardec, até breve.

– 3 –

Aos assinantes da Revista

Até este dia, a *Revista Espírita*, foi essencialmente a obra, a criação de Allan Kardec, como de resto, todas as obras doutrinárias que ele publicou.

Quando a morte o surpreendeu, a multiplicidade de suas ocupações e a nova fase na qual entrava o Espiritismo, lhe fizeram desejar reunir alguns colaboradores convencidos, para executar, sob a sua direção, trabalhos aos quais não podia mais bastar.

Trataremos de não nos afastar do caminho que nos traçou; mas nos pareceu de nosso dever, consagrar aos trabalhos do Mestre, sob o título de *Obras Póstumas,* algumas páginas que reservaria se permanecesse corporalmente entre nós. A abundância dos documentos acumulados em seu escritório de trabalho nos permitiu, durante vários anos, de publicar, em cada número, além das instruções que ele queria bem nos dar como Espírito, um desses interessantes artigos que ele sabia tão bem tornar compreensível a todos.

Estamos persuadidos de assim satisfazer aos desejos de todos aqueles que a filosofia espírita reuniu nas mesmas classes, e que souberam apreciar, no autor de *O Livro dos Espíritos*, o homem de bem, o trabalhador infatigável e devotado, o espírita convencido, aplicando-se em sua vida privada, em pôr em prática os princípios que ensinava em suas obras.

Revista Espírita, 12º ano - Junho de 1869.

Primeira Parte

Obras Póstumas de Allan Kardec

– 4 –

Profissão de fé espírita raciocinada.

§ I. Deus

1. *Há um Deus, inteligência suprema, causa primeira de todas as coisas.*

A prova da existência de Deus está no axioma: *Não há efeito sem causa.* Vemos incessantemente uma multidão inumerável de efeitos, cuja causa não está na Humanidade, uma vez que a Humanidade está impossibilitada de reproduzi-los, e mesmo de explicá-los: a causa está, pois, acima da Humanidade. É a essa causa que se chama *Deus, Jeová, Alá, Brama, Fo-hi, Grande Espírito,* etc., segundo as línguas, os tempos e os lugares.

Esses efeitos, de nenhum modo, não se produzem ao acaso, fortuitamente e sem ordem; desde a organização do menor inseto, e do maior grão, até à lei que rege os mundos circulando no espaço, tudo atesta um pensamento, uma combinação, uma previdência, uma solicitude que ultrapassam todas as concepções humanas. Essa causa é, pois, soberanamente inteligente.

2. *Deus é eterno, imutável, imaterial, único, onipotente, soberanamente justo e bom.*

Deus é *eterno*, se tivesse tido um começo, alguma coisa teria existido antes dele; teria saído do nada, ou bem teria sido criado, ele mesmo, por um ser anterior. Assim é que, de passo a passo, remontamos ao infinito na eternidade.

Deus é *imutável*; se estivesse sujeito a mudanças, as leis que regem o Universo não teriam nenhuma estabilidade.

É *imaterial,* quer dizer que a sua natureza difere de tudo o que chamamos matéria, de outro modo estaria sujeito às flutuações e às transformações da matéria, e não seria *imutável.*

É *único,* se houvesse vários deuses, teria várias vontades; e desde então não teria uma unidade de vistas, nem unidade de poder na ordenação do Universo.

É *onipotente*, porque é *único*. Se não tivesse o soberano poder, haveria alguma coisa mais poderosa do que ele; não teria feito todas as coisas, e as que não tivesse feito, seriam a obra de um outro Deus.

É *soberanamente justo e bom*. A sabedoria providencial das leis divinas se revela nas menores coisas, como nas maiores, e essa sabedoria não permite duvidar nem da sua justiça, nem da sua bondade.

3. *Deus é infinito em todas as suas perfeições.*

Supondo-se imperfeito um só dos atributos de Deus, se se diminui a menor parcela da *eternidade*, da *imutabilidade,* da *imaterialidade,* da *unidade,* da *onipotência* da *justiça e* da *bondade* de Deus, pode-se supor um outro ser possuindo o que lhe faltaria, e esse ser, mais perfeito do que ele, seria Deus.

§ II. A Alma

4. *Há no homem um princípio inteligente que se chama* ALMA *ou* ESPÍRITO, *independente da matéria e que lhe dá o senso moral da faculdade de pensar.*

Se o pensamento fosse uma propriedade da matéria, ver-se-ia a matéria bruta pensar; ora, como jamais se viu a matéria inerte dotada de faculdades intelectuais; que quando o corpo está morto ele não pensa mais, é necessário disso concluir que a alma é independente da matéria, e que os órgãos não são senão instrumentos com a ajuda dos quais o homem manifesta o seu pensamento.

5. *As doutrinas materialistas são incompatíveis com a moral e subversivas da ordem social.*

Se, segundo os materialistas, o pensamento fosse segregado pelo cérebro, como a bile é segregada pelo fígado, disso resultaria que, na morte do corpo, a inteligência do homem e todas as suas qualidades morais reentrariam no nada; que os parentes, os amigos e todos aqueles aos quais se tivesse afeiçoado, estariam perdidos sem retorno; que o homem de gênio seria sem mérito, uma vez que não deveria as suas faculdades transcendentais senão ao acaso de sua organização; que não haveria, entre o imbecil e o sábio, senão a diferença de mais ou de menos cérebro.

As consequências dessa doutrina seriam que, não esperando o homem nada além desta vida, nenhum interesse teria em fazer o bem; que seria muito natural que procurasse se proporcionar o mais de gozos possíveis, fosse mesmo às expensas de outrem; que haveria estupidez em disso se privar pelos outros; que o egoísmo seria o sentimento mais racional; que aquele que fosse teimosamente infeliz sobre a Terra, nada melhor teria a fazer do que se matar, uma vez que, devendo cair no nada, isso não seria nem mais e nem menos para ele, e que abreviaria os seus sofrimentos.

A doutrina materialista é, pois, a sanção do egoísmo, fonte de todos os vícios, a negação da caridade, fonte de todas as virtudes e base da ordem social, e a justificação do suicídio.

6. *A independência da alma está provada pelo Espiritismo.*

A existência da alma está provada pelos atos inteligentes do homem, que devem ter uma causa inteligente e não uma causa inerte. A sua independência da matéria está demonstrada de maneira patente pelos fenômenos espíritas que a mostram agindo por si mesma, e sobretudo pela experiência de seu isolamento *durante a vida*, o que lhe permite se manifestar, pensar e agir na ausência do corpo.

Pode-se dizer que, se a química separou os elementos da água, se ela colocou por aí as suas propriedades em descoberto, e se pode à vontade fazer e desfazer um corpo composto, o Espiritismo pode igualmente isolar os dois elementos constitutivos do homem: *o espírito e a matéria, a alma e o corpo,* separá-los e reuni-los à vontade, o que não pode deixar dúvida sobre a sua independência.

7. *A alma do homem sobrevive ao corpo e conserva a sua individualidade depois da morte.*

Se a alma não sobrevivesse ao corpo, o homem não teria por perspectiva senão o nada, do mesmo modo se a faculdade de pensar fosse o produto da matéria; se ela não conservasse a sua individualidade, quer dizer, se ela fosse se perder no reservatório comum chamado *grande todo*, como as gotas de água no Oceano, isso não seria menos para o homem o nada do pensamento, e as consequências seriam absolutamente as mesmas de que se não tivesse alma.

A sobrevivência da alma depois da morte está provada, de maneira irrecusável e de alguma sorte palpável, pelas comunicações espíritas. Sua individualidade está demonstrada pelo caráter e pelas qualidades próprias de cada uma; essas qualidades, distinguindo as almas umas das outras, constituem a sua personalidade; se elas estivessem confundidas num todo comum, não teriam senão qualidades uniformes.

Além dessas provas inteligentes, há ainda a prova material das manifestações visuais, ou aparições, que são tão frequentes e tão autênticas, que não é permitido contradizer.

8. *A alma do homem é feliz ou infeliz depois da morte, segundo o bem ou o mal que fez durante a vida.*

Desde que se admite um Deus soberanamente bom e justo, não se pode admitir que as almas tenham uma sorte comum. Se a posição futura do criminoso e do homem virtuoso devesse ser a mesma, isso excluiria toda a utilidade de se fazer o bem; ora, supor que Deus não faz diferença entre aquele que faz o bem e aquele que faz o mal, seria negar a sua justiça. Não recebendo o mal sempre a sua punição, nem o bem a sua recompensa durante a vida terrestre, disso é necessário concluir que a justiça será feita depois, sem isso Deus não seria justo.

As penas e os gozos futuros estão, por outro lado, materialmente provados pelas comunicações que os homens podem estabelecer com as almas daqueles que viveram e que vêm descrever o seu estado, feliz ou infeliz, a natureza de suas alegrias ou de seus sofrimentos, e dizer-lhes a causa.

9. *Deus, a alma, sobrevivência e individualidade da alma depois da morte do corpo, penas e recompensas futuras, são os princípios fundamentais de todas as religiões.*

O Espiritismo vem acrescentar, às provas morais desses princípios, as provas materiais dos fatos e da experimentação, e interromper os sofismas do materialismo. Em presença dos fatos, a incredulidade não tem mais razão de ser; assim é que o Espiritismo vem dar de novo a fé àqueles que a perderam, e levantar as dúvidas entre os incrédulos.

§ III. Criação

10. *Deus é o criador de todas as coisas.*

Esta proposição é a consequência da prova da existência de Deus.

11. *O princípio das coisas está nos segredos de Deus.*

Tudo diz que Deus é o autor de todas as coisas, mas quando e como as criou? É a matéria de toda a eternidade como ele? É o que ignoramos. Sobre tudo o que não julgou oportuno nos revelar, não se pode estabelecer senão sistemas mais ou menos prováveis. Dos efeitos que vemos, podemos remontar a certas causas; mas há um limite que nos é impossível transpor, e seria, ao mesmo tempo, perder seu tempo e se expor e desviar-se querendo ir além.

12. *O homem tem por guia, na pesquisa do desconhecido, os atributos de Deus.*

Na procura dos mistérios, que nos são permitidos sondar, pelo raciocínio, há um critério certo, um guia infalível: são os atributos de Deus.

Desde que se admite que Deus deve ser *eterno, imutável, imaterial, único, onipotente, soberanamente justo e bom,* que é infinito em suas perfeições, toda doutrina ou teoria, científica ou religiosa, que tendesse a lhe tirar uma parcela, de um único de seus atributos, seria necessariamente falsa, uma vez que tenderia à negação da própria divindade.

13. *Os mundos materiais tiveram um começo e terão um fim.*

Que a matéria seja de toda a eternidade como Deus, ou que ela haja sido criada numa época qualquer, é evidente, segundo o que se passa diariamente sob os nossos olhos, que as transformações da matéria são temporárias, e que dessas transformações resultam os diferentes corpos, que nascem e se destroem sem cessar.

Sendo os diferentes mundos os produtos da aglomeração e da transformação da matéria, devem, como todos os corpos, ter tido um começo e ter um fim, segundo as leis que nos são desconhecidas. A ciência pode, até um certo ponto, estabelecer as leis de sua formação e remontar ao seu estado primitivo. Toda teoria filosófica em contradição com os fatos mostrados pela ciência, é necessariamente falsa, a menos que se prove que a ciência está em erro.

14. Criando os mundos materiais, Deus também criou seres inteligentes, a que chamamos Espíritos.

15. A origem e o modo de criação dos Espíritos nos são desconhecidos; sabemos somente que são criados simples e ignorantes, quer dizer, sem ciência e sem conhecimento do bem e do mal, mas perfectíveis e com uma igualdade de aptidão para tudo adquirir e tudo conhecer com o tempo. No princípio, estão numa espécie de infância, sem vontade própria e sem consciência perfeita de sua existência.

16. À medida que o espírito se afasta do ponto de partida, as ideias se desenvolvem nele, como na criança, e com as ideias, o livre-arbítrio, quer dizer, a liberdade de fazer, ou não fazer, de seguir tal ou tal caminho, para o seu adiantamento, o que é um dos atributos essenciais do Espírito.

17. O objetivo final de todos os Espíritos é alcançar a perfeição, da qual a criatura é suscetível; o resultado dessa perfeição é o gozo da felicidade suprema, que lhe é a consequência, e à qual chegam, mais ou menos prontamente segundo o uso que fazem de seu livre-arbítrio.

18. Os Espíritos são os agentes do Poder Divino; constituem a força inteligente da Natureza e concorrem ao cumprimento dos objetivos do Criador para a constituição da harmonia geral do Universo e das leis imutáveis da criação.

19. Para concorrerem, como agentes do poder divino, na obra dos mundos materiais, os Espíritos revestem, temporariamente, um corpo material.

Os Espíritos encarnados constituem a Humanidade. A alma do homem é um Espírito encarnado.

20. A vida espiritual é a vida normal do Espírito; ela é eterna; a vida corpórea é transitória e passageira; isso não é senão um instante na eternidade.

21. A encarnação dos Espíritos está nas leis da Natureza; é necessária ao seu adiantamento e ao cumprimento das obras de Deus. Pelo trabalho que a sua existência corpórea necessita, aperfeiçoam a sua inteligência e adquirem, em observando a lei de Deus, os méritos que devem conduzi-los à felicidade eterna.

Disso resulta que, todos concorrendo para a obra geral da criação, os Espíritos trabalham pelo seu próprio adiantamento.

22. O aperfeiçoamento do Espírito é o fruto de seu próprio trabalho; ele avança em razão de sua maior ou menor atividade, ou de boa vontade, para adquirir as qualidades que lhe faltam.

23. Não podendo o Espírito adquirir, numa só existência corporal, todas as qualidades morais e intelectuais que devem conduzi-lo ao objetivo, ele o alcança por uma sucessão de existências, em cada uma das quais dá alguns passos à frente na senda do progresso, e se purifica de algumas de suas imperfeições.

24. A cada nova existência, o Espírito traz o que adquiriu em inteligência e em moralidade em suas existências precedentes, assim como os germes das imperfeições das quais ainda não se despojou.

25. Quando uma existência foi mal empregada pelo Espírito, quer dizer, se ele não fez nenhum progresso no caminho do bem, é sem proveito para ele, e deve recomeçá-la em condições mais ou menos penosas, em razão de sua negligência e de sua má vontade.

26. A cada existência corpórea, o Espírito devendo adquirir alguma coisa de bem e se despojar de alguma coisa de mal, disso resulta que, depois de um certo número de encarnações, ele se encontra depurado e chega ao estado de Espírito puro.

27. O número das existências corpóreas é indeterminado: depende da vontade do Espírito abreviá-lo trabalhando ativamente pelo seu aperfeiçoamento moral.

28. No intervalo das existências corpóreas, o Espírito está *errante* e vive a vida espiritual. A erraticidade não é de duração determinada.

29. Quando os Espíritos adquiriram, sobre um mundo, a soma do progresso que o estado desse mundo comporta, eles o deixam para se encarnarem num outro mais avançado, onde adquirem novos conhecimentos, e assim por diante até que a encarnação em um corpo material, não lhes sendo mais útil, eles vivem exclusivamente a vida espiritual, onde progridem ainda num outro sentido e por outros meios. Chegados ao ponto culminante do progresso, gozam da suprema felicidade; admitidos nos conselhos do Onipotente têm o seu pensamento e se tornam seus mensageiros, seus ministros diretos para o governo dos mundos, tendo sob as suas ordens os Espíritos de diferentes graus de adiantamento.

– 5 –

Manifestações dos Espíritos

Caráter e consequências religiosas das manifestações espíritas

1. As almas ou Espíritos daqueles que viveram constituem o mundo invisível que povoa o espaço, e no meio do qual nós vivemos; disso resulta que, desde que há homens, há Espíritos, e que se estes últimos têm o poder de se manifestar, devem te-lo feito em todas as épocas. É o que constatam a história e as religiões de todos os povos. Entretanto, nestes últimos tempos, as manifestações dos Espíritos tomaram um grande desenvolvimento, e adquiriram um maior caráter de autenticidade, porque estava nos objetivos da Providência pôr um termo à praga da incredulidade e do materialismo, por provas evidentes, permitindo àqueles que deixaram a Terra virem atestar a sua existência, e nos revelar a sua situação feliz ou infeliz.

2. Vivendo o mundo visível no meio do mundo invisível, com o qual está em contato perpétuo, disso resulta que reagem incessantemente um sobre o outro. Essa reação é a fonte de uma multidão de fenômenos considerados sobrenaturais por falta de lhes conhecer a causa.

A ação do mundo invisível sobre o mundo visível, e reciprocamente, é uma das leis, uma das forças da Natureza necessária à harmonia universal, como a lei da atração; se ela viesse a cessar, a harmonia seria perturbada, como num mecanismo do qual uma engrenagem viesse a ser suprimida. Estando essa ação fundada sobre uma lei da Natureza, disso resulta que todos os fenômenos que ela produz nada têm de sobrenatural. Não pareceram tais senão porque não se lhes conhecia a causa; assim se deu com certos fenômenos da eletricidade, da luz, etc.

3. Todas as religiões têm por base a existência de Deus, e por objetivo o futuro do homem depois da morte. Esse futuro, que é para o homem de um interesse capital, está necessariamente ligado à existência do mundo invisível; também o conhecimento desse mundo foi feito, em todos os tempos, o objeto de suas pesquisas e de suas preocupações. Sua atenção, naturalmente, foi levada sobre os fenômenos tendentes a provarem a existência desse mundo, e deles não há, mais concludentes, do que a manifestação dos Espíritos, pelas quais os próprios habitantes do mundo revelam a sua existência; foi por isso que esses fenômenos se tornaram a base da maioria dos dogmas de todas as religiões.

4. Tendo o homem, instintivamente, a intuição de um poder superior, foi levado, em todos os tempos, a atribuir à ação *direta* desse poder os fenômenos cuja causa lhe era desconhecida, e que passavam, aos seus olhos, por prodígios e efeitos sobrenaturais. Essa tendência é considerada, por alguns incrédulos, como a consequência do amor do homem pelo maravilhoso, mas não procuram a fonte desse amor do maravilhoso; ela está muito simplesmente na intuição mal definida de uma ordem de coisas extracorpóreas. Com o progresso da ciência e o conhecimento das leis da Natureza, esses fenômenos, pouco a pouco, passaram do domínio do maravilhoso ao dos efeitos naturais, de tal sorte que o que parecia outrora sobrenatural não o é mais hoje, e que o que o é ainda hoje, não o será mais amanhã.

Dependendo os fenômenos da manifestação dos Espíritos, por sua própria natureza, forneceram um grande contingente aos fatos reputados maravilhosos; mas deveria vir um tempo em que a lei que os rege sendo conhecida, eles reentrariam, como os outros, na ordem dos fatos naturais. Esse tempo chegou, e o Espiritismo, fazendo conhecer essa lei, dá a chave da maioria das passagens incompreendidas das Escrituras sagradas deles fazendo alusão, e de fatos olhados como miraculosos.

5. O caráter do fato miraculoso é de ser insólito e excepcional; é uma derrogação às leis da Natureza; desde que um fenômeno se reproduz em condições idênticas, é que ele está submetido a uma lei, e não é miraculoso. Essa lei pode ser desconhecida, mas nem por isso ela existe menos; o tempo se encarrega de fazê-la conhecer.

O movimento do Sol, ou melhor, da Terra, parado por Josué seria um verdadeiro milagre, porque seria uma derrogação manifesta da lei que rege o movimento dos astros; mas se o fato pudesse se reproduzir nas condições dadas, é que estaria submetido a essa lei, e cessaria, por conseguinte, de ser miraculoso.

6. É erradamente que a Igreja se assuste em ver se restringir o círculo dos fatos miraculosos, porque Deus prova melhor a sua grandeza e o seu poder pelo admirável conjunto de suas leis, do que por algumas infrações a essas mesmas leis, e isso enquanto ela atribui ao demônio o poder de fazer prodígios, o que implicaria que o demônio, podendo interromper o curso das leis divinas, seria tão poderoso quanto Deus. Ousar dizer que o Espírito do mal pode suspender a ação das leis de Deus, é uma blasfêmia e um sacrilégio.

A religião, longe de perder a sua autoridade naquilo que fatos reputados miraculosos passem para a ordem dos fatos naturais, não pode com isso senão ganhar; primeiro, porque, se um fato é erradamente reputado miraculoso, é um erro, a religião não pode senão perder apoiando-se sobre um erro, se, sobretudo, ela se obstinasse em olhar como um milagre o que não o seria; em segundo lugar, quantas pessoas, não admitindo a possibilidade dos milagres, negam os fatos reputados miraculosos, e, por consequência, a religião que se apóia sobre esses fatos; se, ao contrário, a possibilidade desses fatos está demonstrada como consequência das leis naturais, não há mais lugar para recusá-los, não mais do que a religião que os proclama.

7. Os fatos constatados pela ciência, de maneira peremptória, não podem ser negados por nenhuma crença religiosa contrária. A religião não pode senão ganhar em autoridade, seguindo o progresso dos conhecimentos científicos, e perder em permanecer atrasada ou em protestar contra esses mesmos conhecimentos em nome dos dogmas, porque nenhum dogma poderia prevalecer contra as leis da Natureza, nem anulá-las; um dogma fundado sobre a negação de uma lei da Natureza não pode ser a expressão da verdade.

O Espiritismo, fundado sobre o conhecimento de leis incompreendidas até este dia, não vem destruir os fatos religiosos, mas sancioná-los, dando-lhes uma explicação racional; ele não vem destruir senão as falsas consequências que deles foram deduzidas, em consequência da ignorância dessas leis, ou de sua interpretação errônea.

8. A ignorância das leis da Natureza, levando o homem a procurar causas fantásticas para os fenômenos que não compreende, é a fonte das ideias supersticiosas, das quais algumas são devidas aos fenômenos espíritas mal compreendidos: o conhecimento das leis que regem esses fenômenos destrói essas ideias supersticiosas, conduzindo as coisas à realidade, e mostrando o limite do possível e do impossível.

§1º O perispírito, princípio das manifestações.

9. Os Espíritos, como foi dito, têm um corpo fluídico ao qual se dá o nome de *perispírito*. A sua substância é haurida no fluido universal, ou cósmico, que o forma e o alimenta, como o ar forma e alimenta o corpo material do homem. O perispírito é mais ou menos etéreo segundo os mundos e segundo o grau de depuração do Espírito. Nos mundos dos Espíritos inferiores, a sua natureza é mais grosseira e mais se aproxima da matéria bruta.

10. Na encarnação, o Espírito conserva o seu perispírito: o corpo não é para ele senão um segundo envoltório mais grosseiro, mais resistente, apropriado às funções que deve cumprir, e do qual ele se despoja na morte.

O perispírito é o intermediário entre o Espírito e o corpo; é o órgão de transmissão de todas as sensações. Para aquelas que vêm do exterior, pode-se dizer que o corpo recebe a impressão; o perispírito a transmite, e o Espírito, o ser sensível e inteligente, a recebe; quando o ato parte da iniciativa do Espírito, pode-se dizer que o Espírito quer, que o perispírito transmite, e o corpo executa.

11. O perispírito, de nenhum modo, está encerrado nos limites do corpo, como numa caixa; pela sua natureza fluídica, ele é expansível; irradia ao redor e forma, em torno do corpo, uma atmosfera que o pensamento e a força de vontade podem estender mais ou menos; de onde se segue que as pessoas que, de nenhum modo, não estão em contato corporal, podem estar pelo seu perispírito e se transmitir impressões, com o seu desconhecimento, alguma vezes mesmo a intuição de seus pensamentos.

12. Sendo o perispírito um dos elementos constitutivos do homem, desempenha um papel importante em todos os fenômenos psicológicos e, até um certo ponto, nos fenômenos fisiológicos e patológicos. Quando as ciências médicas tiverem em conta a influência do elemento espiritual na economia, terão dado um grande passo, e horizontes inteiramente novos se abrirão diante delas; muitas causas de enfermidades serão então explicadas e poderosos meios de combatê-las serão encontrados.

13. É por meio do perispírito que os Espíritos agem sobre a matéria inerte e produzem os diferentes fenômenos das manifestações. A sua natureza etérea não poderia ser um obstáculo, uma vez que se sabe que os mais poderosos motores se encontram nos fluidos mais rarefeitos e fluidos imponderáveis. Não há, pois, de nenhum modo, lugar para se espantar de ver, com a ajuda dessa alavanca, os Espíritos produzirem certos efeitos físicos, tais como pancadas e ruídos de todas as espécies, levantamento de objetos, transportados ou projetados no espaço. Não há nenhuma necessidade, para disso se dar conta, de recorrer ao maravilhoso ou aos efeitos sobrenaturais.

14. Os Espíritos, agindo sobre a matéria, podem se manifestar de várias maneiras diferentes: por efeitos físicos, tais como os ruídos e o movimento de objetos; pela transmissão do pensamento, pela visão, o ouvido, a palavra, o toque, a escrita, o desenho, a música, etc., em uma palavra, por todos os meios que podem servir para colocá-los em relação com os homens.

15. As manifestações dos Espíritos podem ser espontâneas ou provocadas. As primeiras ocorrem inopinadamente e de improviso; elas se produzem, frequentemente, nas pessoas mais estranhas às ideias espíritas. Em certos casos, e sob o império de certas circunstâncias, as manifestações podem ser provocadas pela vontade, sob a influência de pessoas dotadas, para esse efeito, de faculdades especiais.

As manifestações espontâneas ocorreram em todas as épocas e em todos os países; o meio de provocá-las, certamente, era também conhecido na antiguidade, mas era o privilégio de certas castas que não o revelavam senão a raros iniciados, sob condições rigorosas, e escondendo-o ao vulgo, a fim de dominá-lo pelo prestígio de uma força oculta. Não obstante, perpetuou-se através das idades até os nossos dias, em alguns indivíduos, mas quase sempre desfiguradas pela superstição ou misturada às práticas ridículas da magia, o que havia contribuído para desacreditá-la. Isso não fora, até então, senão germes lançados aqui e ali; a Providência reservara à nossa época o conhecimento completo e a vulgarização desses fenômenos, para livrá-los de suas más ligas e fazê-los servirem para a melhoria da Humanidade, hoje madura para compreendê-los e deles tirar as consequências.

§ 2. Manifestações visuais

16. Pela sua natureza, e em seu estado normal, o perispírito é invisível, e tem isso em comum com uma multidão de fluidos que sabemos existir, e que, entretanto, jamais vimos; mas ele pode também, do mesmo modo que certos fluidos, sofrer modificações que o tornam perceptível à visão, seja por uma espécie de condensação, seja por uma mudança na disposição molecular; pode mesmo adquirir as propriedades de um corpo sólido e tangível, mas pode instantaneamente retomar o seu estado etéreo e invisível. Pode-se dar conta desse efeito pelo do vapor que pode passar da invisibilidade ao estado brumoso, depois líquido, depois sólido, e *vice-versa*.

Esses diferentes estados do perispírito são o resultado da vontade do Espírito, e não de uma causa física exterior, como no gás. Quando um Espírito aparece, é que ele coloca o seu perispírito no estado necessário para torná-lo visível. Mas a sua vontade nem sempre basta: é necessário, para que essa modificação do perispírito possa se operar, um concurso de circunstâncias independentes dele; é necessário, por outro lado, que o Espírito tenha a permissão de se fazer ver por tal pessoa, o que nem sempre lhe é concedido, ou não o é senão em certas circunstâncias, por motivos que não podemos apreciar. (Ver *O Livro dos Médiuns*, página 98.)

Uma outra propriedade do perispírito e que se prende à sua natureza etérea, é a *penetrabilidade*. Nenhuma matéria lhe é obstáculo; ele as atravessa todas, como a luz atravessa os corpos transparentes. É por isso que não há clausura que possa se opor à entrada dos Espíritos; eles vão visitar o prisioneiro em seu cárcere tão facilmente quanto o homem que está no meio dos campos.

17. As manifestações visuais mais comuns ocorrem no sono, pelos sonhos: são as *visões*. As *aparições* propriamente ditas ocorrem no estado de vigília, e é então que se goza da plenitude e da inteira liberdade de suas faculdades. Elas se apresentam, geralmente, sob uma forma vaporosa e diáfana, algumas vezes vagas e indecisas: frequentemente, à primeira vista, de um clarão esbranquiçado, cujos contornos se desenham pouco a pouco. De outras vezes, as formas são nitidamente acentuadas e se lhe distinguem os menores traços do rosto, ao ponto de se poder fazer uma descrição muito precisa. Os passos, o aspecto são semelhantes ao que era o Espírito quando vivo.

18. Podendo tomar todas as aparências, o Espírito se apresenta sob aquela que pode melhor fazê-lo reconhecer, e se tal é o seu desejo. Também, se bem que, como Espírito, ele não tenha nenhuma enfermidade corpórea, se mostrará estropiado, coxo, ferido, com cicatrizes, se isso for necessário para constatar a sua identidade. Ocorre o mesmo com a roupa; a dos Espíritos, que nada conservaram das quedas terrestres, se compõe, o mais ordinariamente, de uma roupagem de longos franzidos flutuantes, com uma cabeleira ondulante e graciosa.

Frequentemente, os Espíritos se apresentam com os atributos característicos de sua elevação, como uma auréola, asas para aqueles que se podem considerar como anjos, um aspecto luminoso resplandecente, ao passo que outros têm aqueles que lembram as suas ocupações terrestres; assim, um guerreiro poderá aparecer com a sua armadura, um sábio com os livros, um assassino com um punhal, etc. Os Espíritos superiores têm um rosto belo, nobre e sereno; os mais inferiores têm alguma coisa de feroz e de bestial, e alguns trazem ainda as marcas de crimes que cometeram, ou suplícios que suportaram; para eles, essa aparência é uma realidade; quer dizer que se creem ser tal como parecem; é para eles um castigo.

19. O Espírito, que quer ou pode aparecer, algumas vezes, reveste uma forma mais limpa ainda, tendo todas as aparências de um corpo sólido, ao ponto de produzir uma ilusão completa, e de fazer crer que se está diante de um ser corpóreo.

Em alguns casos, e sob o império de certas circunstâncias, a tangibilidade pode se tornar real, quer dizer, que se pode tocar, apalpar, sentir a mesma resistência, o mesmo calor que da parte de um corpo vivo, o que não impede de se desvanecer com a rapidez do raio. Poder-se-ia, pois, estar em presença de um Espírito. Com quem se trocariam as palavras e os atos da vida, crendo ter relações com um simples mortal e sem desconfiar que era um Espírito.

20. Qualquer que seja o aspecto sob o qual um Espírito se apresente, mesmo sob a forma tangível, ele pode, no mesmo instante, não ser visível senão somente para alguns; numa assembleia poderia, pois, não se mostrar senão a um ou vários membros; de duas pessoas, colocadas uma ao lado da outra, uma pode vê-lo e tocá-lo, a outra nada vê e nada sente.

O fenômeno da aparição a uma única pessoa, entre várias que se acham juntas, se explica pela necessidade , para que se produza, de uma combinação entre o fluido perispiritual do Espírito e o da pessoa; é necessário, para isso, que haja entre esses fluidos uma espécie de afinidade que favoreça a combinação; se o Espírito não encontra aptidão orgânica necessária, o fenômeno da aparição não pode se reproduzir; se a aptidão existe, o Espírito está livre para aproveitá-la ou não; de onde resulta que, se duas pessoas igualmente dotadas sob esse aspecto, se encontrem juntas, o Espírito pode operar a combinação fluídica com aquela das duas, a quem quer se mostrar; não o fazendo com a outra, esta não o verá. Assim ocorreria com dois indivíduos, cada um tendo um véu sobre os olhos, se um terceiro indivíduo quer se mostrar a um dos dois somente, ele não levantará senão um véu; mas àquele que fosse cego, seria em vão que levantaria o véu, a faculdade de ver não lhe seria dada por isso.

21. As aparições tangíveis são muito raras, mas as aparições vaporosas são frequentes; elas o são sobretudo no momento da morte; o Espírito desligado parece apressar-se em ir rever os seus parentes e seus amigos, como para adverti-los que vem de deixar a Terra, e dizer-lhes que ele vive sempre. Que cada um recolha as suas lembranças, e ver-se-á quantos fatos autênticos desse gênero, dos quais não se dava conta, ocorreram não só à noite, mas em pleno dia e no mais completo estado de vigília.

§ 3. Transfiguração. Invisibilidade.

22. O perispírito das pessoas vivas goza das mesmas propriedades que o dos Espíritos. Como isso foi dito, ele não está, de nenhum modo, confinado no corpo, mas irradia e forma, ao seu redor, uma espécie de atmosfera fluídica; ora, pode ocorrer que, em certos casos, e sob o império das mesmas circunstâncias, ele sofra uma transformação análoga à que foi descrita; a forma real e material do corpo pode se apagar sob essa camada fluídica, podendo-se assim se exprimir, e revestir, momentaneamente, uma aparência toda diferente, mesmo a de uma outra pessoa, ou do Espírito que combine o seu fluido com o do indivíduo, ou bem ainda dar a um rosto feio um aspecto belo e radiante. Tal é o fenômeno designado sob o nome de transfiguração, fenômeno bastante frequente, e que se produz principalmente quando as circunstâncias provocam uma expansão mais abundante de fluido.

O fenômeno da transfiguração pode se manifestar com uma intensidade muito diferente, segundo o grau de depuração do perispírito, grau que corresponde sempre ao da elevação moral do Espírito. Limita-se, às vezes, a uma simples mudança do aspecto da fisionomia, como pode dar ao perispírito uma aparência luminosa e esplêndida.

A forma material pode, pois, desaparecer sob o fluido perispiritual, mas não há necessidade, por esse fluido, de revestir um outro aspecto; às vezes, pode simplesmente ocultar um corpo inerte , ou vivo, e torná-lo invisível aos olhos de uma ou de várias pessoas, como o faria uma camada de vapor.

Não tomamos as coisas atuais senão como pontos de comparação, e não em vista de estabelecer uma analogia absoluta, que não existe.

23. Esses fenômenos não podem parecer estranhos senão porque não se conhecem as propriedade do fluido perispiritual; é para nós um corpo novo que deve ter propriedades novas, e que não se pode estudar pelos procedimentos ordinários da ciência, mas que não são elas menos propriedades naturais, nada tendo de maravilhoso a não ser a novidade.

§ 4. Emancipação da alma

24. Só o corpo repousa durante o sono, mas o Espírito não dorme; aproveita do repouso do corpo, e dos momentos em que a sua presença não é necessária, para agir separadamente e ir onde quer; goza de sua liberdade e da plenitude de suas faculdades. Durante a vida, o Espírito jamais está completamente separado do corpo; para qualquer distância que se transporte, está sempre ligado a ele por um laço fluídico que serve para chamá-lo, desde que a sua presença seja necessária; esse laço não se rompe senão com a morte.

“O sono livra em parte a alma do corpo. Quando se dorme, está-se, momentaneamente, no estado em que se encontra, de maneira fixa, depois da morte. Os Espíritos que estão desligados da matéria, depois de sua morte, têm sonos inteligentes; aqueles, quando dormem, se unem à sociedade dos outros seres superiores a eles; viajam, conversam e se instruem com eles; trabalham mesmo em obras que encontram todas feitas quando morrem. Isto vos deve ensinar, uma vez mais, a não temer a morte, uma vez que morreis todos os dias, segundo a palavra de um santo.

"Eis ali para os Espíritos elevados; mas para a massa dos homens que, na morte, devem ficar muitas horas nessa perturbação, nessa incerteza da qual vos falei, aqueles vão, seja para mundos inferiores à Terra, onde antigas afeições os chamam, seja a procurar prazeres talvez ainda mais baixos do que aqueles que têm aqui; vão haurir doutrinas ainda mais vis, mais ignóbeis, mais nocivas do que aquelas que professavam em vosso meio. E o que engendra a simpatia sobre a Terra não é outra coisa que esse fato, que se sente ao despertar, aproximar, pelo coração, daqueles com quem se veio de passar oito a nove horas de felicidade ou de prazer. O que explica também essas antipatias invencíveis, é que se sabe, no fundo do coração, que aquelas outras pessoas têm uma outra consciência do que a nossa, porque são conhecidos sem tê-los visto com os olhos. É, ainda, o que explica a indiferença porque não se liga a fazer novos amigos, quando se sabe que se tem outros que nos amam e nos estimam. Em uma palavra, o sono influi mais do que pensais sobre a vossa vida.

"Pelo efeito do sono, os Espíritos encarnados estão sempre em relação com o mundo dos Espíritos, e é o que faz com que os Espíritos superiores consintam, sem muita repulsa, em encarnar entre vós. Deus quis que, durante o seu contato com o vício, eles possam ir se retemperar na fonte do bem, para eles mesmos não falirem, eles que vêm instruir os outros. O sono é a porta que Deus lhes abre para os amigos do céu; é a recreação depois do trabalho, esperando a grande libertação, a liberação final, que deverá restituí-los ao seu verdadeiro meio.

"O sonho é a lembrança do que o Espírito viu durante o sono: mas notai que não sonhais sempre, porque não vos lembrais do que vistes. Não é a vossa alma em todo o seu desenvolvimento; frequentemente, não é senão a lembrança da perturbação que acompanha a vossa partida ou a vossa reentrada, à qual se junta o que fizestes ou o que vos preocupou no estado de vigília; sem isso, como explicaríeis esses sonhos absurdos que têm os mais sábios como os mais simples? Os maus Espíritos também se servem dos sonhos para atormentar as almas fracas e pusilâmines.

"A incoerência dos sonhos se explica, ainda, pelas lacunas que a lembrança incompleta produz daquilo que apareceu em sonho. Tal seria um relato do qual se tivessem mutilado ao acaso as frases: reunidos os fragmentos que restassem, perderia toda a significação razoável.

"De resto, vereis em pouco se desenvolver uma outra espécie de sonho; ela é tão antiga quanto as que conheceis, mas a ignorais. O sonho de Jeanne D'Arc, o sonho de Jacó, o sonho dos profetas judeus e de alguns adivinhadores indianos; aquele sonho é a lembrança da alma inteiramente desligada do corpo, a lembrança dessa segunda vida, da qual vos falava há pouco." (*O Livro dos Espíritos*, p. 177 e seguintes.)

25. A independência e a emancipação da alma se manifestam, sobretudo, de maneira evidente, no fenômeno do sonambulismo natural e magnético, na catalepsia e na letargia. A lucidez sonambúlica não é outra senão a faculdade que a alma possui de ver e de sentir sem o socorro dos órgãos materiais. Essa faculdade é um dos seus atributos; ela reside em todo o seu ser; os órgãos do corpo são os canais restritos por onde lhe chegam certas percepções. A visão à distância, que certos sonâmbulos possuem, provém do deslocamento da alma, que vê o que se passa nos lugares para onde se transporta. Em suas peregrinações, está sempre revestida de seu perispírito, agente de suas sensações, mas que jamais está inteiramente desligado do corpo, assim como dissemos. O desligamento da alma produz a inércia do corpo que parece, às vezes, privado de vida.

26. Esse desligamento pode se produzir igualmente, em diversos graus, no estado de vigília, mas então o corpo não goza jamais completamente de sua atividade normal; há sempre uma certa absorção, um desligamento mais ou menos completo das coisas terrestres; o corpo não dorme, ele caminha, age, mas os olhos olham sem ver; compreende-se que a alma está alhures. Como no sonambulismo, ela vê as coisas ausentes; tem percepções e sensações que nos são desconhecidas; às vezes, tem a presciência de certos acontecimentos futuros pela ligação que lhe reconhece com as coisas presentes. Penetrando o mundo invisível, vê os Espíritos com os quais ela pode conversar, e dos quais pode nos transmitir o pensamento.

O esquecimento do passado segue, bastante e geralmente, o retorno ao estado normal, mas algumas vezes conserva dele uma lembrança mais ou menos vaga, como seria a de um sonho.

27. A emancipação da alma amortece, às vezes, as sensações físicas ao ponto de produzir uma verdadeira insensibilidade que, nos momentos de exaltação, pode fazer suportar com indiferença as mais vivas dores. Essa insensibilidade provém do desligamento do perispírito, agente de transmissão das sensações corpóreas: o Espírito ausente não sente as feridas do corpo.

28. A faculdade emancipadora da alma, na sua manifestação mais simples, produz o que se chama o sonho desperto; ela dá também, a certas pessoas, a presciência que constitui os pressentimentos; num maior grau de desenvolvimento, produz o fenômeno designado sob o nome de segunda vista, dupla vista ou sonambulismo desperto.

29. *O êxtase* é o grau máximo de emancipação da alma. "No sonho e no sonambulismo, a alma erra nos mundos terrestres; no êxtase, ela penetra num mundo desconhecido, no dos Espíritos etéreos com os quais entra em comunicação, sem, todavia, poder ultrapassar certos limites, que não poderia transpor sem quebrar totalmente os laços que a prendem ao corpo. Um brilho resplandecente e todo novo a envolve, harmonias desconhecidas sobre a Terra, a arrebatam, um bem-estar indefinível a penetra; ela goza, por antecipação, da beatitude celeste, e se pode dizer que põe um pé no limiar da eternidade. No êxtase, o aniquilamento do corpo é quase completo; não há mais, por assim dizer, senão a vida orgânica, e sente-se que a alma a ela não se prende senão por um fio que um esforço mais forte faria romper sem retorno." (*O Livro dos Espíritos,* nº 455.)

30. O êxtase, não mais do que os outros graus de emancipação da alma, não está isento de erros; é por isso que as revelações dos extáticos estão longe de ser sempre a expressão da verdade absoluta. A razão disso está na imperfeição do Espírito humano; não é senão quando chegou no cimo da escala, que ele pode julgar sadiamente as coisas; até lá, não lhe é dado de tudo ver nem de tudo compreender. Se, depois da morte, então que o desligamento é completo, ele não vê sempre com justeza; se há os que estão ainda imbuídos dos preconceitos da vida , que não compreendem as coisas do mundo invisível onde estão, com mais forte razão, deve ocorrer o mesmo com o Espírito preso ainda à carne.

Há, algumas vezes, entre os extáticos mais exaltação do que verdadeira lucidez, ou, melhor dizendo, a sua exaltação prejudica a sua lucidez; é por isso que as suas revelações, frequentemente, são uma mistura de verdades e de erros, de coisas sublimes ou mesmo ridículas. Os Espíritos inferiores se aproveitam também dessa exaltação, que é sempre uma causa de fraqueza quando não se sabe dominá-la, para dominar o extático, e, para esse efeito, eles revestem aos seus olhos *aparências* que o mantêm em suas ideias ou preconceitos, de sorte que as suas visões e as suas revelações não são, frequentemente, senão um reflexo de suas crenças. É um escolho ao qual não escapam senão os Espíritos de uma ordem elevada, e contra o qual o observador deve se ter em guarda.

31. Há pessoas cujo perispírito é de tal forma identificado com o corpo, que o desligamento da alma não se opera senão com uma extrema dificuldade, mesmo no momento da morte; geralmente, são as que viveram mais materialmente; são também aquelas cuja morte é a mais penosa, a mais cheia de angústias, e a agonia a mais longa e a mais dolorosa; mas há outras, ao contrário, cuja alma prende-se ao corpo por laços tão fracos, que a separação se faz sem abalos, com a maior facilidade e, frequentemente, antes da morte do corpo; à aproximação do fim da vida, a alma já entrevê o mundo onde ela vai entrar, e aspira ao momento de sua libertação completa.

§ 5. Aparições de pessoas vivas. Bicorporeidade.

32. A faculdade emancipadora da alma, e seu desligamento do corpo durante a vida, podem dar lugar a fenômenos análogos àqueles que apresentam os Espíritos desencarnados. Enquanto o corpo está no sono, o Espírito, se transportando para diversos lugares, pode se tornar visível e aparecer sob uma forma vaporosa, seja em sonho, seja no estado de vigília; pode, igualmente, se apresentar sob a forma tangível, ou pelo menos com uma aparência de tal modo identificada com a realidade, que várias pessoas podem estar na verdade afirmando tê-lo visto, no mesmo momento, em dois pontos diferentes; ele o fora com efeito, mas de um lado só estava o seu corpo verdadeiro, e do outro não havia senão o Espírito. De resto, esse fenômeno é muito raro, é que deu lugar à crença nos homens duplos, e que é designada sob o nome de *bicorporeidade*.

Por extraordinário que ele seja, não entra menos, como todos os outros, na ordem dos fenômenos naturais, uma vez que repousa sobre as propriedades do perispírito e sobre uma lei da Natureza.

§ 6. Dos médiuns

33. Os médiuns são as pessoas aptas a receberem a influência dos Espíritos e transmitirem os seus pensamentos.

Toda pessoa que sente, num grau qualquer, a influência dos Espíritos é, por isso mesmo, médium. Essa faculdade é inerente ao homem, e, por conseguinte, não é, de nenhum modo, um privilégio exclusivo: também há poucos nos quais não se lhe encontra algum rudimento. Pode-se, pois, dizer que todo o mundo, com pequena diferença, é médium; todavia, no uso, essa qualificação não se aplica senão naqueles nos quais a faculdade mediúnica se manifesta por efeitos ostensivos de uma certa intensidade.

34. O fluido perispiritual é o agente de todos os fenômenos espíritas; esses fenômenos não podem se operar senão pela ação recíproca dos fluidos emitidos pelo médium e pelo Espírito. O desenvolvimento da faculdade mediúnica prende-se à natureza mais ou menos expansível do perispírito do médium e à sua assimilação, mais ou menos fácil, com o dos Espíritos; prende-se, por consequência, ao organismo, e pode ser desenvolvida quando o princípio existe, mas não pode ser adquirida quando esse princípio não existe. A predisposição mediúnica é independente do sexo, da idade e do temperamento; encontram-se médiuns em todas as categorias de indivíduos, desde a mais tenra idade, até a mais avançada.

35. As relações entre os Espíritos e os médiuns se estabelecem por meio de seu perispírito; a facilidade dessas relações depende do grau de afinidade que existe entre os dois fluidos; alguns há que se assimilam facilmente e outros que se repelem; de onde se segue que não basta ser médium para se comunicar indistintamente com todos os Espíritos; há médiuns que não podem se comunicar senão com certos Espíritos, ou com certas categorias de Espíritos, e outros que não o podem senão por uma transmissão de pensamento, sem nenhuma manifestação exterior.

36. Pela assimilação dos fluidos perispirituais, o Espírito se identifica, por assim dizer, com a pessoa que quer influenciar; não somente lhe transmite o seu pensamento, mas pode exercer sobre ela uma ação física, fazê-la agir ou falar à sua vontade, fazê-la dizer o que não quer; em uma palavra, servir-se de seus órgãos como se fossem os seus; pode, enfim, neutralizar a ação de seu próprio Espírito e paralisar-lhe o livre-arbítrio. Os bons Espíritos se servem dessa influência para o bem, e os maus Espíritos para o mal.

37. Os Espíritos podem se manifestar de uma infinidade de maneiras diferentes, e não o podem senão com a condição de encontrarem uma pessoa apta a receber e a transmitir tal ou tal gênero de impressão, segundo a sua aptidão; ora, como não há nenhuma delas possuindo todas as aptidões no mesmo grau, disso resulta que umas obtêm efeitos impossíveis para as outras. Essa diversidade na aptidão produz diferentes variedades de médiuns.

38. A vontade do médium, de nenhum modo, é sempre necessária; o Espírito que quer se manifestar procura o indivíduo apto a receber a sua impressão, e dele se serve, frequentemente, com o seu desconhecimento; outras pessoas, ao contrário, tendo a consciência de sua faculdade, podem provocar certas manifestações; daí duas categorias de médiuns: os *médiuns inconscientes* e os *médiuns facultativos*.

No primeiro caso, a iniciativa vem do Espírito: no segundo, vem do médium.

39. Os *médiuns facultativos* não se encontram senão entre as pessoas que têm um conhecimento mais ou menos completo dos meios de se comunicar com os Espíritos, e podem assim ter a vontade de se servirem de suas faculdades; os *médiuns inconscientes*, ao contrário, se encontram entre aqueles que não têm nenhuma ideia nem do Espiritismo, nem dos Espíritos, mesmo entre os mais incrédulos, e que servem de instrumento sem o saberem e sem o quererem. Todos os gêneros de fenômenos espíritas podem se produzir pela sua influência, e foram encontrados em todas as épocas e entre todos os povos. A ignorância e a credulidade lhes atribuíram um poder sobrenatural, e, segundo os lugares e os tempos, deles fizeram santos, feiticeiros, loucos ou visionários; o Espiritismo nos mostra neles a simples manifestação espontânea de uma faculdade natural.

40. Entre as diferentes variedades de médiuns, distinguem-se principalmente: os *médiuns de efeitos físicos*; os *médiuns sensitivos ou impressionáveis;* os *médiuns audientes, falantes, videntes, inspirados, sonâmbulos, curadores, escreventes ou psicógrafos,* etc.; não descreveremos aqui senão os mais essenciais (1).

41. *Médiuns de efeitos físicos.* – São mais especialmente aptos a produzirem fenômenos materiais, tais como o movimento de corpos inertes, os ruídos, os deslocamentos, os soerguimentos e a translação de objetos, etc. Esses fenômenos podem ser espontâneos ou provocados; em todos os casos, requerem o concurso, voluntário ou involuntário, de médiuns dotados de faculdades especiais. Tais efeitos são geralmente oriundos de Espíritos de uma ordem inferior, os Espíritos elevados não se ocupam senão das comunicações inteligentes e instrutivas.

42. *Médiuns sensitivos ou impressionáveis.* – Designam-se assim as pessoas suscetíveis de sentirem a presença dos Espíritos por uma vaga impressão, uma espécie de toque leve sobre todos os membros, dos quais não podem se dar conta. Esta faculdade pode adquirir uma tal delicadeza que, aquele que dela está dotado reconhece, pela impressão que sente, não só a natureza, boa ou má, do Espírito que está ao seu lado, mas mesmo a sua individualidade, como o cego reconhece, instintivamente, a aproximação de tal ou tal pessoa. Um bom Espírito causa sempre uma impressão doce e agradável; a de um mau, ao contrário, é penosa, ansiosa e desagradável; há como um cheiro de impureza.

43. *Médiuns audientes.* – Eles ouvem a voz dos Espíritos; algumas vezes, é uma voz íntima que se faz ouvir no foro interior; de outras vezes, é uma voz exterior, clara e distinta como a de uma pessoa viva. Os médiuns audientes podem, assim, entrar em conversação com os Espíritos. Quando

(1) Para os detalhes completos, ver *O Livro dos Médiuns*.

têm o hábito de se comunicarem com certos Espíritos, eles o reconhecem imediatamente pelo som de sua voz. Quando não se é, por si mesmo, médium audiente, se pode comunicar com um Espírito por intermédio de um médium audiente que lhe transmite as palavras.

44. *Médiuns falantes.* – Os médiuns audientes, que não fazem senão transmitir o que ouvem não são, propriamente falando, *Médiuns falantes*; estes últimos, muito frequentemente, nada ouvem; neles, o Espírito atua sobre os órgãos da palavra, como nos médiuns escreventes agem sobre a mão. O Espírito, querendo se comunicar, se serve do órgão que encontra mais flexível; a um toma a mão, a um outro a palavra, a um terceiro o ouvido. O médium falante se exprime, geralmente, sem ter a consciência do que diz e, frequentemente, diz coisas completamente fora das suas ideias habituais, de seus conhecimentos e mesmo do alcance de sua inteligência. Veem-se, às vezes, pessoas iletradas e de uma inteligência vulgar, se exprimirem, naqueles momentos, com uma verdadeira eloquência e tratarem, com uma incontestável superioridade, questões sobre as quais seriam incapazes de emitir uma opinião no estado normal.

Embora o médium falante esteja perfeitamente desperto, conserva raramente a lembrança daquilo que disse. A passividade, no entanto, não é sempre completa; há os que têm a intuição do que dizem no mesmo momento em que pronunciam as palavras.

A palavra é, no médium falante, um instrumento do qual se serve o Espírito, com o qual uma pessoa estranha pode entrar em comunicação, como pode fazê-lo por intermédio de um médium audiente. Há esta diferença entre o médium audiente e o médium falante, de que o primeiro fala voluntariamente para repetir o que ouve, ao passo que o segundo fala involuntariamente.

45. *Médiuns videntes.* – Dá-se este nome às pessoas que, no estado normal, e perfeitamente despertas, gozam da faculdade de ver os Espíritos. A possibilidade de vê-los em sonho resulta, sem contradita, de uma espécie de mediunidade, mas não constitui, propriamente falando, os médiuns videntes. Explicamos a teoria desse fenômeno no capítulo das *Visões e aparições*, de *O Livro dos Médiuns.*

As aparições de pessoas que se amou ou conheceu são bastante frequentes; e, se bem que aqueles que a tiveram possam ser considerados como médiuns videntes, dá-se, mais geralmente, esse nome àqueles que gozam, de maneira de alguma sorte permanente, da faculdade de ver quase todos os Espíritos. Entre eles, há os que não veem senão os Espíritos que se evocam e dos quais podem fazer a discrição com uma minuciosa exatidão; descrevem, nos menores detalhes, os seus gestos, a expressão de sua fisionomia, os traços do rosto, a roupa e até os sentimentos dos quais parecem animados. Há outros nos quais essa faculdade é ainda mais geral; eles veem toda a população espírita ambiente ir, vir, e, se poderia dizer, cuidar de seus negócios. Esses médiuns jamais estão só: sempre têm com eles uma sociedade que podem escolher à sua vontade, segundo o seu gosto, porque podem, pela sua vontade, afastar os Espíritos que não lhes convêm, ou atrair aqueles que lhes são simpáticos.

46. *Médiuns sonâmbulos.* – O sonambulismo pode ser considerado como uma variedade da faculdade mediúnica, ou, melhor dizendo, são duas ordens de fenômenos que, muito frequentemente, se acham reunidos. O sonâmbulo age sob a influência de seu próprio Espírito; é a sua alma que, nos momentos de emancipação, vê, ouve e percebe fora dos limites de seus sentidos; o que ele exprime, haure em si mesmo; suas ideias, em geral, são mais justas do que no estado normal, seus conhecimentos mais extensos, porque a sua alma está livre; em uma palavra, ele vive por antecipação a vida dos Espíritos. O médium, ao contrário, é o instrumento de uma inteligência estranha; é passivo, e o que diz não vem dele. Em resumo, o sonâmbulo exprime o seu próprio pensamento, e o médium exprime o de um outro. Mas o Espírito que se comunica a um médium comum, pode do mesmo modo fazê-lo a um sonâmbulo; frequentemente mesmo, o estado de emancipação da alma, durante o sonambulismo, torna essa comunicação mais fácil. Muitos sonâmbulos veem os Espíritos e os descrevem com tanta precisão quanto os médiuns videntes; podem conversar com eles e nos transmitir o seu pensamento; o que dizem fora do círculo de seus conhecimentos pessoais, frequentemente, lhes é sugerido por outros Espíritos.

47. *Médiuns inspirados.* – Estes médiuns são aqueles nos quais os sinais exteriores da mediunidade são os menos aparentes; a ação dos Espíritos é aqui toda intelectual e toda moral, e se revela nas menores circunstâncias da vida, como nas maiores concepções; é sob esse aspecto, sobretudo, que se pode dizer que todos são médiuns, porque não há ninguém que não tenha os seus Espíritos protetores e familiares que fazem todos os esforços para sugerirem aos seus protegidos pensamentos salutares. No inspirado, amiúde, é difícil distinguir o pensamento próprio daquele que lhe é sugerido; o que caracteriza este último é, sobretudo, a espontaneidade.

A inspiração se torna mais evidente nos grandes trabalhos da inteligência. Os homens de gênio em todos os gêneros, artistas, sábios, literatos, oradores, sem dúvida, são Espíritos avançados, capazes de, por eles mesmos, compreender e conceber grandes coisas; ora, é precisamente porque eles são julgados capazes que os Espíritos, que querem cumprir certos trabalhos, lhes sugerem as ideias necessárias, e é assim que são, o mais frequentemente, *médiuns sem o saberem.* Têm, todavia, uma vaga intuição de uma assistência estranha, porque aquele que apela à inspiração, outra coisa não faz do que uma evocação; se não esperava ser ouvido, porque escreveria tão frequentemente: Meu bom gênio, venha em minha ajuda!

48. *Médiuns de pressentimentos*. – Pessoas que, em certas circunstâncias, têm uma vaga intuição das coisas futuras vulgares. Essa intuição pode provir de uma espécie de dupla vista que permite entrever as consequências das coisas presentes e a filiação dos acontecimentos; mas, frequentemente, ela é o fato de comunicações ocultas que deles faz uma variedade dos *médiuns inspirados*.

49. *Médiuns proféticos*. – É igualmente uma variedade dos médiuns inspirados; recebem, com a permissão de Deus, e com mais precisão do que os médiuns de pressentimentos, a revelação das coisas futuras de um interesse geral, e que estão encarregados de fazer os homens conhecerem, para a sua instrução. O pressentimento é dado, para a maioria dos homens, de alguma sorte para o seu uso pessoal; o dom da profecia, ao contrário, é excepcional e implica a ideia de uma missão sobre a Terra.

Se há verdadeiros profetas, há mais ainda de falsos, e que tomam os sonhos de sua imaginação por suas revelações, quando não são velhacos que se fazem passar por tal por ambição.

O verdadeiro profeta é *um homem de bem inspirado por Deus*; pode-se reconhecê-lo por suas palavras e suas ações; Deus não pode se servir da boca do mentiroso para ensinar a verdade. (*O Livro dos Espíritos*, nº 624.)

50. *Médiuns escreventes ou psicógrafos*. – Designa-se com esse nome as pessoas que escrevem sob a influência dos Espíritos. Do mesmo modo que um Espírito pode agir sobre os órgãos da palavra, de um médium falante, para lhe fazer pronunciar as palavras, ele pode se servir de sua mão para fazê-lo escrever. A mediunidade psicográfica apresenta três variedades muito distintas: os médiuns *mecânicos, intuitivos* e *semimecânicos*.

No *médium mecânico*, o Espírito age diretamente sobre a mão à qual dá o impulso. O que caracteriza este gênero de mediunidade é a inconsciência absoluta do que se escreve; o movimento da mão é independente da vontade; ela prossegue sem interrupção, e apesar do médium, enquanto o Espírito tenha alguma coisa para dizer, e se detém quando ele termina.

No *médium intuitivo*, a transmissão do pensamento se faz por intermédio do Espírito do médium. O Espírito estranho, nesse caso, não age sobre a mão para dirigi-la, age sobre a alma com a qual se identifica e à qual imprime a sua vontade e suas ideias; ele recebe o pensamento estranho e o transcreve. Nessa situação, o médium escreve voluntariamente e tem a consciência do que escreve, embora isso não seja o seu próprio pensamento.

Frequentemente, é bastante difícil distinguir o pensamento próprio do médium daquele que lhe é sugerido, o que leva *muitos médiuns desse gênero a duvidarem de sua faculdade*. Pode-se reconhecer o pensamento sugerido no fato de que ele não é jamais preconcebido; que ele nasce à medida que se escreve e, com frequência, é contrário à ideia prévia que se formou; pode mesmo estar fora dos conhecimentos e das capacidades do médium.

Há uma grande analogia entre a mediunidade intuitiva e a inspiração; a diferença consiste em que a primeira, o mais frequentemente, está restrita às questões da atualidade, e pode se aplicar fora das capacidades intelectuais do médium; um médium poderá tratar, por intuição, de um assunto ao qual é completamente estranho. A inspiração se estende sobre um campo mais vasto e vem, geralmente, em ajuda às capacidades e às preocupações do Espírito encarnado. Os traços da mediunidade são, em geral, menos evidentes.

O médium *semimecânico* ou *semi-intuitivo* participa das duas outras. No médium puramente mecânico, o movimento da mão é independente da vontade; no médium intuitivo, o movimento é voluntário e facultativo. O médium semimecânico sente um impulso dado à sua mão, apesar dele, mas, ao mesmo tempo, tem consciência daquilo que escreve à medida que as palavras se formam. No primeiro, o pensamento segue o ato da escrita; no segundo, precede-o; no terceiro, ele o acompanha.

51. Não sendo o médium senão um instrumento que recebe e transmite o pensamento de um Espírito estranho, que segue o impulso mecânico que lhe é dado, não há nada que ele não possa fazer fora de seus conhecimentos, se está dotado da flexibilidade e da aptidão mediúnica necessárias. Assim é que existem médiuns *desenhistas, pintores, músicos, versificadores,* embora estranhos à arte do desenho, da pintura, da música e da poesia; os médiuns iletrados, que escrevem sem saber nem ler nem escrever; os médiuns *polígrafos*, que reproduzem diferentes gêneros de escrita, e, algumas vezes, com perfeita exatidão a que o Espírito tinha quando vivo; os médiuns *poliglotas,* que falam ou escrevem em línguas que lhe são desconhecidas, etc.

52. *Médiuns curadores*. – Este gênero de mediunidade consiste na faculdade, que certas pessoas possuem, de curar pelo simples toque, pela imposição das mãos, o olhar, um gesto mesmo, sem a ajuda de nenhum medicamento. Esta faculdade, incontestavelmente, tem o seu princípio na força magnética; dela difere, todavia, pela energia e pela instantaneidade da ação, ao passo que as curas magnéticas exigem um tratamento metódico mais ou menos longo. Todos os magnetizadores estão quase aptos para curar se sabem a isso se ligar convenientemente; eles têm a ciência adquirida; nos médiuns curadores a faculdade é espontânea e alguns a possuem sem jamais terem ouvido falar do magnetismo.

A faculdade de curar pela imposição das mãos tem, evidentemente, o seu princípio numa força excepcional de expansão, mas é aumentada por diversas causas, entre as quais é necessário colocar em primeira linha: a pureza dos sentimentos, o desinteresse, a benevolência, o ardente desejo de aliviar, a prece fervorosa e a confiança em Deus, em uma palavra, todas as qualidades morais. A força magnética é puramente orgânica; pode ser, como a força muscular, dada a todo o mundo, mesmo a homens perversos; mas só o homem de bem dela se serve exclusivamente para o bem, sem dissimulação de interesse pessoal, nem satisfação do orgulho ou da vaidade; seu fluido depurado possui propriedades benfazejas e reparadoras que não pode ter aquele do homem vicioso ou interessado.

Todo efeito mediúnico, como foi dito, é o resultado da combinação dos fluidos emitidos por um Espírito e pelo médium: por essa união, esses fluidos adquirem propriedades novas que não teriam separadamente, ou pelo menos não teriam no mesmo grau. A prece, que é uma verdadeira evocação, atrai os bons Espíritos solícitos em virem secundar os esforços do homem bem intencionado; seu fluido benfazejo se une facilmente ao dele, ao passo que o fluido do homem vicioso se alia com o dos maus Espíritos que o cercam.

O homem de bem que não tivesse a força fluídica não poderia, pois, senão pouca coisa por si mesmo; ele não pode senão chamar a assistência dos bons Espíritos, mas a sua ação pessoal é quase nula; uma grande força fluídica, aliada à maior soma possível de qualidades morais, pode operar verdadeiros prodígios de curas.

53. A ação fluídica, por outro lado, é poderosamente secundada pela confiança do enfermo, e Deus recompensa, frequentemente, a sua fé pelo sucesso.

54. Só a superstição pode ligar uma virtude a certas palavras, e só os Espíritos ignorantes e mentirosos podem manter semelhantes ideias prescrevendo quaisquer fórmulas. Entretanto, pode ocorrer que, para pessoas pouco esclarecidas e incapazes de compreenderem as coisas puramente espirituais, o emprego de uma fórmula de prece ou de uma prática determinada, contribui para lhes dar confiança; neste caso, não é a fórmula que é eficaz, mas a fé que é aumentada pela ideia ligada ao emprego da fórmula.

55. Não é necessário confundir os *médiuns curadores* com os *médiuns receitistas*; estes últimos são simples médiuns escreventes, cuja especialidade é de servirem, mais facilmente, de intérpretes aos Espíritos para as prescrições médicas; mas não fazem absolutamente senão transmitir o pensamento do Espírito, e não têm, por si mesmos, nenhuma influência.

§ 7. Da obsessão e da possessão

56. A obsessão é o império que maus Espíritos tomam sobre certas pessoas, tendo em vista dominá-las e submetê-las à sua vontade, pelo prazer que sentem em fazer o mal.

Quando um Espírito, bom ou mau, quer agir sobre um indivíduo, ele o envolve, por assim dizer, com o seu perispírito, como um manto; os fluidos se penetram, os dois pensamentos e as duas vontades se confundem, e o Espírito pode, então, se servir desse corpo como do seu próprio, fazê-lo agir segundo a sua vontade, falar, escrever, desenhar, tais são os médiuns. Se o Espírito é bom, a sua ação é doce, benfazeja; ele não leva a fazer senão boas coisas; se é mau, leva a fazê-las más; se é perverso e mau, constrange-o, como numa rede, paralisa até a sua vontade, o seu julgamento mesmo, que abafa sob o seu fluido, como se abafa o fogo sob uma camada de água; fá-lo pensar, falar, agir por ele, impele-o, apesar dele, a atos extravagantes ou ridículos, em uma palavra, o magnetiza, o cataleptiza moralmente, e o indivíduo se torna um instrumento cego de suas vontades. Tal é a causa da obsessão, da fascinação e da subjugação, que se mostram em graus de intensidade muito diferentes. É ao paroxismo da subjugação que se chama vulgarmente de *possessão*. Há a se anotar que, neste caso, frequentemente, o indivíduo tem a consciência de que o que faz é ridículo, mas é constrangido a fazê-lo, como se um homem mais vigoroso do que ele fizesse mover, contra a sua vontade, os seus braços, as suas pernas e a sua língua.

57. Uma vez que os Espíritos existiram de todos os tempos, de todos os tempos também eles desempenharam o mesmo papel, porque esse papel está na Natureza, e a prova disso está no grande número de pessoas obsidiadas ou possuídas, querendo-se, antes que fosse posta a questão dos Espíritos, ou que, em nossos dias, jamais ouviram falar de Espiritismo nem de médiuns. A ação dos Espíritos, bons ou maus, é, pois, espontânea; a dos maus produz uma quantidade de perturbações na economia moral, e mesmo física, que, por ignorância da causa verdadeira, atribuía-se a causas errôneas. Os maus Espíritos são os inimigos invisíveis tanto mais perigosos quanto não se suponha a sua ação. O Espiritismo, pondo-os a descoberto, vem revelar uma nova causa para certos males da Humanidade; conhecida a causa, não se procurará mais combater o mal pelos meios que doravante se sabem inúteis, procurar-se-ão os mais eficazes. Ora, o que fez descobrir essa causa? A mediunidade; foi por meio da mediunidade que esses inimigos ocultos traíram a sua presença; ela fez para eles o que o microscópio fez para os infinitamente pequenos: revelou todo um mundo. O Espiritismo não atraiu, de nenhum modo, os maus Espíritos; ele os descobriu, e deu os meios de paralisar-lhes a ação e, consequentemente, afastá-los. Ele não trouxe, de nenhum modo, o mal, uma vez que o mal existia de todos os tempos: trouxe, ao contrário, o remédio ao mal mostrando-lhe a causa. Uma vez reconhecida a ação do mundo invisível, ter-se-á a chave de uma multidão de fenômenos incompreendidos, e a *ciência,* enriquecida com esta nova lei, verá se abrir diante dela novos horizontes. QUANDO CHEGARÁ ELA A ISSO? *Quando ela não professar mais o materialismo,* porque o materialismo detém o seu voo e lhe coloca uma barreira intransponível.

58. Uma vez que se há maus Espíritos que obsidiam, há bons que protegem, pergunta-se se os maus Espíritos são mais poderosos do que os bons.

Não é o bom Espírito que é mais fraco, é o médium que não é bastante forte para sacudir o manto que se lança sobre ele, para se livrar do constrangimento dos braços que o enlaçam e nos quais, é necessário dizê-lo bem, algumas vezes se compraz. Neste caso, compreende-se que o bom Espírito não possa ter a superioridade, uma vez que se lhe prefere um outro. Admitamos agora o desejo de se desembaraçar desse envoltório fluídico, do qual o seu está penetrado, como uma vestimenta está penetrada pela umidade, o desejo não bastará. A própria vontade nem sempre bastará.

Trata-se de lutar contra um adversário; ora, quando dois homens lutam corpo a corpo, é aquele que tem músculos mais fortes que derruba o outro. Com um Espírito é necessário lutar, não corpo a corpo, mas de Espírito para Espírito, e é ainda o mais forte que domina; aqui, a força está na *autoridade* que se pode tomar sobre o Espírito, e essa autoridade está subordinada à superioridade moral. A superioridade moral é como o Sol que dissipa o nevoeiro pela força de seus raios. Esforçar-se para ser bom, tornar-se melhor sendo-se já bom, purificar-se de suas imperfeições, em uma palavra, se elevar moralmente o mais possível, tal é o meio para adquirir o poder de dominar os Espíritos inferiores, para afastá-los, de outro modo eles zombarão de vossas imposições. (O *Livro dos Médiuns,* nº 252 e 279.)

Entretanto, dir-se-á, por que os Espíritos protetores não lhes ordenam para que se retirem? Sem dúvida, eles o podem e o fazem algumas vezes; mas, permitindo a luta, deixam também o mérito da vitória; se deixam se debaterem pessoas merecedoras sob certos aspectos, é para provar a sua perseverança e fazê-las adquirir *mais força* no bem; é para elas uma espécie de *ginástica moral.*

Certas pessoas, sem dúvida, prefeririam uma outra receita para expulsar os maus Espíritos: algumas palavras a dizer, ou alguns sinais a fazer, por exemplo, o que seria mais cômodo do que corrigir os seus defeitos. Com isso estamos descontentes, mas não conhecemos nenhum meio eficaz para *vencer um inimigo senão de ser mais forte do que ele.* Quando se está enfermo, é necessário resignar-se em tomar um medicamento, embora amargo que seja; mas também, quando se teve a coragem de bebê-lo, como se porta bem e como se é forte! É necessário, pois, bem se persuadir de que não há, para alcançar esse objetivo, nem palavras sacramentais, nem fórmulas, nem talismã, nem quaisquer sinais materiais. Os maus Espíritos deles se riem e se divertem, frequentemente, indicando-os, que têm sempre o cuidado de dizerem infalíveis, para melhor captar a confiança daqueles que querem enganar, porque então estes, confiantes na virtude do processo, se entregam sem receio.

Antes de esperar domar o mau Espírito, é necessário domar a si mesmo. De todos os meios para adquirir a força para lá chegar, o mais eficaz é a vontade secundada pela prece, entenda-se a prece de coração, e não de palavras, para as quais a boca toma mais parte do que o pensamento. É necessário rogar seu anjo guardião, e os bons Espíritos, para nos assistir na luta; mas não basta lhes pedir para expulsarem o mau Espírito, é necessário se lembrar desta máxima: *Ajuda-te, e o céu te ajudará,* e lhes pedir, sobretudo, a força que nos falta para vencermos os nossos maus pendores, que são para nós piores do que os maus Espíritos, porque são essas tendências que os atraem, como a corrupção atrai as aves de rapina. Pedindo também para o Espírito obsessor, é restituir-lhe mal com o bem, e se mostrar melhor do que ele, o que já é uma superioridade. Com a perseverança, frequentemente, acaba-se por conduzi-lo a melhores sentimentos e de perseguidor se faz um agradecido.

Em resumo, a prece fervorosa, e os esforços sérios para se melhorar, são os únicos meios para afastar os maus Espíritos que reconhecem seus superiores naqueles que praticam o bem, ao passo que as fórmulas os fazem rir, a cólera e a impaciência os excitam. É necessário deixá-los se mostrando mais pacientes do que eles.

Mas ocorre, algumas vezes, que a subjugação aumenta ao ponto de paralisar a vontade do obsidiado, e que não se pode dele esperar nenhum concurso sério. É então, sobretudo, que a intervenção de terceiros torna-se necessária, seja pela prece, seja pela ação magnética; mas a força dessa intervenção depende também do ascendente moral que os intervenientes podem tomar sobre os Espíritos; porque se não valem mais, a sua ação é estéril. A ação magnética, nesse caso, tem o efeito de penetrar o fluido do obsidiado de um fluido melhor, e de livrá-lo do Espírito mau; ao operar, o magnetizador deve ter o duplo objetivo de opor uma força moral a uma força moral, e de produzir sobre o sujeito uma espécie de reação química, para nos servirmos de uma comparação material, expulsando um fluido por um outro fluido. Por aí, não somente ele opera um desligamento salutar, mas dá força aos órgãos enfraquecidos por uma longa e, frequentemente, vigorosa opressão. Compreende-se, de resto, que a força da ação fluídica está em razão, não só da energia da vontade, mas sobretudo da qualidade do fluido introduzido, e, segundo o que dissemos, que essa qualidade depende da instrução e das qualidades morais do magnetizador; de onde se segue que um magnetizador comum, que agiria maquinalmente para magnetizar pura e simplesmente, produziria pouco ou de nenhum efeito; é preciso, de toda a necessidade, um magnetizador *espírita* agindo com conhecimento de causa, com a intenção de produzir, não o sonambulismo ou uma cura orgânica, mas os efeitos que acabamos de descrever. Além disso, é evidente que uma ação magnética, dirigida nesse sentido, não pode ser senão muito útil no caso de obsessão comum, porque então, se o magnetizador é secundado pela vontade do obsidiado, o Espírito é combatido por dois adversários ao invés de um.

É necessário dizer, também, que se acusam, frequentemente, os Espíritos estranhos de danos dos quais são muito inocentes; certos estados doentios, e certas aberrações que se atribuem a uma causa oculta, por vezes, devem-se simplesmente ao Espírito do próprio indivíduo. As contrariedades, que mais comumente cada um se concentra em si mesmo, sobretudo os desgostos amorosos, fazem cometer muitos atos excêntricos que se estaria errado em levar à conta da obsessão. Frequentemente, pode ser-se obsessor de si próprio.

Acrescentemos, enfim, que certas obsessões tenazes, sobretudo nas pessoas de mérito, algumas vezes, fazem parte das provas às quais estão submetidas. "Ocorre mesmo, por vezes, que a obsessão, quando é simples, é uma tarefa imposta ao obsidiado, que deve trabalhar para a melhoria do obsessor, como um pai pela de um filho viciado."

(Para maiores detalhes, remetemos a O *Livro dos Médiuns*.)

A prece, geralmente, é um meio poderoso para ajudar na libertação dos obsidiados, mas não é uma prece de palavras, dita com indiferença e como uma fórmula banal, que pode ser eficaz em semelhante caso; é necessária uma prece ardente que seja, ao mesmo tempo, uma espécie de magnetização mental; pelo pensamento pode-se levar, sobre o paciente, uma corrente fluídica salutar, cuja força está em razão da intenção. A prece não tem, pois, somente por efeito invocar um socorro estranho, mas de exercer uma ação fluídica. O que uma pessoa não pode fazer só, várias pessoas unidas pela intenção, numa prece coletiva e reiterada, frequentemente o podem, sendo a potência da ação aumentada pelo número.

59. A ineficácia do exorcismo nos casos de possessão está constatada pela experiência, e está provado que, a maior parte do tempo, aumenta o mal antes que o diminua. A razão disso é que a influência está inteiramente no ascendente moral exercido sobre os maus Espíritos, e não num ato exterior, na virtude das palavras e de sinais. O exorcismo consiste nas cerimônias e fórmulas das quais se riem os maus Espíritos, ao passo que eles cedem à superioridade moral que se lhes impõe; veem que se quer dominá-los por meios impotentes, que se pensa intimidá-los por um vão aparelho, e tratam de se mostrar os mais fortes, por isso é que redobram; são como o cavalo assustado, que lança por terra o cavaleiro inábil, e que se submete quando encontra o seu senhor; ora, o verdadeiro senhor aqui é o homem de coração mais puro, porque é este que é o mais escutado pelos bons Espíritos.

60. O que um Espírito pode fazer sobre um indivíduo, vários Espíritos podem fazê-lo sobre vários indivíduos, simultaneamente, e dar à obsessão um caráter epidêmico. Uma nuvem de maus Espíritos pode invadir uma localidade, e ali se manifestar de diversas maneiras. Foi uma epidemia desse gênero que maltratou a Judeia ao tempo do Cristo; ora, o Cristo, pela sua imensa superioridade moral, tinha sobre os demônios, ou maus Espíritos, uma superioridade moral tal que lhe bastava ordenar-lhes para se retirarem, para que eles o fizessem, e não empregava para isso nem sinais, nem fórmulas.

61. O Espiritismo está fundado sobre a observação dos fatos resultantes das relações entre o mundo visível e o mundo invisível. Estando esses fatos na Natureza, produziram-se em todas as épocas, e são muitos sobretudo nos livros sagrados de todas as religiões, porque serviram de base à maioria das crenças. Por falta de compreendê-los, foi que a Bíblia e os Evangelhos oferecem tantas passagens obscuras e que foram interpretadas em sentidos tão diferentes; o Espiritismo é a chave que deve facilitar-lhes a inteligência.

– 6 –

Dos homens duplos e das aparições de pessoas vivas

É um fato hoje constatado, e perfeitamente explicado, que o Espírito, se isolando de um corpo vivo, pode, com a ajuda de seu envoltório fluídico perispiritual, aparecer em um outro lugar do que aquele em que o seu corpo material está; mas, até o presente, a teoria, de acordo com a experiência, parece demonstrar que essa separação não pode ocorrer senão durante o sono, ou pelo menos durante a inatividade dos sentidos corpóreos. Os fatos seguintes, se forem exatos, provariam que ela pode se produzir igualmente no estado de vigília. São extratos da obra alemã: *Os fenômenos místicos da vida humana*, por Maximilien Perty, professor na Universidade de Berna, publicado em 1861. (Leipzig e Heidelberg.)

1. "Um proprietário do campo foi visto pelo seu cocheiro no estábulo, os olhares voltados para os animais, no momento em que estava comungando na igreja. Ele contou mais tarde ao seu pastor, que lhe perguntou em que pensava no momento da comunhão. – Mas, respondeu ele, se devo dizer a verdade, eu pensava em meus animais. – Eis a vossa aparição explicada, replicou o eclesiástico."

O padre estava com a verdade, porque sendo o pensamento um atributo essencial do Espírito, este deve se encontrar onde leva o seu pensamento. A questão é de saber se, no estado de vigília, o desligamento do Espírito pode ser bastante grande para produzir uma aparição, o que implicaria numa espécie de desdobramento do Espírito, do qual uma parte animaria o corpo fluídico e a outra o corpo material. Isto nada teria de impossível considerando-se que, quando o pensamento se concentra sobre um ponto distante, o corpo não age mais do que maquinalmente, por uma espécie de impulso mecânico, o que ocorre sobretudo nas pessoas distraídas; não está animado senão da vida material; a vida espiritual segue o Espírito. É, pois, provável que o homem em questão experimentara nesse momento uma forte distração, e que os seus animais o preocupavam mais do que a sua comunhão.

O fato seguinte entra nessa categoria, mas apresenta uma particularidade mais notável.

2. "O juiz de cantão, J... em Fr..., enviou, um dia, seu empregado a uma aldeia dos arredores. Depois de um certo lapso de tempo, viu-o entrar, pegar um livro no armário e folheá-lo. Perguntou-lhe bruscamente por que não partira ainda; a essas palavras o empregado desapareceu; o livro caiu por terra, e o juiz o colocou aberto sobre uma mesa, como caíra. À noite, quando o empregado veio de retorno, o juiz lhe perguntou se nada lhe ocorrera no caminho, se ele retornara ao aposento onde ele se encontrava neste momento. – Não, respondeu o empregado; percorri o caminho com um dos meus amigos; atravessando a floresta, tivemos uma discussão a propósito de uma planta que encontráramos, e eu dizia que se estivesse em casa, ser-me-ia fácil mostrar a página de *Lineu* que me daria razão. – Era justamente esse livro que estava aberto na página indicada."

Por extraordinário que seja o fato, não se poderia dizer que é materialmente impossível, porque estamos longe de conhecer ainda todos os fenômenos da vida espiritual; todavia, tem necessidade de confirmação. Em semelhante caso, seria necessário poder constatar, de maneira positiva, o estado do corpo no momento da aparição. Até prova em contrário, duvidamos que a coisa seja possível, quando o corpo está numa atividade inteligente.

Os fatos seguintes são mais extraordinários ainda, e confessamos francamente que nos inspiram ainda maiores dúvidas. Compreende-se facilmente que a aparição do Espírito de uma pessoa viva seja vista por uma terceira pessoa, mas não que um indivíduo possa ver a sua própria aparição, sobretudo nas circunstâncias relatadas adiante.

3. "O secretário de governo de Triptis, em Weimar, indo à chancelaria para ali procurar um pacote de autos dos quais tinha grande necessidade, lá se viu já sentado na sua cadeira habitual, tendo os autos diante de si. Ele se assusta, volta para sua casa, e envia a sua criada com a ordem de pegar os autos que encontraria em seu lugar de costume. Esta para lá foi, e vê igualmente seu senhor sentado na sua cadeira."

4. "Becker, professor de matemática em Rostok, tinha amigos em sua casa, à mesa. Uma controvérsia teológica se levantou entre eles. Becker vai à sua biblioteca procurar uma obra que deveria decidir a questão, e ali se vê sentado no seu lugar habitual. Olhando por cima da espádua de sua outra pessoa, percebe que esta lhe mostra a passagem seguinte na Bíblia aberta: "Arruma a tua casa, porque deves morrer." Retorna para os seus amigos que se esforçam em vão para lhe demonstrar a loucura de ligar a menor importância a essa visão. – *Ele morreu no dia seguinte.*"

5. - "Hoppack, autor da obra: *Materiais para o estudo da psicologia*, disse que o abade Steinmetz, tendo pessoas em sua casa, em seu quarto, se viu ao mesmo tempo em seu jardim, em seu lugar favorito. Mostrando-se primeiro ele mesmo o dedo, depois seu semelhante, disse: – Eis Steinmetz, o mortal, aquele acolá é imortal."

6. - "F..., da cidade de Z..., que foi mais tarde juiz, encontrando-se na juventude num campo, foi rogado pela jovem da casa para ir procurar um guarda-sol que esquecera em seu quarto. Ali foi e viu a senhorita sentada em sua mesa de costura, mas mais pálida de que quando a deixara; ela olhava diante de si. F..., apesar de seu medo, pegou o guarda-sol que estava ao lado dela e o transportou. Vendo sua fisionomia transtornada, ela lhe disse: – Confessai que vistes alguma coisa, me vistes. Mas não vos inquieteis, não estou perto de morrer. Eu sou dupla (em alemão *Doppegaenger*, literalmente: alguém que caminha duplo); eu estava em pensamento junto de minha obra, e já, frequentemente, encontrei a minha imagem ao meu lado. Não nos fazemos nada."

7. - "O conde D... e os sentinelas pretenderam ver, uma noite, a imperatriz Elisabeth, da Rússia, sentada em seu trono, na sala do trono, em traje de cerimônia de pompa, enquanto ela estava deitada e dormia. A dama de honra de serviço, que disso também estava convencida, foi despertá-la. A imperatriz foi também para a sala do trono, e ali viu a sua imagem. Ela ordenou a um sentinela para fazer fogo; a imagem então desapareceu. A imperatriz morreu três meses depois."

8. - "Um estudante, de nome Elger, tornou-se muito melancólico depois de se ter visto, frequentemente, na roupa vermelha que usava comumente. Ele jamais via o seu rosto, mas os contornos de uma forma vaporosa que se lhe assemelhava, sempre no crepúsculo ou ao luar. Via a imagem no lugar no qual vinha de estar por muito tempo estudando."

9. - "Uma preceptora francesa, Émile Sagée, perdeu dezenove vezes o seu lugar , porque aparecia por toda parte *em duplo*. As jovens de um pensionato, em Neuwelke, na Livônia, a viam algumas vezes no salão ou no jardim, ao passo que, na realidade, ela se encontrava em outra parte. De outras vezes viam diante do quadro, durante a lição, duas senhoritas Sagée, uma ao lado da outra, exatamente semelhantes, fazendo os mesmos movimentos, com esta única diferença de que a verdadeira Sagée tinha um pedaço de giz na mão, com o qual escrevia no quadro."

A obra do Sr. Perty contém um grande número de fatos desse gênero. Há a se notar que, em todos os exemplos citados, o princípio inteligente está igualmente ativo nos dois indivíduos, e mesmo mais ativo no ser material, o que deveria ser o contrário. Mas o que nos parece uma impossibilidade radical, é que possam existir um antagonismo, uma divergência de ideias, de pensamentos e de sentimentos.

Essa divergência está sobretudo manifesta no fato nº 4, onde um adverte o outro de sua morte, e no do nº 7, onde a imperatriz faz disparar sobre a sua outra pessoa.

Admitindo a divisão do perispírito e uma força fluídica suficiente para manter ao corpo a sua atividade normal; supondo-se também a divisão do princípio inteligente, ou uma irradiação capaz de animar os dois seres e de lhes dar uma espécie de ubiquidade, esse princípio é um e deve ser idêntico; não poderia aí haver, pois, de um lado uma vontade que não existiria de outro, a menos de admitir que haja gêmeos de Espíritos, como há gêmeos de corpo, quer dizer, que dois Espíritos se identificam para se encarnar num mesmo corpo, o que não é muito provável.

Em todas essas histórias fantásticas, se há alguma coisa a pegar, há também muitas a deixar, e a parte a se fazer da lenda. O Espiritismo, bem longe de nos fazer aceitá-las cegamente, ajuda-nos a fazer a separação do verdadeiro e do falso, do possível e do impossível, com a ajuda das leis que nos revelam com respeito à constituição e ao papel do elemento espiritual. Não nos apressemos, entretanto, em rejeitar *a priori* tudo o que não compreendemos, porque estamos longe de conhecer todas essas leis, e que a Natureza não nos disse ainda todos os seus segredos. O mundo invisível é um campo de observação ainda novo, do qual seria presunção pretender haver sondado todas as profundezas, então que novas maravilhas se revelam sem cessar aos nossos olhos. No entanto, há fatos dos quais a lógica e as leis conhecidas demonstram a impossibilidade material. Tal é, por exemplo, o que está narrado na *Revista Espírita* do mês de fevereiro de 1859, página 41, sob o título de: *Meu amigo Hermann*. Trata-se de um jovem Alemão da alta sociedade, doce, benevolente, e do mais honrado caráter, que, todas as tardes, ao pôr-do-Sol, caía num estado de morte aparente; durante esse tempo, seu Espírito despertava nos Antípodas, na Austrália, no corpo de um bandido, que acabou por ser enforcado.

O simples bom senso demonstra que, supondo a possibilidade dessa dualidade corpórea, o mesmo Espírito não pode ser, alternativamente, durante o dia um homem honesto, e à noite um bandido num outro corpo. Dizer que o Espiritismo acredita em semelhantes histórias, é provar que não o conhece, uma vez que dá os meios de provar-lhes o absurdo. Mas, ao mesmo tempo que ele demonstra o erro de uma crença, prova que, frequentemente, ela repousa sobre um princípio verdadeiro, desnaturado ou exagerado pela superstição; é a despojar o fruto da casca que ele se dedica.

Quantos contos ridículos não se fez sobre o raio, antes de se conhecer a lei da eletricidade! Ocorre o mesmo no que concerne às relações do mundo invisível; fazendo conhecer a lei dessas relações, o Espiritismo as reduz à realidade; mas essa realidade é ainda muito para aqueles que não admitem nem almas, nem mundo invisível; aos seus olhos, tudo o que sai do mundo visível e tangível é da superstição; eis porque denigrem o Espiritismo.

Nota. A questão muito interessante dos *homens duplos* e a dos *agêneres*, que a ela se liga estreitamente, foram relegadas, até aqui, para segundo plano, por falta de documentos suficientes para a sua inteira elucidação. Essas manifestações, tão bizarras que sejam, tão incríveis que pareçam à primeira vista, sancionadas pelos relatos dos historiadores, os mais sérios da Antiguidade e da Idade Média, confirmadas por acontecimentos recentes, não podem, pois, de modo algum, ser postas em dúvida. *O Livro dos Médiuns*, no artigo intitulado: *Visitas espirituais entre pessoas vivas, Revista Espírita*, em numerosas passagens, confirmam-lhe a existência de maneira a mais incontestável. De uma comparação e de um exame aprofundado de todos esses fatos, resultaria talvez uma solução ao menos parcial da questão, e a eliminação de algumas das dificuldades das quais ela parece cercada.

Estaríamos agradecidos àqueles dos nossos correspondentes que quisessem fazer disso um objeto de estudo especial, seja pessoalmente, seja por intermédio dos Espíritos, de nos comunicar o resultado de suas pesquisas, bem entendido, no interesse da difusão da verdade.

Percorrendo rapidamente os anais anteriores da *Revista*, e aproximando os fatos assinalados e as teorias emitidas para explicá-los, deles chegamos a concluir que conviria talvez dividir os fenômenos em duas categorias bem distintas, o que permitiria aplicar-lhes explicações diferentes e demonstrar que as impossibilidades que se opõem à sua aceitação pura e simples, são antes aparentes do que reais. (Ver, para esse efeito, os artigos da *Revista Espírita* de janeiro de 1859, *O duende de Bayonne;* fevereiro de 1859, *os Agêneres*, *Meu amigo Hermann;* maio de 1859, *o Laço entre o Espírito e o corpo*; novembro de 1859, *a alma errante;* janeiro de 1860, *o Espírito de um lado e o corpo do outro;* março de 1860, *Estudo sobre o Espírito das pessoas vivas; O Doutor V... e a Srta. S...;* abril de 1860, *o Fabricante de São-Petersburgo; Aparições tangíveis;* novembro de 1860, *História de Marie d'Agréda;* julho de 1864, *Uma aparição providencial,* etc., etc.)

A faculdade de expansão dos fluidos perispirituais está hoje superabundantemente demonstrada pelas operações cirúrgicas, as mais dolorosas, realizadas sobre enfermos adormecidos, seja pelo clorofórmio e o éter, seja pelo magnetismo animal. Não é raro, com efeito, ver estes últimos conversando com os assistentes sobre coisas agradáveis ou alegres, ou se transportando ao longe em Espírito, enquanto que o corpo se retorce com todas as aparências de horríveis torturas; a máquina humana, imobilizada no todo ou em parte, se dilacera sob o escalpelo brutal do cirurgião, os músculos se agitam, os nervos se crispam e transmitem a sensação ao aparelho *cérebro-espinhal*; mas a alma, que no estado normal percebe só a dor e a manifesta exteriormente, momentaneamente afastada do corpo submetido à impressão, dominada por outros pensamentos, por outras ações, não é senão surdamente advertida do que se passa no seu envoltório mortal e nele permanece perfeitamente insensível. Quantas vezes não se viram soldados feridos gravemente, todo ao ardor do combate, perdendo seu sangue e sua força, lutar por muito tempo ainda, não se apercebendo de suas feridas? Um homem, fortemente preocupado, recebe um choque violento sem nada sentir-lhe, e não é senão quando cessa a abstração de sua inteligência que ele reconhece haver estado chocado à sensação dolorosa que prova. A quem não ocorreu, numa poderosa contenção do Espírito, de atravessar uma multidão tumultuosa e barulhenta, sem nada ver e sem nada ouvir, se bem que, entretanto, o nervo óptico e o aparelho auditivo tivessem percebido as sensações e as tivesse transmitido fielmente à alma?

Disso não se pode duvidar, pelos exemplos que precedem e por uma multidão de fatos que seria muito longo relacionar aqui, mas que cada um está no caso de apreciar, o corpo pode, de uma parte, cumprir as suas funções orgânicas, ao passo que o Espírito é levado ao longe pelas preocupações de uma outra ordem. O perispírito, indefinidamente expansível, conservando ao corpo a elasticidade e a atividade necessárias à sua existência, acompanha constantemente o Espírito durante a sua viagem distante no mundo ideal.

Se nos lembrarmos, além disso, de sua propriedade muito conhecida de condensação, que lhe permite tornar-se visível sob as aparências corpóreas para os médiuns videntes, e mais raramente para quem se encontre presente no lugar para onde se transportou o Espírito, não se poderá mais colocar em dúvida a possibilidade dos fenômenos da ubiquidade.

Está, pois, para nós demonstrado que uma pessoa viva pode aparecer, simultaneamente, em duas localidades distantes uma da outra; de uma parte com o seu corpo real, de outra com o seu perispírito momentaneamente condensado, sob as aparências de suas formas materiais. Não obstante, nisso de acordo, como sempre, com Allan Kardec, não podemos admitir a ubiquidade senão quando reconhecemos uma semelhança perfeita na atuação do ser aparente. Tais são, por exemplo, os fatos citados precedentemente sob os nºs 1 e 2. Quanto aos fatos seguintes, inexplicáveis para nós, se lhes aplicando a teoria de ubiquidade, nos parecem, senão indiscutíveis, pelo menos admissíveis encarando-os de um outro ponto de vista.

Nenhum dos nossos leitores ignora a faculdade, que possuem certos Espíritos desencarnados, de aparecer, sob as aparências materiais, em certas circunstâncias e mais particularmente aos médiuns ditos videntes. Entretanto, num certo número de casos, tais como nas aparições visíveis e tangíveis para uma multidão, ou para um certo número de pessoas, é evidente que a percepção da aparição não é devida à faculdade mediúnica dos assistentes, mas à realidade da aparência corpórea do Espírito, e, nessa circunstância como nos fatos da ubiquidade, essa aparência corpórea é devida à condensação do aparelho perispiritual. Ora, se o mais frequentemente os Espíritos, no objetivo de se fazer reconhecerem, aparecem tais como eram quando vivos, com as vestes que lhes eram mais habituais, não lhes é impossível se apresentarem, seja vestidos diferentemente, seja mesmo sob quaisquer traços, tal, por exemplo, *o Duende de Bayonne*, aparecendo, ora sob a sua forma pessoal, ora sob os traços de um de seus irmãos, morto como ele, ora sob as aparências de pessoas vivas e mesmo presentes. O Espírito tinha o cuidado de fazer reconhecer a sua identidade, apesar das formas variadas sob as quais se apresentava; mas não tivesse nada feito, não é evidente que as testemunhas da manifestação estariam persuadidas de que assistiam a um fenômeno de ubiquidade?

Se, considerando-se como um precedente esse fato, que está longe de ser isolado, procurarmos explicar do mesmo modo os fatos n°s. 3, 4, 5, 6, 8 e 9, nos será talvez possível aceitar-lhes a realidade, ao passo que lhes admitindo a ubiquidade, a incompatibilidade de pensamentos, o antagonismo dos sentimentos e da atividade do organismo das duas partes, não nos permitem, de nenhum modo, olhá-los como possíveis.

No fato nº 4, em lugar de supor o professor Becker em presença de seu sósia, admitamos que ele concordou que um Espírito lhe aparecesse sob a sua própria forma, todo antagonismo desaparece e o fenômeno entra no domínio do possível. Ocorre o mesmo com o fato nº 7. Não se compreende Elisabeth da Rússia fazendo atirar sobre a sua própria imagem, mas admite-se perfeitamente que ela faça atirar sobre um Espírito que tomou a sua aparência para mistificá-la. Certos Espíritos tomam, às vezes, um nome suposto, e se enfeitam com o estilo e as formas de um outro para obterem a confiança dos médiuns e o acesso aos grupos; que haveria de impossível nisso, que um Espírito orgulhoso se prestasse a tomar a forma da imperatriz Elisabeth e sentar-se no seu trono para dar uma vã satisfação aos seus sonhos ambiciosos? E assim nos outros casos.

Não damos esta explicação senão por aquilo que ela vale; essa não é, aos nossos olhos, senão uma suposição bastante plausível, e não a solução real dos fatos; mas, tal como é, nos pareceu de natureza a esclarecer a questão chamando sobre ela as luzes da discussão e da refutação. É a esse título que a submetemos aos nossos leitores. Possam as reflexões que ela provocará, as meditações às quais poderá dar lugar, cooperar para a elucidação de um problema que não pudemos senão esflorar, deixando aos mais dignos dissiparem a obscuridade da qual ainda está cercado.

(Nota da Redação.)

– 7 –

Controvérsias sobre a ideia da existência de seres intermediários entre o homem e Deus

N., 4 de fevereiro de 1867.

Caro Mestre,

Há algum tempo que não dou sinal de vida; tendo estado ocupado todo o tempo da minha permanência em Lyon, não pude dar-me uma conta tão perfeita, quanto gostaria, do estado atual da Doutrina nesse grande centro. Não assisti senão a uma única sessão espírita; entretanto, pude constatar que, nesse meio, a fé primeira é sempre o que ela deve ser nos corações verdadeiramente sinceros.

Em diferentes outros centros do Sul, ouvi discutir esta opinião, emitida por alguns magnetizadores, de que muitos dos fenômenos, *ditos espíritas*, são simplesmente efeitos de sonambulismo, e que o Espiritismo não faz senão substituir o magnetismo, ou antes, vestiu-se com o seu nome. É, como vedes, um novo ataque dirigido contra a mediunidade. Assim, segundo essas pessoas, tudo o que os médiuns escrevem é o resultado das faculdades da alma encarnada; é ela que, libertando-se momentaneamente, pode ler no pensamento das pessoas presentes; é ela que vê à distância e prevê os acontecimentos; é ela que, por um fluido magnético-espiritual, agita, levanta, tomba as mesas, percebe os sons, etc., tudo, em uma palavra, repousaria sobre a essência anímica sem a intervenção de seres puramente espirituais.

Isso não é uma novidade que vos ensino, dir-me-eis. Com efeito, eu mesmo ouvi, há alguns anos, certos magnetizadores sustentarem essa tese; mas hoje procura-se implantar essas ideias que, a meu ver, são contrárias à verdade. É sempre um erro cair nos extremos, e há tanto exagero em tudo reportar ao sonambulismo, como haveria, da parte dos espíritas, em negar as leis do magnetismo. Não se poderia roubar à matéria as leis magnéticas, do mesmo modo que, ao Espírito, as leis puramente espirituais.

Onde se detém a força da alma sobre os corpos? Qual é a parte dessa força inteligente nos fenômenos do magnetismo? Qual é a do organismo? Eis as questões cheias de interesse, questões sérias para a filosofia como para a medicina.

Aguardando a solução desses problemas, vou citar-vos algumas passagens de Charpignon, esse doutor de Orléans, que é partidário da transmissão do pensamento. Vereis que ele mesmo se reconhece na impossibilidade de demonstrar, *na visão propriamente dita,* que a causa vem da extensão do *simpático orgânico*, como o pretendem vários autores.

Ele diz, à página 289:

"Acadêmicos, dobrai os trabalhos de vossos candidatos; moralistas, promulgai leis para a sociedade, o mundo, esse mundo que ri de tudo, que quer o seu gozo com o desprezo das leis de Deus e dos direitos dos homens, frustra os vossos esforços, porque tem a seu serviço uma força que não supondes, e que deixastes crescer de tal sorte que não sois mais senhores para detê-la."

À página 323:

"Compreendemos bem, até aqui, o modo de transmissão do pensamento, mas nos tornamos impossibilitados para compreender, por essas leis de simpatia harmônica, o sistema pelo qual o homem forma, em si mesmo, tal ou tal pensamento, tal ou tal imagem, e essa solicitação de objetos exteriores. Isto sai das propriedades do organismo, e a psicologia, encontrando nessa faculdade rememorativa, ou *criativa*, segundo o desejo do homem, alguma coisa de antagonismo com as propriedades do organismo, fá-la depender de um ser substancial diferente da matéria. Comecemos, pois, a procurar, no fenômeno do pensamento, algumas lacunas entre a capacidade das leis fisiológicas do organismo e o resultado obtido. O rudimento do fenômeno, podendo-se assim se explicar, é bem fisiológico, mas a sua extensão, verdadeiramente prodigiosa, *não o é mais*; é necessário admitir aqui que o homem goza de uma faculdade que não pertence a nenhum dos dois elementos materiais dos quais, até o presente, não o vimos composto. O observador de boa-fé, encontrará, pois, aqui, *uma terceira parte* que entrará na composição do homem, parte que começa a se lhe revelar, do ponto de vista de psicologia magnética, por caracteres novos, e que se referem àqueles que os filósofos concedem à alma.

"Mas a existência da alma se encontra mais fortemente demonstrada pelo estudo de algumas outras faculdades do sonambulismo magnético. Assim, a visão à distância, quando ela é completa e claramente desembaraçada da transmissão do pensamento, não poderia, na nossa opinião, se explicar pela extensão do simpático orgânico."

Depois, à página 330:

"Tínhamos, como se vê, grandes motivos para adiantar que o *estudo* dos fenômenos magnéticos tinha grande relação com a filosofia e a psicologia. Indicamos um *trabalho* a fazer, e para ele convidamos os homens especiais."

Nas páginas seguintes, há a questão dos seres imateriais e de suas relações possíveis com nossos indivíduos.

Página 349: É fora de dúvida, para nós, e precisamente por causa das leis psicológicas que esboçamos neste trabalho, que a *alma humana pode ser esclarecida* diretamente, seja por Deus, *seja por uma outra inteligência*. Cremos que essa comunicação sobrenatural pode ocorrer no estado normal, como no estado extático, quer seja espontânea ou artificial."

Página 351: "Mas voltamos a dizer que a previsão natural ao homem é limitada e não poderia ser tão precisa, tão constante e tão largamente exposta quanto as previsões que foram feitas pelos profetas sagrados, ou por homens que estavam inspirados por uma inteligência superior à alma humana."

Página 391: "A ciência e a crença no mundo espiritual são dois termos antagônicos; mas apressamo-nos em dizer que foi pelo exagero que surgiram esses dois lados. É possível, ao nosso parecer, que a ciência e a fé façam aliança, e então o espírito humano se encontrará ao nível de sua perfectibilidade terrestre."

Página 396: "O Antigo, como o Novo Testamento, assim como os anais da história de todos os povos, estão cheios de fatos que não se podem explicar senão pela ação de *seres superiores* ao homem; aliás, os estudos de antropologia, de metafísica e de ontologia, provam a realidade da existência *de seres imateriais* entre o homem e *Deus*, e a possibilidade de sua influência sobre a espécie humana."

Eis agora a opinião de uma das principais autoridades em magnetismo, sobre a existência de seres fora da Humanidade. Ela foi extraída da correspondência de Deleuze com o doutor Billot:

"O único fenômeno que parece estabelecer a comunicação com os seres imateriais são as aparições. Delas há vários exemplos, e como estou convencido da imortalidade da alma, não vejo razão para negar a possibilidade da aparição de pessoas que, tendo deixado esta vida, *se ocupam daqueles que lhes são caros*, e vêm a eles se apresentar para dar-lhes conselhos salutares."

O doutor Ordinaire, de Mâcon, outra autoridade nessa matéria, assim se exprime:

"O fogo sagrado, a influência secreta (de Boileau), a inspiração, não provêm, pois, de tal ou tal contextura, assim como o pretendem os frenólogos, mas de uma alma poética, *em relação com um Gênio mais poético ainda*. Ocorre o mesmo com relação à música, à pintura, etc. Essas inteligências superiores não seriam almas libertas da matéria que se elevam, gradualmente, à medida que se depuram, até a grande, a universal inteligência que as abarca todas, até Deus? Nossas almas, *depois de diversas migrações*, não tomariam lugar entre esses seres imateriais?

"Concluamos, disse o mesmo autor, do que precede: que o estudo da alma está ainda em sua infância; que, uma vez que do pólipo ao homem existe uma série de inteligências, e que nada se interrompe bruscamente na Natureza, deve racionalmente existir, do homem a Deus, uma outra série de inteligências. O homem é o elo que une as inteligências inferiores, associadas à matéria, com as inteligências superiores, imateriais. Do homem a Deus se encontra uma série semelhante à que existe do pólipo ao homem, quer dizer, uma série de seres etéreos, mais ou menos perfeitos, gozando de especialidades diversas, tendo ocupações e funções variadas.

"Que essas inteligências superiores se revelam tangivelmente no sonambulismo artificial;

"Que essas inteligências têm, com a nossa alma, relações íntimas;

"Que é a essas inteligências que *devemos os nossos remorsos*, quando fizemos o mal; a nossa satisfação, quando fizemos uma boa ação;

"Que é a essas inteligências que os homens superiores devem as suas boas inspirações;

"Que é a essas inteligências que os extáticos devem a faculdade de prever o futuro e anunciar acontecimentos futuros;

"Enfim, que, para agir sobre essas inteligências, e torná-las propícias, *a virtude e a prece* têm uma ação poderosa."

Nota. A opinião de tais homens, e esses não são os únicos, tem certamente um valor que ninguém poderia contestar; mas isso não seria sempre senão uma opinião mais ou menos racional, se a observação não viesse confirmá-la. O Espiritismo está todo nos pensamentos que acabamos de citar; somente ele vem completá-los pelas observações especiais, coordená-los e dando-lhes a sanção da experiência.

Aqueles que se obstinam em negar a existência do mundo espiritual, e que não podem, entretanto, negar os fatos, se esforçam por procurar-lhes a causa exclusiva no mundo corpóreo; mas uma teoria, para ser verdadeira, deve dar a razão de todos os fatos que a ela se ligam; um só fato contraditório a destrói, porque não há exceções nas leis da Natureza. Isso ocorreu à maioria daquelas que se imaginaram, no princípio, para explicar os fenômenos espíritas; quase todas caíram, uma a uma, diante dos fatos que não podiam abarcar. Depois de haver esgotado, sem resultado, todos os sistemas, forçou-se em vir às teorias espíritas, como as mais concludentes, porque, não tendo de nenhum modo sido formuladas prematuramente, e sobre observações feitas levianamente, elas abarcam todas as variedades, todas as nuanças dos fenômenos. O que as faz aceitar, tão rapidamente, por um maior número, é que cada um nelas encontra a solução completa e satisfatória daquilo que procurou inutilmente alhures.

Todavia, muitos a repelem ainda; ela tem isso de comum com todas as grandes ideias novas que vêm mudar os hábitos e as crenças, é que todas encontraram, por muito tempo, contraditores obstinados, mesmo entre os homens mais esclarecidos. Mas um dia virá em que a verdade deverá dominar sobre o que é falso, e se admirará, então, tanta oposição que se lhe fez, tanto a coisa parecerá natural. Assim será com o Espiritismo; e o que se tem a notar é que, de todas as grandes ideias que revolucionaram o mundo, nenhuma conquistou, em tão pouco tempo, um número tão grande de partidários, em todos os países e em todas as classes da sociedade. Eis por que os espíritas, cuja fé não é cega, como os seus adversários o pretendem, mas fundada sobre a observação, não se inquietam nem com os seus contraditores, nem com aqueles que não partilham as suas ideias; eles ponderam que a Doutrina, a ressaltando das próprias leis da Natureza, em lugar de se apoiar sobre a derrogação dessas leis, não poderá deixar de prevalecer quando essas leis novas serão reconhecidas.

A ideia da existência de seres intermediários entre o homem e Deus não é nova, como todos o sabem; mas figurava-se, geralmente, que esses seres formavam criação à parte; as religiões os designaram sob os nomes de anjos e de demônios; os pagãos os chamavam de deuses. O Espiritismo, vindo provar que esses seres não são outros senão a alma dos homens, chegadas aos diferentes graus da escala espiritual, conduz a criação à unidade gloriosa, que é a essência das leis divinas. Em lugar de uma multidão de criações estacionárias, que acusariam na Previdência o capricho ou a parcialidade, não há senão uma, essencialmente progressiva, sem privilégio para nenhuma criatura, cada individualidade se elevando do embrião ao estado de desenvolvimento completo, como o germe do grão chega ao estado de árvore. O Espiritismo nos mostra, pois, a unidade, a harmonia, a justiça na criação. Para ele, os demônios são as almas atrasadas, ainda manchadas dos vícios da Humanidade; os anjos são essas mesmas almas depuradas e desmaterializadas; e, entre esses dois pontos extremos, a multidão de almas chegadas aos diferentes graus da escala progressiva; por aí, ele estabelece a solidariedade entre o mundo espiritual e o mundo corpóreo.

Quanto à questão proposta: Qual é, nos fenômenos espíritas ou sonambúlicos, o limite onde se detém a ação própria da alma humana, e onde começa a dos Espíritos? Diremos que essa divisão não existe, ou melhor, que ela nada tem de absoluta. Desde o instante em que não são, de nenhum modo, espécies distintas, que a alma não é senão um Espírito encarnado, e o Espírito uma alma livre dos laços terrestres, que é o mesmo ser nos dois meios diferentes, as faculdades e as aptidões devem ser as mesmas. O sonambulismo é um estado transitório entre a encarnação e a desencarnação, um desligamento parcial, um pé colocado, por antecipação, no mundo espiritual. A alma encarnada, ou querendo-se, o Espírito próprio do sonâmbulo ou do médium, pode, pois, fazer, com pouca diferença, o que fará a alma desencarnada, e mesmo mais se ela é mais avançada, com esta diferença, todavia, de que pela sua libertação completa, sendo mais livre, a alma tem percepções especiais inerentes ao seu estado.

A distinção entre o que, num dado efeito, é produto direto da alma do médium, e o que provém de uma fonte estranha, às vezes, é muito difícil de ser feita, porque, muito frequentemente, essas duas ações se confundem e se corroboram. Assim é que, nas curas pela imposição de mãos, o Espírito do médium pode agir sozinho ou com a assistência de um outro Espírito; que a inspiração poética ou artística, pode ter uma dupla origem. Mas do fato de uma distinção ser difícil, não se segue que seja impossível. A dualidade, com frequência, é evidente, e, em todos os casos, ressalta quase sempre de uma observação atenta.

– 8 –

Causa e natureza da clarividência sonambúlica

Explicação do fenômeno da lucidez

As percepções que ocorrem no estado sonambúlico, sendo de uma outra natureza do que aquelas do estado de vigília, não podem ser transmitidas pelos mesmos órgãos. É constante que, neste caso, a visão não se efetue pelos olhos que, aliás, estão geralmente fechados, e que se pode mesmo pôr ao abrigo dos raios luminosos de maneira a afastar toda suspeita. A visão à distância, e através de corpos opacos, exclui, além disso, a possibilidade do uso dos órgãos ordinários da visão. É preciso, pois, de toda necessidade, admitir no estado de sonambulismo, o desenvolvimento de um sentido novo, sede de faculdades e de percepções novas que nos são desconhecidas, e das quais não podemos nos dar conta senão por analogia e pelo raciocínio. Para isso, se concebe, nada de impossível; mas qual é a sede desse sentido? É o que não é fácil de determinar com exatidão. Os próprios sonâmbulos não dão, a esse respeito, nenhuma indicação precisa. Ocorre que, para melhor verem, aplicam os objetos sobre o epigastro, outro sobre a fronte, outro sobre o occipital. Esse sentido não parece, pois, circunscrito num lugar determinado; é certo, contudo, que a sua maior atividade reside nos centros nervosos. O que é positivo é que o sonâmbulo vê. Por onde e como? É o que ele mesmo não pode definir.

Notemos, no entanto, que, no estado sonambúlico, os fenômenos da visão e as sensações que o acompanham, são essencialmente diferentes daquele que ocorre no estado ordinário; também não nos serviremos da palavra *ver* senão por comparação, e na falta de um termo que, naturalmente, não temos para uma coisa desconhecida. Um povo de cegos de nascença, de nenhum modo, teria palavra para exprimir *a luz,* e relacionaria as sensações que ela faz sentir a alguma daquelas que compreende porque a ela está submetido.

Procurou-se explicar a um cego a impressão viva e brilhante da luz sobre os olhos. *Eu compreendo,* disse ele, *é como o som da trombeta.* Um outro, um pouco mais prosaico, sem dúvida, a quem se quis fazer compreender a emissão dos raios em feixes ou cones luminosos, respondeu: *Ah! sim; é como um objeto de forma cônica.* Estamos nas mesmas condições com respeito à lucidez sonambúlica; somos verdadeiros cegos, e, como estes últimos para a luz, nós a comparamos àquilo que, para nós, tem mais analogia com a faculdade visual; mas se quisermos estabelecer uma analogia absoluta entre essas duas faculdades e julgar uma pela outra, necessariamente, nos enganaremos como os dois cegos que acabamos de citar. Está aí o erro de quase todos aqueles que procuram, supostamente, se convencer pela experiência; querem submeter a clarividência sonambúlica às mesmas provas que da visão comum, sem sonhar que não há relações entre elas a não ser o nome que lhes damos, e como os resultados não respondem sempre à expectativa, acham mais simples negar.

Se procedermos por analogia, diremos que o fluido magnético, espalhado por toda a Natureza, e do qual os corpos animados parecem ser os principais focos, é o veículo da clarividência mediúnica, como o fluido luminoso é o veículo das imagens percebidas pela nossa faculdade visual. Ora, do mesmo modo que o fluido luminoso torna transparente os corpos que atravessa livremente, o fluido magnético, penetrando todos os corpos sem exceção, não há, de nenhum modo, corpos opacos para os sonâmbulos. Tal é a explicação, a mais simples e a mais natural, da lucidez, falando do nosso ponto de vista. Nós a cremos justa, porque o fluido magnético, incontestavelmente, desempenha um papel importante nesse fenômeno; ela, entretanto, não poderia dar conta de todos os fatos. Há uma outra que os abarca a todos, mas à qual algumas explicações preliminares são indispensáveis.

Na visão a distância, o sonâmbulo não distingue um objeto ao longe como poderíamos fazê-lo através de um binóculo. *Não é, de nenhum modo, esse objeto que se aproxima dele por uma ilusão óptica,* É ELE MESMO QUE SE APROXIMA DO OBJETO. Ele o vê precisamente como se estivesse ao lado dele; ele mesmo se vê no lugar que observa; em uma palavra, ele se transporta. Seu corpo, nesse momento, parece aniquilado, sua palavra é mais abafada, o som de sua voz tem alguma coisa de estranha; a vida animal parece se extinguir nele; a vida espiritual está toda inteira no lugar onde o seu pensamento o transporta; só a matéria fica no mesmo lugar. Há, pois, uma porção de nosso ser que se separa de nosso corpo para se transportar, instantaneamente, através do espaço, conduzida pelo pensamento e a vontade. Essa porção, evidentemente, é imaterial; de outro modo, ela produziria alguns efeitos da matéria; é a essa parte de nós mesmos que chamamos *a alma*.

Sim, é a alma que dá ao sonâmbulo as faculdades maravilhosas das quais goza; a alma que, em circunstâncias dadas, se manifesta se isolando em parte e momentaneamente de seu envoltório corporal. Para quem observou atentamente os fenômenos do sonambulismo em toda a sua pureza, a existência da alma é um fato patente, e a ideia de que tudo se acaba em nós com a vida animal é, para ele, uma insensatez demonstrada até à evidência; também se pode dizer, com alguma razão, que o magnetismo e o materialismo são incompatíveis; se há alguns magnetizadores que parecem se afastar dessa regra, e que professam doutrinas materialistas, é que não fizeram, sem dúvida, senão um estudo muito superficial dos fenômenos físicos do magnetismo, e que não procuraram seriamente a solução do problema da visão a distância. Qualquer que ele seja, jamais vimos um único *sonâmbulo* que não estivesse penetrado de um profundo sentimento religioso, *quaisquer que possam ser as suas opiniões no estado de vigília.*

Retornemos à teoria da lucidez. A alma, sendo o princípio das faculdades do sonâmbulo, é nela que reside, necessariamente, a clarividência, e não em tal ou tal parte circunscrita de nosso corpo. É porque o sonâmbulo não pode designar o órgão dessa faculdade como designaria o olho para a visão exterior: ele vê por todo o seu ser moral, quer dizer, por toda a sua alma, porque a clarividência é um dos atributos de todas as partes da alma, como a luz é um dos atributos de todas as partes do fósforo. Por toda a parte, pois, onde a alma pode penetrar, há clarividência; daí a causa da lucidez através de todos os corpos, sob os envoltórios mais espessos e em todas as distâncias.

Uma objeção se apresenta, naturalmente, a esse sistema, e devemos nos apressar em responder a ela. Se as faculdades sonambúlicas são as mesmas da alma liberta de sua matéria, por que essas faculdades não são constantes? Por que certos sujeitos são mais lúcidos do que outros? Por que a lucidez é variável no mesmo sujeito? Concebe-se a imperfeição física de um órgão; não se concebe a da alma.

A alma se liga ao corpo por laços misteriosos, que não nos fora dado a conhecer antes que o Espiritismo nos tivesse demonstrado a existência e o papel do perispírito. Tendo essa questão sido tratada de maneira especial na *Revista* e nas obras fundamentais da Doutrina, não nos deteremos mais aqui; limitamos-nos a dizer que é pelos nossos órgãos materiais que a alma se manifesta ao exterior. Em nosso estado normal, essas manifestações estão naturalmente subordinadas à imperfeição do instrumento, do mesmo modo que o melhor operário não pode fazer uma obra perfeita com más ferramentas. Por admirável que seja, pois, a estrutura de nosso corpo, que ele haja tido a previdência da Natureza em relação ao nosso organismo para o cumprimento de suas funções vitais, há distância desses órgãos, submetidos a todas as perturbações da matéria, à sutileza de nossa alma. Por muito tempo, pois, que a alma se prenda ao corpo, sofre-lhe os entraves e as vicissitudes.

O fluido magnético não é a alma, é um laço, um intermediário entre a alma e o corpo; é pela sua maior ou menor ação sobre a matéria que torna a alma mais ou menos livre; daí a diversidade das faculdades sonambúlicas. O sonâmbulo é o homem que não está desembaraçado senão de uma parte de suas vestes, e cujos movimentos são ainda constrangidos por aquelas que lhe restam.

A alma não terá sua plenitude e inteira liberdade de suas faculdades, senão quando houver sacudido os últimos cueiros terrestres, como a borboleta sai de sua crisálida. Se um magnetizador fosse tão potente para dar à alma uma liberdade absoluta, o laço terrestre seria rompido e a morte disso seria a consequência imediata. O sonambulismo nos faz, pois, colocar um pé na vida futura; ele afasta um lado do véu sob o qual se escondem as verdades que o Espiritismo nos faz entrever hoje; mas não a conheceremos, em sua essência, senão quando estivermos inteiramente desembaraçados do véu material que a obscurece neste mundo.

– 9 –

A segunda vista

Conhecimento do futuro - Previsões

Se, no estado sonambúlico, as manifestações da alma se tornam, de alguma sorte, ostensivas, seria absurdo pensar que, no estado normal, ela estivesse confinada em seu envoltório de maneira absoluta, como o caracol está encerrado em sua concha. Não é, de nenhum modo, a influência magnética que a desenvolve; essa influência não faz senão torná-la patente pela ação que exerce sobre os nossos órgãos. Ora, o estado sonambúlico não é sempre uma condição indispensável para essa manifestação; as faculdades que vimos se produzirem nesse estado, se desenvolvem, algumas vezes, espontaneamente no estado normal de certos indivíduos. Disso resulta, para eles, a faculdade de ver além dos limites de nossos sentidos; percebem as coisas ausentes por toda a parte onde a alma estende a sua ação; veem, se podemos nos servir desta expressão, através da visão comum, e os quadros que descrevem, os fatos que contam, se apresentam a eles como o efeito de uma miragem, e é o fenômeno designado sob o nome de *segunda vista*. No sonambulismo, a clarividência é produzida pela mesma causa; a diferença é que, nesse estado, ela está isolada, independente da vida corpórea, ao passo que lhe é simultânea, naqueles que dela são dotados no estado de vigília.

A segunda vista quase nunca é permanente; em geral, esse fenômeno se produz espontaneamente, em certos momentos dados, sem ser um efeito da vontade, e provoca uma espécie de crise que modifica, algumas vezes, sensivelmente o estado físico: o olho tem alguma coisa de vago; parece olhar sem ver; toda a fisionomia reflete uma espécie de exaltação.

É de notar-se que as pessoas que dela gozam, não suspeitam disso; essa faculdade lhes parece natural como aquela de ver pelos olhos; para elas, é um atributo de seu ser, e que não lhes parece, de nenhum modo, fazer exceção. Acrescentai a isso que o esquecimento segue, muito frequentemente, essa lucidez passageira, cuja lembrança, cada vez mais vaga, acaba por desaparecer como a de um sonho.

Há graus infinitos no poder da segunda vista, desde a sensação confusa, até a percepção tão clara e tão limpa como no sonambulismo. Falta-nos uma palavra para designar esse estado especial, e sobretudo os indivíduos que dele são suscetíveis: tem se servido da palavra *vidente*, e embora não dê exatamente o pensamento, adotá-la-emos até nova ordem, por falta de melhor.

Se aproximamos agora os fenômenos da clarividência sonambúlica e da segunda vista, compreende-se que o vidente possa ter a percepção das coisas ausentes; como o sonâmbulo, ele vê à distância; segue o curso dos acontecimentos, julga de sua tendência e pode, em alguns casos, prever-lhes o resultado.

É esse dom da segunda vista que, no estado rudimentar, dá a certas pessoas o tato, a perspicácia, uma espécie de segurança em seus atos, e que se pode chamar a justeza do golpe de vista moral. Mais desenvolvida, desperta os pressentimentos, mais desenvolvida ainda, mostra os acontecimentos realizados, ou no ponto de se realizarem; enfim, chega ao seu apogeu, é o êxtase desperto.

O fenômeno da segunda vista, como dissemos, é quase sempre natural e espontâneo; mas parece se produzir, mais frequentemente, sob o império de certas circunstâncias. Os tempos de crise, de calamidade, de grandes emoções, todas as causas, enfim, que superexcitam o moral, provocam-lhe o desenvolvimento. Parece que a Providência, em presença dos perigos mais iminentes, multiplica, ao nosso redor, a faculdade de preveni-los.

Houve videntes em todos os tempos e em todas as nações; parece que certos povos a isso estejam mais naturalmente predispostos; diz-se que, na Escócia, o dom da segunda vista é muito comum. Encontra-se, assim tão frequentemente, entre as pessoas do campo e os habitantes das montanhas.

Os videntes foram diversamente olhados segundo os tempos, os costumes e o grau de civilização. Aos olhos das pessoas céticas, passam por cérebros desarranjados, alucinados; as seitas religiosas deles fizeram profetas, sibilas, oráculos; nos séculos de superstição e de ignorância, eram feiticeiros que se queimavam. Para o homem sensato, que crê na força infinita da Natureza, e na inesgotável bondade do Criador, a dupla vista é uma faculdade inerente à espécie humana, pela qual Deus nos revela a existência de nossa essência espiritual. Qual é aquele que não reconhece um dom dessa natureza em Jeanne d'Arc e numa multidão de outros personagens que a história qualifica de inspirados?

Tem-se falado, frequentemente, de cartomantes que dizem coisas surpreendentes de verdade. Estamos longe de nos fazer apologistas de ledores de sorte, que exploram a credulidade de espíritos fracos, e cuja linguagem ambígua se presta a todas as combinações de uma imaginação ferida; mas não há nada de impossível em que, certas pessoas, fazendo esse ofício, tenham o dom da segunda vista, mesmo com o seu desconhecimento; desde então as cartas não são, em suas mãos, senão um meio, senão um pretexto, uma base de conversação; elas falam segundo o que veem, e não segundo o que indicam as cartas que apenas olham.

Ocorre o mesmo com outros meios de adivinhação, tais como as linhas das mãos, o resíduo de café, as claras de ovo e outros símbolos místicos. Os sinais da mão, talvez, tenham mais valor do que todos os outros meios, de nenhum modo por si mesmos, mas porque o suposto adivinho, tomando e apalpando a mão do consulente, se está dotado da segunda vista, encontra-se em relação mais direta com este último, como ocorre nas consultas sonambúlicas.

Podem colocar-se os médiuns videntes na categoria das pessoas gozando da dupla vista. Como estes últimos, com efeito, os médiuns videntes creem ver pelos olhos, mas, em realidade, é a alma que vê, e é a razão pela qual veem tão bem de olhos fechados, quanto de olhos abertos; segue-se, necessariamente, que um cego poderia ser médium vidente tão bem quanto aquele cuja visão está intacta. Um estudo interessante a fazer seria saber se esta faculdade é mais frequente nos cegos. Seríamos levados a crer, tendo em vista que, assim como se pode disso se convencer pela experiência, a privação de se comunicar com o exterior, em razão da ausência de certos sentidos, em geral, dá mais poder à faculdade de abstração da alma e, por conseguinte, mais desenvolvimento ao sentido íntimo pelo qual ela se põe em relação com o mundo espiritual.

Os médiuns videntes podem, pois, ser comparados às pessoas que gozam da visão espiritual; mas seria, talvez, muito absoluto considerar estes últimos como médiuns; porque a mediunidade consistindo unicamente na intervenção dos Espíritos, o que se faz por si mesmo não pode ser considerado como um ato mediúnico. Aquele que possui a visão espiritual vê pelo seu próprio Espírito, e nada implica, no desenvolvimento de sua faculdade, a necessidade do concurso de um Espírito estranho.

Isto posto, examinemos até que ponto a faculdade da dupla vista pode nos permitir descobrir as coisas ocultas e de penetrar no futuro.

De todos os tempos, os homens quiseram conhecer o futuro, e poder-se-iam escrever volumes sobre os meios inventados pela superstição para levantar o véu que cobre o nosso destino. A Natureza foi muito sábia no-lo escondendo; cada um de nós tem a sua missão providencial na grande colmeia humana, e concorre à obra comum na sua esfera de atividade. Se soubéssemos, antecipadamente, o fim de cada coisa, ninguém duvide que a harmonia geral com isso sofreria. Um futuro feliz assegurado tiraria do homem toda atividade, uma vez que não teria necessidade de nenhum esforço para chegar ao objetivo que se propôs: seu bem-estar; todas as forças físicas e morais seriam paralisadas, e a marcha progressiva da Humanidade seria detida. A certeza da infelicidade teria as mesmas consequências pelo efeito do desencorajamento; todos renunciariam lutar contra o decreto definitivo do destino. O conhecimento absoluto do futuro seria, pois, um presente funesto que nos conduziria ao dogma da fatalidade, o mais perigoso de todos, o mais antipático ao desenvolvimento das ideias. É a incerteza, do momento de nosso fim neste mundo que nos faz trabalhar até a última batida de nosso coração. O viajor arrastado por um veículo abandona-se ao movimento que deve conduzi-lo ao objetivo, sem pensar em se fazer desviar, porque sabe da sua impossibilidade; tal seria o homem que conhecesse o seu destino irrevogável. Se os videntes pudessem transgredir essa lei da Providência, seriam os iguais da divindade; também, tal não é, de nenhum modo, a sua missão.

Nos fenômenos da dupla vista, estando a alma em parte desligada do envoltório material que limita as nossas faculdades, não há mais, para ela, nem duração, nem distâncias; abarcando o tempo e o espaço, tudo se confunde no presente. Livre de seus entraves, ela julga os efeitos e as causas melhor do que não podemos fazê-lo: vê as consequências das coisas presentes e pode nos fazer pressenti-las; é nesse sentido que se deve entender o dom da presciência atribuído aos videntes. Suas previsões não são senão o resultado de uma consciência mais clara do que existe, e não uma predição de coisas fortuitas sem laço com o presente; é uma dedução lógica do conhecido para chegar ao desconhecido, que depende, muito frequentemente, de nossa maneira de fazer. Quando um perigo nos ameaça, se somos advertidos, estamos no caso de fazermos o que é preciso para evitá-lo: com a liberdade de fazê-lo ou não.

Em semelhante caso, o vidente se encontra em presença do perigo que se nos acha oculto; ele o assinala, indica o meio de afastá-lo, senão o acontecimento segue o seu curso.

Suponhamos um carro conduzido numa estrada terminando num abismo, que o condutor não pode perceber; é bem evidente que, se nada vem fazê-lo desviar, irá nele se precipitar; suponhamos, por outro lado, um homem colocado de maneira a dominar a estrada em linha reta; que esse homem, vendo a perda inevitável do viajor, possa adverti-lo para desviar-se a tempo, o perigo será conjurado. De sua posição, dominando o espaço, vê o que o viajor, cuja visão está circunscrita pelos acidentes do terreno, não pode distinguir; pode ele ver se uma causa fortuita vai pôr obstáculo à sua queda; conhece, pois, antecipadamente, o resultado do acontecimento e pode predizê-lo.

Que esse mesmo homem, colocado sobre uma montanha, perceba ao longe, no caminho, uma tropa inimiga se dirigindo para uma aldeia que quer incendiar; ser-lhe-á fácil, calculando o espaço e a velocidade, prever o momento da chegada da tropa. Se, descendo à aldeia, diz simplesmente: *A tal hora a aldeia será incendiada*, o acontecimento vindo se cumprir, ele passará, aos olhos da multidão ignorante, por um adivinho, um feiticeiro, ao passo que, muito simplesmente, viu o que os outros não podiam ver, e disso deduziu as consequências.

Ora, o vidente, como esse homem, abarca e segue o curso dos acontecimentos; não lhe prevê o resultado pelo dom da adivinhação; ele o vê! Pode, pois, vos dizer se estais no bom caminho, vos indicar o melhor, e vos anunciar o que encontrareis no fim do caminho; é, para vós, o fio de Ariadne que vos mostra a saída do labirinto.

Há distância daí, como se vê, à predição propriamente dita, tal como a entendemos na acepção vulgar da palavra. Nada é tirado ao livre-arbítrio do homem, que permanece sempre senhor para agir ou não agir, que cumpre ou deixa de cumprir os acontecimentos pela sua vontade ou pela sua inércia; se lhe indica o meio para chegar ao objetivo, cabe-lhe dele fazer uso. Supô-lo submetido a uma fatalidade inexorável pelos menores acontecimentos da vida, é deserdá-lo de seu mais belo atributo: a inteligência; é assimilá-lo ao animal. O vidente não é, pois, de nenhum modo, um adivinho; é um ser que percebe o que não vemos; é para nós o cão do cego. Nada, pois, aqui, contradiz os objetivos da Providência sobre o segredo de nosso destino; é ela mesma que nos dá um guia.

Tal é o ponto de vista sob o qual deve ser encarado o conhecimento do futuro nas pessoas dotadas de dupla vista. Se esse futuro fosse fortuito, se dependesse do que se chama o acaso, se não se ligasse em nada às circunstâncias presentes, nenhuma clarividência poderia penetrá-lo, e toda previsão, nesse caso, não poderia oferecer nenhuma certeza. O vidente, e por isso entendemos o verdadeiro vidente, o vidente sério, e não o charlatão que o simula, o verdadeiro vidente, dizemos, não diz nada do que o vulgo chama a boa sorte; ele prevê o resultado do presente, nada mais, e isso já é muito.

Quantos erros, quantas falsas diligências, quantas tentativas inúteis não evitaríamos, se tivéssemos sempre um guia seguro para nos esclarecer; quantos homens estão deslocados no mundo por não terem sido lançados no caminho que a Natureza traçou para as suas faculdades!

Quantos fracassos por ter seguido os conselhos de uma obstinação irrefletida! Uma pessoa poderia lhe dizer: "Não tenteis tal coisa porque as vossas faculdades intelectuais são insuficientes, porque ela não convém nem ao vosso caráter, nem à vossa constituição física, ou bem ainda porque não sereis secundado segundo a necessidade; ou bem ainda porque vos enganais sobre a importância dessa coisa, porque encontrareis tal entrave que não prevedes." Em outras circunstâncias, ter-lhe-ia dito: "Triunfareis em tal coisa, se a tomardes de tal ou tal maneira; se evitardes tal deligência que pode vos comprometer." Sondando as disposições e o caráter, ter-lhe-ia dito: "Desconfiai de tal armadilha que se quer vos estender;" depois teria acrescentado: "Estais prevenidos, meu papel está findo; eu vos mostro o perigo; se sucumbirdes não acuseis nem a sorte, nem a fatalidade, nem a Providência, mas só a vós. Que pode o médico, quando o enfermo não tem em nenhuma conta os seus conselhos?"

– 10 –

Introdução ao estudo da fotografia e da telegrafia do pensamento

A ação fisiológica de indivíduo a indivíduo, com ou sem contato, é um fato incontestável. Esta ação não pode se exercer, evidentemente, senão por um agente intermediário, do qual o nosso corpo é o reservatório, os nossos olhos e os nossos dedos os principais órgãos de emissão e de direção. Esse agente invisível, necessariamente, é um fluido. Qual é sua natureza, sua essência? Quais são suas propriedades íntimas? É um fluido especial ou bem uma modificação da eletricidade ou de algum outro fluido conhecido? É o que se designava há pouco sob o nome de fluido nervoso? Não é antes o que designamos hoje sob o nome de fluido cósmico, quando está esparramado na atmosfera, e de fluido perispiritual quando é individualizado?

Essa questão, de resto, é secundária.

O fluido perispiritual é imponderável, como a luz, a eletricidade e o calor. É invisível, para nós, no estado normal, e não se revela senão pelos seus efeitos; mas torna-se visível no estado de sonambulismo lúcido, e mesmo no estado de vigília para as pessoas dotadas de dupla vista. No estado de emissão ele se apresenta sob a forma de faíscas luminosas, bastante semelhantes à luz elétrica difusa no vazio; é a isso, de resto, que se limita a sua analogia com este último fluido, porque não produz, ao menos ostensivamente, nenhum dos fenômenos físicos que conhecemos. No estado ordinário, apresenta cores diversas segundo os indivíduos de onde emana; ora de um vermelho fraco, ora azulado ou acinzentado, como uma bruma leve; o mais das vezes, espalha sobre os corpos vizinhos, uma nuvem amarelada, mais ou menos pronunciada.

As narrações dos sonâmbulos e dos videntes são idênticas sobre essa questão; aliás, teremos ocasião de voltar ao assunto falando das qualidades impressas ao fluido para o motivo de pô-lo em movimento, e para o adiantamento do indivíduo que o emite.

Nenhum corpo lhe constitui obstáculo; penetra-os e os atravessa todos; até o presente, não se conhece nenhum que seja capaz de isolá-lo. Só a vontade pode estender-lhe ou restringir-lhe a ação; a vontade, com efeito, é o seu mais poderoso princípio; pela vontade, dirigem-se-lhe os eflúvios através do espaço, ou os acumula, a seu contento, sobre um ponto dado, ou saturam-se certos objetos, ou bem são retirados dos lugares onde são superabundantes. Digamos, de passagem, que é sobre esse princípio que está fundada a força magnética. Parece, enfim, ser o veículo da visão psíquica, como o fluido luminoso é o veículo da visão ordinária.

O fluido cósmico, se bem que emanando de uma fonte universal, se individualiza, por assim dizer, em cada ser, e adquire propriedades características que permite distingui-lo entre todos. A própria morte não apaga esses caracteres de individualização que persistem muitos anos depois da cessação da vida, assim como pudemos disso nos convencer. Cada um de nós tem, pois, seu fluido próprio que o envolve e o segue em todos os seus movimentos, como a atmosfera segue cada planeta. A extensão da irradiação dessas atmosferas individuais é muito variável; num estado de repouso absoluto do Espírito, essa irradiação pode estar circunscrita num limite de alguns passos; mas sob o domínio da vontade, pode alcançar distâncias infinitas; a vontade parece dilatar o fluido, como o calor dilata o gás. As diferentes atmosferas particulares se encontram, se cruzam, misturam-se sem jamais se confundirem, absolutamente como as ondas sonoras que permanecem distintas apesar da multidão de sons que agitam o ar simultaneamente. Pode-se, pois, dizer que cada indivíduo é o centro de uma onda fluídica cuja extensão está em razão da força e da vontade, como cada ponto vibrante é o centro de uma onda sonora, cuja extensão está em razão da força da vibração; a vontade é a causa propulsora do fluido, como o choque é a causa vibrante do ar e propulsora das ondas sonoras.

Das qualidades particulares de cada fluido resulta, entre eles, uma espécie de harmonia ou de desacordo, uma tendência a se unir ou a se evitar, uma atração ou uma repulsão, em uma palavra, as simpatias ou as antipatias que se experimentam, frequentemente, sem causas determinantes conhecidas. Se estamos na esfera de atividade de um indivíduo, a sua presença nos é, algumas vezes, revelada pela impressão agradável ou desagradável que sentimos de seu fluido! Se estamos no meio de pessoas das quais não partilhamos os sentimentos, das quais os fluidos não se harmonizam com o nosso, uma reação penosa nos oprime, e ali nos encontramos como uma nota dissonante num concerto! Se vários indivíduos estão, ao contrário, reunidos numa comunidade de objetivos e de intenções, os sentimentos de cada um se exaltam em proporção mesmo da massa das forças reagentes. Quem não conhece a força de arrebatamento que domina as aglomerações onde há homogeneidade de pensamentos e de vontades? Não se poderia imaginar a quanta influência estamos assim submetidos, com o nosso desconhecimento.

Essas influências ocultas não podem ser a causa determinante de certos pensamentos; desses pensamentos que nos são comuns, no mesmo instante, com certas pessoas; desses vagos pressentimentos que nos fazem dizer: Há qualquer coisa no ar que prenuncia tal ou tal acontecimento? Enfim, certas sensações indefiníveis de bem-estar ou de mal-estar moral, de alegria ou de tristeza, não seriam de nenhum modo o efeito da reação do meio fluídico no qual estamos, dos eflúvios simpáticos ou antipáticos que recebemos e que nos envolvem como as emanações de um corpo perfumado? Não saberíamos nos pronunciar afirmativamente, sobre essas questões, de maneira absoluta, mas é forçoso convir pelo menos que a teoria do fluido cósmico, individualizado em cada ser sob o nome de fluido perispiritual, abre um campo todo novo para a solução de uma multidão de problemas até aqui inexplicáveis.

Cada um, em seu movimento de translação, carrega, pois, consigo a sua atmosfera fluídica, como o caracol carrega a sua concha; mas esse fluido deixa os traços de sua passagem; deixa como uma esteira luminosa, inacessível aos nossos sentidos no estado de vigília, mas que serve, aos sonâmbulos, aos videntes e aos Espíritos desencarnados, para reconstruírem os fatos realizados e analisar o móvel que os fez executar.

Toda ação física ou moral, patente ou oculta, de um ser sobre si mesmo ou sobre um outro, supõe, de um lado, uma força atuante, de outro, uma sensibilidade passiva. Em todas as coisas, duas forças iguais se neutralizam, e a fraqueza cede à força. Ora, não sendo todos os homens dotados da mesma energia fluídica, dito de outro modo, não tendo o fluido perispiritual em todos a mesma força ativa, isto nos explica por que, em uns, essa força é quase irresistível, ao passo que é nula em outros; por que certas pessoas são muito acessíveis à sua ação, ao passo que outras lhe são refratárias.

Essa superioridade e essa inferioridade relativas, evidentemente, dependem do organismo; mas estar-se-ia em erro crendo-se que elas estão em razão da força ou da fraqueza física. A experiência prova que os homens mais robustos, algumas vezes, sofrem as influências fluídicas mais facilmente do que os outros de uma constituição muito mais delicada, ao passo que se encontra, frequentemente, nestes últimos, uma força que a sua frágil aparência não poderia fazer supor. Essa diversidade no modo de ação pode se explicar de várias maneiras.

A força fluídica aplicada à ação recíproca dos homens uns sobre os outros, quer dizer, no magnetismo, pode depender: 1º da soma de fluido que cada um possui; 2º da natureza intrínseca do fluido de cada um, abstração feita da quantidade; 3º do grau de energia da força impulsora, talvez mesmo dessas três causas reunidas. Na primeira hipótese, aquele que tem mais fluido dá-lo-ia àquele que o tem menos, mais do que dele receberia; haveria, nesse caso, analogia perfeita com a permuta de calor que fazem entre eles, dois corpos que se colocam em equilíbrio de temperatura. Qualquer que seja a causa dessa diferença, podemos nos dar conta do efeito que ela produz, supondo três pessoas das quais nos representaremos a força por três números: 10, 5 e 1. O 10 agirá sobre o 5 e sobre o 1, mas, mais energicamente sobre o 1 do que sobre o 5; o 5 agirá sobre o 1, mas será impotente sobre o 10; enfim, o 1 não agirá nem sobre um, nem sobre o outro. Tal seria a razão pela qual certas pessoas são sensíveis à ação de tal magnetizador e insensíveis à ação de tal outro.

Pode-se ainda, até um certo ponto, explicar esse fenômeno, reportando-nos às considerações precedentes. Dissemos, com efeito, que os fluídos individuais são simpáticos ou antipáticos, uns em relação aos outros. Ora, não poderia se dar que a ação recíproca de dois indivíduos estivesse em razão da simpatia dos fluidos, quer dizer, de sua tendência a se confundir, por uma espécie de harmonia, como as ondas sonoras produzidas pelos corpos vibrantes? É indubitável que essa harmonia ou simpatia dos fluidos é uma condição, ainda que não absolutamente indispensável, ao menos muito preponderante, e que, quando há desacordo ou simpatia, a ação não pode ser senão fraca, ou mesmo nula. Esse sistema nos explica bem as condições prévias da ação; mas não nos diz de que lado está a força, e tudo admitindo, somos forçados a recorrer à nossa primeira suposição.

De resto, que o fenômeno haja ocorrido por uma ou por outra dessas causas, isso não tem nenhuma consequência; o fato existe, é o essencial: os da luz se explicam, igualmente, pela teoria da emissão e das ondulações; os da eletricidade, pelos fluidos positivo e negativo, vítreo e resinoso.

Num próximo estudo, apoiando-nos sobre as considerações que

precedem, procuraremos estabelecer o que entendemos pela Fotografia e a Telegrafia do pensamento.

Fotografia e telegrafia do pensamento

A fotografia e a telegrafia do pensamento são questões até aqui apenas afloradas. Como todas aquelas que não dizem respeito às leis que, por essência, devem ser universalmente manifestadas, foram relegadas a segundo plano, se bem que a sua importância seja capital e que os elementos de estudo, que elas encerram, sejam chamados a esclarecer muitos problemas, até aqui, permanecidos sem solução.

Quando um artista de talento executa um quadro, a obra magistral à qual consagra todo o gênio que adquiriu progressivamente, nele estabelece primeiro as grandes massas, de maneira a ser compreendido, desde o esboço, todo o partido que dele espera tirar; não é senão depois de ter elaborado minuciosamente o seu plano geral, que ele procede à execução dos detalhes; e, se bem que este trabalho deva ser tratado com mais cuidado talvez do que o esboço, seria, entretanto, impossível se este último não o precedesse. Ocorre o mesmo no Espiritismo. As leis fundamentais, os princípios gerais, cujas raízes existem no espírito de todo ser criado, deveram ser elaboradas desde a origem. Todas as outras questões, quaisquer que elas sejam, dependem das primeiras; é a razão que dele faz, durante um certo tempo, negligenciar o estudo direto.

Com efeito, não se pode, logicamente, falar de fotografia e de telegrafia do pensamento, antes de ter demonstrado a existência da alma, que manobra os elementos fluídicos, e a dos fluidos que permitem estabelecer relações entre duas almas distintas. Hoje ainda, quase que não estamos suficientemente esclarecidos para a elaboração definitiva desses imensos problemas! Contudo, algumas considerações de natureza a preparar um estudo mais completo, certamente, aqui não estarão deslocadas.

Estando o homem limitado em seus pensamentos e em suas aspirações, os seus horizontes estando limitados, há de lhe ser preciso, necessariamente, concretizar e etiquetar todas as coisas para delas guardar uma lembrança apreciável, e basear sobre os dados adquiridos os seus estudos futuros. As primeiras noções do conhecimento lhe vieram pelo sentido da visão; foi a imagem de um objeto que lhe ensinou que o objeto existia. Conhecendo vários objetos, tirando deduções de impressões diferentes que eles produziam sobre o seu ser íntimo, deles fixou a quintessência, em sua inteligência, pelo fenômeno da memória. Ora, o que é a memória senão uma espécie de álbum mais ou menos volumoso, que se folheia para se encontrar as ideias apagadas e retraçar os acontecimentos desaparecidos! Esse álbum tem marcas nos lugares notáveis; lembra-se imediatamente de certos fatos; é necessário folhear muito tempo para certos outros.

A memória é como um livro! Aquele do qual se leem certas passagens, presentes essas passagens facilmente aos olhos; as folhas virgens, ou raramente percorridas, devem ser viradas uma a uma, para retraçar um fato no qual pouco se deteve.

Quando o Espírito encarnado se lembra, a sua memória lhe apresenta, de alguma sorte, a fotografia do fato que ele procura. Em geral, os encarnados que o cercam nada veem; o álbum está num lugar inacessível à sua visão; mas os Espíritos veem e folheiam conosco; em certas circunstâncias, eles podem mesmo, de propósito, ajudar a nossa procura ou perturbá-la.

O que se produz do encarnado para o Espírito, ocorre igualmente do Espírito ao vidente; quando se evoca a lembrança de certos fatos na existência de um Espírito, a fotografia desses fatos se apresenta a ele, e o vidente, cuja situação espiritual é análoga à do Espírito livre, vê, como ele, e vê mesmo, em certas circunstâncias, o que o Espírito não vê por si mesmo; do mesmo modo que um desencarnado pode folhear na memória de um encarnado, sem que este disso tenha consciência, e lembrar-lhe os fatos esquecidos há muito tempo. Quanto aos pensamentos abstratos, por isso mesmo que eles existem, tomam um corpo para impressionar o cérebro; devem agir naturalmente sobre ele, burilarem-se de alguma sorte; nesse caso ainda, como no primeiro, a semelhança entre os fatos que existem na Terra e no espaço, parece perfeita.

O fenômeno da fotografia do pensamento, tendo já sido o objeto de algumas reflexões na *Revista*, para maior clareza, reproduziremos algumas passagens do artigo onde esse assunto foi tratado, e que completamos com novas notas.

Sendo os fluidos o veículo do pensamento, este age sobre os fluidos como o som age sobre o ar; carregam o pensamento como o ar nos traz o som. Pode-se, pois, dizer, com toda a verdade, que há nos fluidos ondas e raios de pensamentos que se cruzam, sem se confundirem, como há no ar ondas e raios sonoros.

Há mais: o pensamento, criando *imagens fluídicas*, se reflete no envoltório perispiritual como numa chapa de vidro, ou ainda como essas imagens de objetos terrestres que se refletem no vapor do ar; aí toma um corpo e se fotografa de alguma sorte. Que um homem, por exemplo, tenha a ideia de matar um outro, por impassível que seja o seu corpo material, o seu corpo fluídico é colocado em ação pelo pensamento, do qual reproduz todas as nuanças; ele executa fluidicamente o gesto, o ato que desejou realizar; o seu pensamento cria a imagem da vítima, e a cena inteira se pinta, como num quadro, tal como está em seu espírito.

É assim que os movimentos mais secretos da alma repercutem no seu envoltório fluídico; que uma alma pode ler numa outra alma, como num livro, e ver o que não é perceptível para os olhos do corpo. Os olhos do corpo veem as impressões interiores que se refletem sobre os traços do rosto: a cólera, a alegria, a tristeza; mas a alma vê sobre os traços da alma os pensamentos que não se traduzem por fora.

Contudo, se vendo a intenção, a alma pode pressentir o cumprimento de um ato, que lhe será a consequência, não pode, entretanto, determinar o momento em que ocorrerá, porque circunstâncias ulteriores poderão modificar os planos suspensos e mudar as disposições. Ela não pode ver o que ainda não está no pensamento; o que ela vê é a preocupação do momento ou habitual do indivíduo, seus desejos, seus projetos, suas intenções boas ou más; daí os erros nas previsões de certos videntes. Quando um acontecimento está subordinado ao livre-arbítrio de um homem, eles não podem senão pressentir segundo o pensamento que veem, mas não afirmarem que ocorrerá de tal maneira e em tal momento. A maior ou menor exatidão nas previsões depende, além disso, da extensão e da clareza da visão psíquica; em certos indivíduos, Espíritos ou encarnados, é limitada a um ponto ou difusa; ao passo que em outros ela é clara e abarca o conjunto dos pensamentos e das vontades que devem concorrer para a realização de um fato. Mas, acima de tudo, há sempre a vontade superior que pode, em sua sabedoria, permitir uma revelação ou impedi-la; neste último caso, um véu impenetrável é lançado sobre a visão psíquica mais perspicaz. (Vede, em *A Gênese*, o capítulo da *Presciência*.)

A teoria das criações fluídicas e, por consequência, da fotografia do pensamento, é uma conquista do Espiritismo moderno, e pode ser, doravante, considerada como adquirida em princípio, salvo as aplicações de detalhes que serão o resultado da observação. Esse fenômeno é, incontestavelmente, a fonte das visões fantásticas e deve desempenhar um grande papel em certos sonhos.

Quem é aquele que sabe, sobre a Terra, de qual maneira se produziram os primeiros meios de comunicação do pensamento? Como foram inventados, ou antes, encontrados? Porque não se inventa nada, tudo existe no estado latente; cabe aos homens procurarem os meios de pôr a trabalhar as forças que a Natureza lhe oferece. Quem sabe o tempo que foi necessário para se servir da palavra de um modo completamente inteligível?

O primeiro que soltou um grito inarticulado tinha bem uma certa consciência do que queria expressar, mas aqueles aos quais se dirigia, primeiramente não lhe compreenderam nada; não foi senão por uma longa sequência de tempo que existiram as palavras convencionais, depois frases curtas, depois, enfim, discursos inteiros. Quantos milhares de anos não foram necessários para chegar-se ao ponto em que a Humanidade se encontra hoje! Cada progresso, no mundo da comunicação, de relação entre os homens, foi constantemente marcado por uma melhoria no estado social dos seres. À medida que as relações de indivíduo para indivíduo se tornam mais estreitas, mais regulares, sente-se a necessidade de um novo modo de linguagem mais rápido, mais capaz de pôr os homens em relação instantânea e universalmente, uns com os outros. Por que o que ocorreu no mundo físico, pela telegrafia elétrica, não ocorreria no mundo moral, de encarnado a encarnado, pela telegrafia humana? Por que as relações ocultas que unem, mais ou menos conscientemente, os pensamentos dos homens e dos Espíritos, pela telegrafia espiritual, não se generalizariam, entre os homens, de maneira consciente?

A telegrafia humana! Certamente, eis com que provocar o sorriso daqueles que se recusam a admitir tudo o que não cai sob os seus sentidos materiais. Mas que importam as zombarias dos presunçosos? Todas as suas negações não impedirão às leis naturais de seguirem o seu curso e de encontrarem novas aplicações, à medida que a inteligência humana estiver em condições de sentir-lhes os efeitos.

O homem tem uma ação direta sobre as coisas como sobre as pessoas que o cercam. Frequentemente, uma pessoa de quem se faz pouco caso, exerce uma influência decisiva sobre outras que têm uma reputação muito superior. Isso se prende a que, sobre a Terra, veem sempre mais máscaras do que rosto, e que os olhos ali estão obscurecidos pela vaidade, interesse pessoal e todas as más paixões. A experiência demonstra que se pode agir sobre o espírito dos homens com o seu desconhecimento. Um pensamento superior, *fortemente pensado,* para me servir dessa expressão, pode, pois, segundo sua força e sua elevação, atingir mais perto, ou mais longe, homens que não têm nenhuma consciência da maneira pela qual ele lhe chega; do mesmo modo que, frequentemente, aquele que o emite não tem consciência do efeito produzido por essa emissão. Aí está um jogo constante das inteligências humanas e de sua ação recíproca, umas sobre as outras. Juntai a isso a ação daquelas que estão desencarnadas e calculai, se o puderdes, o poder incalculável dessa força composta de tantas forças reunidas.

Se se pudesse duvidar do mecanismo imenso que o pensamento põe em jogo, e dos efeitos que ele produz de um indivíduo a outro, de um grupo de seres a um outro grupo, e, enfim, da ação universal dos pensamentos dos homens uns sobre os outros, o homem ficaria deslumbrado! Sentir-se-ia aniquilado diante dessa infinidade de detalhes, diante dessas redes inumeráveis ligadas, entre si, por uma poderosa vontade, e agindo harmonicamente para alcançar um objetivo único: o progresso universal.

Pela telegrafia do pensamento, apreciará, em todo o seu valor, a lei da solidariedade, refletindo que não há um pensamento, seja criminoso, seja virtuoso ou outro qualquer, que não tenha uma ação real sobre o conjunto dos pensamentos humanos e sobre cada um dentre eles; e se o egoísmo lhe fizesse desconhecer as consequências, para outro, de um pensamento perverso que lhe fosse pessoal, seria levado, por esse mesmo egoísmo, a bem pensar, para aumentar o nível moral geral, pensando nas consequências, sobre si mesmo, de um mau pensamento nos outros.

São outra coisa senão uma consequência da telegrafia humana do pensamento, esses choques misteriosos que nos previnem da alegria ou do sofrimento, num ser querido distante de nós? Não é por um fenômeno do mesmo gênero que devemos os sentimentos de simpatia ou de repulsa que nos arrastam para certos Espíritos e nos afastam de outros?

Certamente, aí está um campo imenso para o estudo e a observação, mas do qual não podemos perceber ainda senão o conjunto; o estudo dos detalhes será a consequência de um conhecimento mais completo das leis que regem a ação dos fluidos uns sobre os outros.

– 11 –

Estudo sobre a natureza do Cristo

I - Fonte das provas da natureza do Cristo.

A questão da natureza do Cristo foi debatida desde os primeiros séculos do Cristianismo, e pode-se dizer que não está ainda resolvida, uma vez que ainda é discutida em nossos dias. Foi a diferença de opinião sobre este ponto, que deu nascimento à maioria das seitas que dividiram a Igreja há dezoito séculos, e é notável que todos os chefes dessas seitas foram bispos ou membros do clero com diversos títulos. Por conseguinte, eram homens esclarecidos, a maioria escritores de talento, nutridos na ciência teosófica, que não achavam concludentes as razões evocadas em favor do dogma da divindade do Cristo; não obstante, então como hoje, as opiniões se formaram sobre abstrações, mais do que sobre fatos, procurou-se, sobretudo, o que o dogma poderia ter de plausível ou de irracional, e, geralmente, se negligenciou, de parte a parte, em fazer ressaltar os fatos que poderiam lançar, sobre a questão, uma luz decisiva.

Mas onde encontrar esses fatos se isso não for nos atos e nas palavras de Jesus?

Jesus, nada tendo escrito, seus únicos historiadores foram os apóstolos que, eles não mais, nada escreveram quando vivos; não tendo nenhuma história profana contemporânea falado dele, não existe sobre a sua vida e a sua doutrina, nenhum outro documento senão os Evangelhos; portanto, é ali somente que é necessário procurar a chave do problema. Todos os escritos posteriores, sem disso excetuar os de São Paulo, não são, e não podem ser, senão comentários ou apreciações, reflexo de opiniões pessoais, frequentemente contraditórias, que não poderiam, em nenhum caso, ter a autoridade do relato daqueles que receberam as instruções diretamente do Mestre.

Sobre essa questão, como sobre as de todos os dogmas em geral, o acordo dos Pais da Igreja, e outros escritores sacros, não poderia ser evocado como argumento preponderante, nem como uma prova irrecusável em favor de sua opinião, tendo em vista que nenhum deles pôde citar um único fato, fora do Evangelho, concernente a Jesus, nenhum deles descobriu documentos novos desconhecidos de seus predecessores.

Os autores sacros não puderam senão voltar sobre o mesmo círculo, dar a sua apreciação pessoal, tirar consequências de seu ponto de vista, comentar sob novas formas, e com mais ou menos desenvolvimento, as opiniões contraditórias. Todos os do mesmo partido deveram escrever no mesmo sentido, se não nos mesmos termos, sob pena de serem declarados heréticos, como o foram Orígenes e tantos outros. Naturalmente, a Igreja não colocou, entre seus Pais, senão os escritores ortodoxos do seu ponto de vista; ela não exaltou, santificou e colecionou senão aqueles que tomaram a sua defesa, ao passo que rejeitou os outros e destruiu os seus escritos tanto quanto possível. O acordo entre os Pais da Igreja, portanto, nada tem de concludente, uma vez que é uma unanimidade de escolha formada pela eliminação dos elementos contrários. Se se leva em consideração tudo o que foi escrito pró e contra, não se sabe muito de que lado penderia a balança.

Isso nada tira ao mérito pessoal dos sustentadores da ortodoxia, nem ao seu valor como escritores e homens conscienciosos; foram os advogados de uma mesma causa, que defenderam com incontestável talento, e deveriam, forçosamente, chegar às mesmas conclusões. Longe de querer denegri-los, em que quer que seja, quisemos simplesmente refutar o valor das consequências que se pretende tirar de seu acordo.

No exame que vamos fazer, da questão da divindade do Cristo, pondo de lado as sutilezas da escolástica que não serviram senão para embrulhar em lugar de elucidar, nos apoiaremos exclusivamente sobre os fatos que ressaltam do texto do Evangelho, e que, examinados friamente, conscienciosamente, sem ideia preconcebida, fornecem superabundantemente todos os meios de convicção que se possam desejar. Ora, entre esses fatos, não há de mais preponderante, nem de mais concludentes, senão as palavras mesmas do Cristo, palavras que não se saberia recusar sem infirmar a veracidade dos apóstolos. Pode-se interpretar de diferentes maneiras uma palavra, uma alegoria; mas afirmações precisas, sem ambiguidade, cem vezes repetidas, não poderiam ter um duplo sentido. Nenhum outro, senão Jesus, pode pretender saber melhor do que ele o que quis dizer, como ninguém pode pretender estar melhor informado do que ele sobre a sua própria natureza: quando ele comenta as suas palavras, e as explica, para evitar todo equívoco, deve-se confiar nele, a menos lhe neguemos a superioridade que se lhe atribui, e substituamos a sua própria inteligência. Se foi obscuro em certos pontos, quando se serviu de linguagem figurada, sobre o que toca à sua pessoa não há equívoco possível. Antes do exame das palavras, vejamos os atos.

II - A Divindade do Cristo está provada pelos milagres?

Segundo a Igreja, a divindade do Cristo está estabelecida, principalmente pelos milagres, como testemunho de um poder sobrenatural. Esta consideração pôde ter um certo peso numa época em que o maravilhoso era aceito sem exame; mas hoje, que a ciência levou as suas investigações até as leis da Natureza, os milagres encontram mais incrédulos do que crentes; e o que não contribuiu pouco para o seu descrédito, foi o abuso das imitações fraudulentas e a exploração que deles se fez. A fé nos milagres foi destruída pelo próprio uso que dela se fez; disso resultou que os do Evangelho são agora considerados, por muitas pessoas, como puramente legendários.

A Igreja, aliás, ela mesma, retira aos milagres toda a sua importância, como prova da divindade do Cristo, declarando que o demônio também pode fazê-los tão prodigiosos quanto ele: porque se o demônio tem um tal poder, fica evidente que os fatos desse gênero não têm, de nenhum modo, um caráter exclusivamente divino; se ele pode fazer coisas admiráveis para seduzir mesmo os eleitos, como simples mortais poderiam distinguir os bons milagres dos maus, e não há a temer que, vendo fatos similares, não confundam Deus e Satanás?

Dar a Jesus um tal rival em habilidade era uma grande falta de jeito; mas, pelo que respeita a contradições e inconsequências, não eram olhadas de tão perto em uma época em que os fiéis ter-se-iam feito um caso de consciência em pensar por eles mesmos, e de discutir o menor artigo imposto à sua crença; então, não se contava com o progresso e não se pensava que o reino da fé cega e ingênua, reino cômodo como o do bel prazer, pudesse ter um termo. O papel, tão preponderante que a Igreja se obstinou em dar ao demônio, teve consequências desastrosas para a fé, à medida que os homens se sentiram capazes de ver pelos próprios olhos. O demônio, que se explorou com sucesso durante um tempo, tornou-se o machado posto ao velho edifício das crenças, e uma das principais causas da incredulidade; pode-se dizer que a Igreja, se fazendo dele um auxiliar indispensável, alimentou em seu seio aquele que deveria virar-se contra ela e miná-la em seus fundamentos.

Uma outra consideração não menos grave, é que os fatos miraculosos não são o privilégio exclusivo da religião cristã: não há, com efeito, uma religião idólatra ou pagã, que não teve os seus milagres, tão maravilhosos e tão autênticos, para os adeptos, quanto os do cristianismo. A Igreja se tirou o direito de constatá-los, atribuindo às potências infernais o poder de produzi-los.

O caráter essencial do milagre, no sentido teológico, é ser uma exceção nas leis da Natureza, e, por conseguinte, inexplicável por essas mesmas leis. Desde o instante que um fato pode se explicar, e que se ligue a uma causa conhecida, cessa de ser milagre. Assim é que as descobertas da ciência fizeram entrar no domínio do natural, certos efeitos qualificados de prodígios enquanto a causa ficou ignorada. Mais tarde, o conhecimento do princípio espiritual, da ação dos fluidos sobre a economia, do mundo invisível no meio do qual vivemos, das faculdades da alma, da existência e das propriedades do *perispírito*, deu a chave dos fenômenos de ordem psíquica, e provou que não são, não mais do que os outros, derrogações às leis da Natureza, mas que, ao contrário, delas são aplicações frequentes. Todos os efeitos de magnetismo, de sonambulismo, de êxtase, de dupla vista, de hipnotismo, de catalepsia, de anestesia, de transmissão do pensamento, de presciência, de curas instantâneas, de possessões, de obsessões, de aparições e de transfigurações, etc., que constituem a quase totalidade dos milagres do Evangelho, pertencem a essa categoria de fenômenos.

Sabe-se agora que esses efeitos são o resultado de aptidões e de disposições fisiológicas especiais; que se produziram em todos os tempos, entre todos os povos, e puderam ser considerados como sobrenaturais sob o mesmo título de todos aqueles cuja causa era incompreendida. Isso explica por que todas as religiões tiveram os seus milagres, que não são outros senão os fatos naturais, mas quase sempre amplificados ao absurdo pela credulidade, a ignorância e a superstição, e que os conhecimentos atuais reduziram ao seu justo valor, permitindo levá-los em conta de lenda.

A possibilidade da maioria dos fatos que o Evangelho cita como tendo sido realizados por Jesus, está hoje completamente demonstrada pelo Magnetismo e pelo Espiritismo, enquanto fenômenos naturais. Uma vez que se produzem sob os nossos olhos, seja espontaneamente, seja por provocação, não há nada de anormal em que Jesus possuísse faculdades idênticas às de nossos magnetizadores, curadores, sonâmbulos, videntes, médiuns, etc. Desde o instante que essas mesmas faculdades se encontram, em diferentes graus, numa multidão de indivíduos que nada têm de divino, que são encontradas mesmo entre os heréticos e os idólatras, elas não implicam, em nada, uma natureza sobre-humana.

Se Jesus qualificava, ele mesmo, os seus atos de *milagres*, é que nisso, como em muitas outras coisas, devia apropriar a sua linguagem aos conhecimentos de seus contemporâneos; como estes poderiam aprender uma nuança de palavra que não é ainda compreendida por todo o mundo? Para o vulgo, as coisas extraordinárias que ele fazia, e que pareciam sobrenaturais, naquele tempo e mesmo muito mais tarde, eram milagres; não podia dar-lhe um outro nome. Um fato digno de nota é que deles se serviu para afirmar a missão que tinha de Deus, segundo as suas próprias expressões, mas disso jamais se prevaleceu para se atribuir o poder divino (1).

É necessário, pois, riscar os milagres das provas sobre as quais se pretende fundar a divindade da pessoa do Cristo; vejamos agora se as encontramos em suas palavras.

III - A Divindade de Jesus está provada pelas suas palavras?

Dirigindo-se aos discípulos, que entraram em disputa, para saber qual dentre eles era o maior; e lhes disse pegando uma criança e colocando-a junto a si:

"Quem me recebe, recebe *aquele que me enviou*; porque aquele que é o menor entre vós, é o maior." (São Lucas, cap. IX, v. 48.)

"Quem recebe em meu nome uma criancinha como esta, me recebe, e quem me recebe, não recebe só a mim, mas recebe *aquele que me enviou.*" (São Marcos, cap. IX, v. 36.)

"Jesus lhes disse, pois: "Se Deus fosse o vosso Pai, me amaríeis, porque foi de Deus que eu saí, e que *é de sua parte que vim; porque não vim por mim mesmo,* mas foi ele quem me enviou." (São João, cap. VIII, v. 42.)

"Jesus lhes disse, pois: "Estou ainda convosco por um pouco de tempo, e em seguida vou *para aquele que me enviou.*" (São João, cap. VII, v. 33.)

---

(1) Para o desenvolvimento completo da questão dos milagres, ver *A Gênese segundo o Espiritismo*, capítulos XIII e seguintes, onde são explicados, pelas leis naturais, todos os milagres do Evangelho.

"Aquele que vos escuta me escuta; aquele que vos despreza me despreza, *e quem me despreza, despreza aquele que me enviou.*" (São João, cap. X, v. 16.)

O dogma da divindade de Jesus está fundado sobre a igualdade absoluta entre a sua pessoa e Deus, uma vez que é o próprio Deus: é um artigo de fé; ora, estas palavras, tão frequentemente repetidas por Jesus: *Aquele que me enviou*, testemunham não somente quanto a dualidade das pessoas, mas, ainda, como dissemos, excluem a igualdade absoluta entre elas; porque aquele que é enviado, necessariamente, está *subordinado* àquele que envia; obedecendo, faz ato de *submissão*. Um embaixador, falando de seu soberano, dirá: *Meu senhor, aquele que me enviou;* mas se é o soberano em pessoa que vem, ele falará em seu próprio nome e não dirá: *Aquele que me enviou*, porque não se pode enviar a si mesmo. Jesus o disse, em termos categóricos por estas palavras: *eu não vim por mim mesmo, mas foi ele quem me enviou.*

Estas palavras: *Aquele que me despreza, despreza aquele que me enviou,* não implicam, de nenhum modo, a igualdade e ainda menos a identidade; em todos os tempos, o insulto feito a um embaixador era considerado como feito ao próprio soberano. Os apóstolos tinham a palavra de Jesus, como Jesus tinha a de Deus; quando lhes disse: *Aquele que vos escuta me escuta,* não entendia dizer que seus apóstolos e ele não faziam senão uma única e mesma pessoa, igual em todas as coisas.

A dualidade de pessoas, assim como o estado secundário e subordinado de Jesus, com relação a Deus, ressaltam, além disso, sem equívoco, das passagens seguintes:

"Fostes vós que permanecestes sempre firmes comigo nas minhas tentações. – Por isso eu vos preparo o Reino, *como meu pai mo preparou*, – a fim de que comais e bebais à minha mesa no meu reino, e que vos senteis sobre os tronos para julgar as doze tribos de Israel." (São Lucas, cap. XXII, v. 28, 29 e 30.)

"Por mim eu digo o que *vi na casa de meu Pai,* fazeis vós o que vistes na casa de vosso pai." (São João, cap. VIII, v. 38.)

"Ao mesmo tempo apareceu uma nuvem que os cobriu, e saiu dessa nuvem uma voz que fez ouvir estas palavras: *Este é meu filho bem-amado;* escutai-o." (Transfigur. São Marcos, cap. IX, v. 6.)

"Ora, quando o filho do homem vier em sua majestade, acompanhado de todos os anjos, sentar-se-á sobre o trono de sua glória; – e todas as nações estando reunidas, separará umas das outras, como o pastor separa as ovelhas dos bodes, – e colocará as ovelhas à sua direita e os bodes à sua esquerda. – Então, o Rei dirá àqueles que estarão à sua direita: Vinde, *vós que fostes abençoados por meu Pai,* possuir o reino que vos foi preparado desde o começo do mundo." (São Mateus, cap. XXV, v. 31 a 34.)

"Quem me confessar e me reconhecer diante dos homens, eu o reconhecerei e o confessarei também diante de meu pai que está nos céus; – e quem me renunciar diante dos homens, eu o renunciarei também, *eu mesmo, diante de meu pai que está nos céus.*" (São Mateus, cap. X, v. 32, 33.)

"Ora, eu vos declaro que quem me confessar e me reconhecer diante dos homens, *o filho do homem o reconhecerá também diante dos anjos de Deus;* mas se alguém me renunciar diante dos homens, *eu o renunciarei também diante dos anjos de Deus.*" (São Lucas, cap. XII, v. 8, 9.)

"Mas se alguém se envergonhar de mim e de minhas palavras, o filho do homem se envergonhará também dele, quando vier em sua glória e *na de seu pai e dos santos anjos.*" (São Lucas, cap. IX, v. 26.)

Nestas duas últimas passagens, Jesus parecia mesmo colocar acima dele os santos anjos, compondo o tribunal celeste, diante do qual seria o defensor dos bons e o acusador dos maus.

"Mas por aquilo que é de estar sentado à minha direita ou à minha esquerda, *não é a mim, de nenhum modo, que cabe vo-lo dar,* mas será por aquele *a quem meu Pai preparou.*" (São Mateus, cap. XX, v. 23.)

"Ora, os Fariseus estando reunidos, Jesus lhes fez esta pergunta – e lhes disse: "Que vos parece do Cristo? De quem é filho? Eles lhe responderam: De David. – E como, pois, lhes disse, David chama-o em espírito o seu Senhor com estas palavras: O Senhor disse ao meu Senhor: Sentai-vos à minha direita até que reduza os vossos inimigos a vos servir de escabelo? *Se, pois, David chama-o seu Senhor, como é seu filho?*" (São Mateus, cap. XXII, v. 41 a 45.)

"Mas Jesus, ensinando no templo, lhes disse: Como os escribas dizem que o Cristo é o filho de David, – uma vez que David, ele mesmo, disse ao meu Senhor: Sentai-vos à minha direita até que haja reduzido vossos inimigos a vos servir de escabelo? – *Depois, portanto, que David o chama, ele mesmo, seu senhor, como é seu filho?*" (São Marcos, cap. XII, v. 35, 36, 37. – São Lucas, cap. XX, v. 41 a 44.)

Jesus consagra, com estas palavras, o princípio da diferença hierárquica que existe entre o Pai e o Filho. Jesus podia ser o filho de David por filiação corpórea, e como descendente de sua raça, foi porque teve o cuidado de ajuntar: "Como o chama *em espírito*, seu senhor?" Se há uma diferença hierárquica entre o pai e o filho; Jesus, como filho de Deus, não pode ser o igual de Deus.

Jesus confirma essa interpretação e reconhece sua inferioridade em relação a Deus, em termos que não deixam equívoco possível:

"Ouvistes o que vos disse: "Eu me vou, e volto a vós. Se me amais, vos alegrareis de que vou para meu Pai, *porque meu Pai* É MAIOR DO QUE EU." (São João, cap. XIV, v. 28).

"Então um jovem se aproxima e lhe diz: Bom mestre, que bem é necessário que eu faça para adquirir a vida eterna? – Jesus lhe respondeu: "Por que me chamais bom? *Não há senão Deus que seja bom.* Se quereis entrar na vida, guardai os mandamentos." (São Mateus, cap. XIX, v. 16, 17. – São Marcos, cap. X, v. 17, 18, – São Lucas, cap. XVIII, v. 18, 19.)

Não somente Jesus não se deu, em nenhuma circunstância, por ser o igual de Deus, mas aqui ele afirma positivamente o contrário, considera-se como inferior em bondade; ora, declarar que Deus está acima dele pelo poder e suas qualidades morais, é dizer que ele mesmo não é Deus. As passagens seguintes vêm em apoio destas, e são também explícitas.

"*Não falei, de nenhum modo, de mim mesmo; mas meu Pai, que me enviou, foi quem me prescreveu, por seu poder, o que devo dizer, e como devo falar;* – e eu sei que o seu poder é a vida eterna; o que eu digo, pois, o digo segundo o que meu Pai *mo ordenou." (São* João, cap. XII, v. 49, 50.)

"Jesus lhes respondeu: "*Minha doutrina não é minha doutrina, mas a doutrina daquele que me enviou.* – Se alguém quer fazer a vontade de Deus, reconhecerá se a minha doutrina é dele, ou se falo de mim mesmo. – Aquele que fala de seu próprio movimento procura sua própria glória, mas aquele que procura a glória de quem o enviou é verídico, e nele, de nenhum modo, há injustiça. (São João, cap. VII, v. 16, 17, 18.)

"Aquele que não me ama nada, não guarda, minha palavra; *e a palavra que ouvistes não foi a minha palavra em nada, mas a de meu Pai que me enviou.' (São* João, cap. XIV, v. 24.)

"Não credes que estou em meu Pai e que meu Pai está em mim? O que vos digo, não vo-lo digo por mim mesmo; mas meu Pai, que mora em mim faz, ele mesmo, as obras que eu faço." (São João, cap. XIV, v. 10.)

"O céu e a Terra passarão, mas as minhas palavras não passarão. – Pelo que é do dia e da hora, o homem não o saiba, não, nem mesmo os anjos que estão no céu, *nem mesmo o Filho*, mas somente *o Pai.* "(São Marcos, cap. XIII. v. 32. – São Mateus, cap. XXIV v. 35, 36.).

"Jesus lhes disse, pois: "Quando houverdes levantado ao alto o filho do homem, então conhecereis o que sou, porque *eu não faço nada de mim mesmo, não digo senão o que meu Pai me ensinou*; e aquele que me enviou está comigo, e de modo nenhum me deixou só, porque *faço sempre o que lhe é agradável.*" (*São* João, cap. VIII, v. 28, 29.)

"Desci do céu não para fazer a minha vontade, mas para fazer *a vontade daquele que me enviou.*" (*São* João, cap. VI, v. 38.)

Não posso nada fazer de mim mesmo. Julgo segundo o que entendo, e meu julgamento é justo porque *não procuro minha vontade, mas a vontade daquele que me enviou.*" (São João, cap. V, v. 30.)

"Mas, por mim, tenho um testemunho maior do que o de João, porque as obras que *meu Pai me deu o poder de fazer,* as obras, digo eu, que faço, dão testemunho de mim, que foi meu Pai que me enviou." (São João, cap. V, v. 36.)

"Mas agora procurais me fazer morrer, eu que vos disse a verdade que *aprendi de Deus*, foi o que Abraão nunca fez." (São João, cap. VIII, v. 40.)

Desde então, que ele não disse *nada de si mesmo*; que a doutrina que ensinou *não é a sua*, mas que a tem de Deus, que lhe *ordenou* vir fazê-la conhecer; que não faz senão o que Deus lhe deu *o poder de fazer*; que a verdade que ensina, *ele aprendeu de Deus*, à vontade de quem está submetido; é que não é o próprio Deus, mas seu enviado, seu messias e seu subordinado.

É impossível recusar, de maneira mais positiva, toda assimilação à pessoa de Deus, e de determinar seu principal papel em termos mais precisos. Não estão aí pensamentos ocultos sob o véu da alegoria, e que não se descobrem senão à força de interpretação: é o sentido próprio, expresso sem ambiguidade.

Se se objetasse que Deus, não querendo se fazer conhecer na pessoa de Jesus, enganasse sobre a sua individualidade, poder-se-ia perguntar sobre o quê está fundada essa opinião, e quem tem autoridade para sondar o fundo de seu pensamento, e dar, às suas palavras, um sentido contrário àquele que elas exprimem? Uma vez que, quando vivo, ninguém o considerava como Deus, mas era olhado, ao contrário, como um messias, se não quisesse ser conhecido pelo que era, bastar-lhe-ia nada dizer; de sua afirmação espontânea é preciso concluir que ele não era Deus, ou que, se o era, voluntariamente e sem utilidade, disse uma coisa falsa.

É de notar-se que São João, aquele dos Evangelistas sobre a autoridade de quem mais se apoiou para estabelecer o dogma da divindade do Cristo, seja precisamente o que encerra os argumentos contrários mais numerosos e os mais positivos; pode-se disso convencer pela leitura das passagens seguintes, que não acrescentam nada, é verdade, às provas já citadas, mas vêm em seu apoio, porque delas ressaltam evidentemente *a dualidade e a desigualdade das pessoas.*

"Por causa disso, os Judeus perseguiam Jesus e procuravam fazê-lo morrer, porque fizera essas coisas no Sábado. – Mas Jesus lhes disse: *Meu pai age até o presente, e eu ajo também.* (São João, cap. V, v. 16, 17.)

"Porque o Pai não julga ninguém; mas *dá todo poder* de julgar ao Filho, – a fim de que todos honrem o Filho, como honram o Pai. Aquele que não honra em nada o Filho, não honra em nada o Pai *que o enviou.*

Em verdade, em verdade vos digo, aquele que ouve a minha palavra, e que crê naquele que *me enviou*, tem a vida eterna, e não cai, na condenação; mas já passou da morte à vida."

"Em verdade, em verdade vos digo, a hora vem, e ela já veio, em que os mortos ouvirão a voz do Filho de Deus, e aqueles que ouvirão, viverão; porque como o Pai tem a vida em si mesmo, também deu ao Filho ter a vida nele mesmo, – e lhe *deu o poder de julgar*, porque é o *Filho do homem.* "(São João, cap. V, v. 22 a 27.)

"E o Pai que me enviou, ele mesmo, tem dado testemunho de mim. *Jamais ouvistes a sua voz,* nem vistes a sua face. E sua palavra não permanecerá em vós, porque não credes *naquele que ele enviou." (São* João, cap. V, v. 37,38.)

"E quando eu julgar, o meu julgamento será digno de fé, porque *não estou só*; mas meu Pai, que me enviou, está comigo." (São João, cap. VIII, v. 16.)

Jesus, tendo dito essas coisas, levou os olhos ao céu e disse: "Meu Pai, a hora é chegada; glorificai vosso Filho, a fim de que vosso Filho vos glorifique. – *Como lhe deste poder* sobre todos os homens, a fim de que dê a vida eterna a todos aqueles que lhe destes. – Ora, a vida eterna consiste em vos conhecer, *a vós que sois* O ÚNICO DEUS *verdadeiro, e a Jesus Cristo que enviastes.*

"Eu vos glorifiquei sobre a Terra; acabei *a obra da qual me encarregastes.* – E vós, meu Pai, glorificai-me, pois, agora em vós mesmos, dessa glória que tive em vós antes que o mundo fosse.

"Logo eu não estarei mais no mundo; mas, por eles, estão ainda no mundo, e eu *dele retorno a vós*. Pai santo, conservai em vosso nome aqueles que me destes, a fim de que sejam um como nós."

"Eu lhes dei *vossa palavra*, e o mundo os odiou, porque não são em nada do mundo, como eu, não sou, eu mesmo, do mundo."

"Santificai-os na verdade. A vossa palavra é a própria verdade. – Assim como vós *me enviastes* ao mundo, eu também os enviei ao mundo, – e eu me santifico, a mim mesmo, por eles, a fim de que sejam também santificados na verdade."

"Eu não peço por eles somente, mas ainda por aqueles que devem crer em mim pela sua palavra; – a fim de que estejam todos juntos, como vós, meu Pai, estais em mim e eu em vós; que eles, sejam do mesmo modo, um em nós, *a fim de que o mundo creia que me enviastes*."

"Meu Pai, desejo que lá onde estou, aqueles que me destes ali estejam também comigo; a fim de que contemplem minha glória, que *me destes*, porque *me amastes antes da criação do mundo*."

"Pai justo, o mundo em nada vos conheceu; mas eu, eu vos conheci: e estes conheceram que *me enviastes*. – Eu lhes fiz conhecer vosso nome e o farei conhecer ainda, a fim de que *o amor, com o qual me amastes*, esteja neles, e que eu próprio o esteja neles." (São João, cap. XVII, v. 1 a 5, 11 a 14, de 17 a 26, *Prece de Jesus*.)

"É por isso que meu Pai me ama, porque deixo a minha vida para retomá-la. – Ninguém ma arrebata, mas sou eu que a deixo por mim mesmo; tenho o poder de deixá-la e tenho o poder de retomá-la. *É o poder que recebi de meu Pai*." (*São* João, cap. X, v. 17, 18.)

"Eles tiraram a pedra, e Jesus, levantando os olhos para o alto, disse estas palavras: *Meu Pai, eu vos dou graça pelo que me atendestes*. – Por mim, sabia que me atenderíeis sempre; mas digo isso para esse povo que me cerca, a fim de que creia que *foi vós que me enviastes*." (*Morte* de Lázaro, São João, cap. XI, v. 41, 42.)

"Eu não vos falarei muito mais, porque o príncipe deste mundo vai chegar, *embora não tenha nada em mim que lhe pertença:* mas a fim de que o mundo conheça que amo meu Pai, e que *faço o que meu Pai me ordenou*." (*São* João, cap. XIV, v. 30 e 31.)

"Se guardardes meus mandamentos, permanecereis no meu amor, como eu mesmo guardei *os mandamentos de meu Pai*, e permaneço em seu amor." (São João, cap. XV, v. 10.)

"Então Jesus, lançando uma grande exclamação, disse: Meu Pai, *reponho minha alma em vossas mãos*. E, pronunciando estas palavras, expirou." (São Lucas, cap. XXIII, v. 46.)

Uma vez que Jesus, ao morrer, repunha a sua alma entre as mãos de Deus, tinha, portanto, uma alma distinta de Deus, submissa a Deus, *portanto, não era o próprio Deus.*

As palavras seguintes dão testemunho de uma certa fraqueza humana, de uma apreensão da morte e dos sofrimentos que Jesus vai suportar, e que contrasta com a natureza, essencialmente divina, que se lhe atribui; mas elas testemunham, ao mesmo tempo, uma submissão que é a do inferior ao superior.

"Então, Jesus chegou num lugar chamado Getsêmani; e disse aos seus discípulos: Sentai-vos aqui enquanto vou ali para orar. – E tendo tomado consigo Pedro e os dois filhos de Zebedeu, *começou a se entristecer e a estar numa grande aflição.* Então, lhes disse: *Minha alma está triste até à morte;* permanecei aqui e velai comigo. – e indo um pouco mais longe, se prosternou o rosto contra a terra, pedindo e dizendo: *Meu Pai, se for possível, faça com que este cálice se afaste de mim;* não obstante, que isso seja não *como eu o quero*, mas *como o quereis.* – Veio em seguida para os seus discípulos, e tendo-os encontrado dormindo, disse a Pedro: O quê! Não pudestes velar uma meia hora comigo? – Velai e orai, a fim de que não cairdes, na tentação. O Espírito está pronto, mas a carne é fraca. – Foi-se ainda orar uma segunda vez, dizendo: "Meu Pai, se este cálice não pode passar sem que eu o beba, que a vossa vontade seja feita." (Jesus no Jardim das Oliveiras. (São Mateus, cap. XXVI, v. de 36 a 42.)

"Então, lhes disse: Minha alma está triste até à morte; permanecei aqui e velai. – E, tendo ido um pouco mais longe, se prosternou contra a terra, pedindo que, se fosse possível, *essa hora se afastasse dele*. – E dizia: Abba, meu Pai, *tudo vos é possível, transportai este cálice para longe de mim*; contudo, que a vossa vontade seja feita e não a minha." (São Marcos, cap. XIV, v. 34, 35, 36.)

"Quando chegou naquele lugar, lhes disse: Orai a fim de que não sucumbais em nada à tentação. – E estando longe deles em torno de um lanço de pedra, pôs-se de joelhos, dizendo: Meu Pai, se quereis, *afastai este cálice de mim*; contudo, que isso não seja *minha vontade que se faça,* mas a *vossa*. – Então apareceu-lhe um anjo do céu que veio fortificá-lo. – E, tendo caído em agonia, redobrou as suas preces. – E lhe veio um suor de gotas de sangue que corria até a terra." (São Lucas, cap. XXII, v. de 40 a 44.)

E na nona hora, Jesus lançou um grande grito, dizendo: Eli! Eli! Lamma Sabachthani? quer dizer: meu Deus! meu Deus! por que me abandonastes? (São Mateus, cap. XXVII, v. 46.)

"E na nona hora, Jesus lançou um grande grito, dizendo: *Meu Deus! Meu Deus! Por que me abandonastes?*" (São Marcos, cap. XX, v. 34.)

As palavras seguintes poderiam deixar alguma incerteza e dar lugar a crer numa identificação de Deus com a pessoa de Jesus; mas, além de que não poderia prevalecer sobre os termos precisos daquelas que precedem, levam ainda, nelas mesmas, a sua própria retificação.

"Eles lhe disseram: Que sois vós, pois? Jesus lhes respondeu: *eu sou o princípio de todas as coisas,* eu mesmo que vos falo. – Tenho muitas coisas a dizer de vós; *mas aquele que me enviou* é verdadeiro, e não digo senão o que aprendi com ele." (São João, cap. VII, v. 25, 26.)

"O que meu Pai me deu é maior do que todas as coisas; e ninguém pode arrebatá-lo da mão de meu Pai. *Meu Pai e eu somos uma mesma coisa.*"

Quer dizer, que seu pai e ele não são *senão um pelo pensamento,* uma vez que exprime *o pensamento* de Deus; que ele tem *a palavra* de Deus.

"Então, os judeus pegaram pedras para lapidá-lo. – e Jesus lhes disse: Fiz, diante de vós, várias boas obras *pelo poder de meu Pai*: por qual delas é que me lapidais? – Os judeus lhe responderam: Não é por nenhuma boa obra que vos lapidamos, mas por causa de vossa blasfêmia e porque, sendo homem, vos fazeis Deus. – Jesus lhes replicou: Não está escrito na vossa lei: *Eu disse que sois deuses*? – Se, pois, ela chama deuses àqueles a quem a palavra de Deus está dirigida, e que as Escrituras não possam ser destruídas, – por que dizeis que blasfemo, eu que meu Pai santificou e enviou no mundo, porque eu disse que sou filho de Deus? – Se não faço as obras de meu Pai, não me creiais; mas se as faço, quando não queirais crer em mim, crede nas minhas obras, a fim de que conheçais e creiais que meu Pai está em mim, e eu em meu Pai." (São João, cap. X, v. 29 a 38.)

Num outro capítulo, dirigindo-se aos seus discípulos, lhes disse:

"Naquele dia, conhecereis que *estou em meu Pai e vós em mim, e eu em vós.*" (São João, cap. XIV, v. 20.)

Dessas palavras, não é preciso concluir que Deus e Jesus não fazem *senão um,* de outro modo seria preciso concluir também, das mesmas palavras, que os apóstolos não fazem, igualmente, *senão um* com Deus.

IV - Palavras de Jesus depois de sua morte.

"Jesus lhes respondeu: Não me toqueis, porque ainda não subi para o meu Pai; mas ide procurar os meus irmãos e lhes dizei, de minha parte:

Eu subi para o meu Pai e vosso Pai, para meu Deus e vosso Deus." (Aparição a Maria Madalena. São João, cap. XX, v. 17.)

"Mas Jesus, aproximando-se, assim lhes falou: Todo poder *me foi dado* no céu e sobre a Terra." (Aparição aos Apóstolos. São Mateus, cap. XXVIII, v. 18.)

"Ora, sois testemunhas destas coisas; – E eu vou enviar-vos *o dom de meu Pai* que vos foi prometido." (Aparição aos Apóstolos. São Lucas, cap. XXIV, v. 48, 49.)

Tudo acusa, pois, nas palavras de Jesus, seja quando vivo, seja depois de sua morte, uma dualidade de pessoas perfeitamente distintas, assim como o profundo sentimento de sua inferioridade e de sua subordinação com relação ao Ser supremo. Por sua insistência ao afirmar espontaneamente, sem ser a isso constrangido, nem provocado, por quem quer que seja, parece querer protestar de antemão contra o papel que ele previa que se lhe seria atribuído um dia. Se tivesse guardado silêncio sobre o caráter de sua personalidade, o campo estaria aberto para todas as superstições como a todos os sistemas; mas a precisão de sua linguagem afasta toda incerteza.

Que autoridade maior se pode encontrar do que as próprias palavras de Jesus? Quando diz, categoricamente: sou ou não sou tal coisa, quem ousaria se arrogar o direito de dar-lhe um desmentido, fosse isso para colocá-lo mais alto do que ele mesmo não se coloca? Quem é que, razoavelmente, pode pretender estar mais esclarecido do que ele sobre a sua própria natureza? Que interpretações podem prevalecer contra afirmações tão formais e tão multiplicadas como estas:

"Não vim por mim mesmo, mas aquele que me enviou é o único Deus verdadeiro. – É de sua parte que venho. – Eu digo o que vi na casa de meu Pai. – Não cabe a mim vo-lo dar, mas isso será para aqueles a quem meu Pai o preparou. – Eu me vou para meu Pai, porque meu Pai é maior do que eu. – Por que me chamais bom? Não há senão Deus que seja bom. – Não falo por mim mesmo, mas meu Pai, que me enviou, foi quem me prescreveu pelo seu mandamento, o que devo dizer. – A minha doutrina não é minha doutrina, mas a doutrina daquele que me enviou. – A palavra que ouvistes, não é a minha palavra, mas a do meu Pai que ma enviou. – Não faço nada por mim mesmo, mas não digo senão aquilo que meu Pai me ensinou. – Nada pude fazer por mim mesmo. – Eu não procuro a minha vontade, mas a vontade daquele que me enviou. – Eu vos disse a verdade que aprendi de Deus. – Meu alimento é fazer a vontade daquele que me enviou. – Vós sois o único Deus verdadeiro, e Jesus Cristo que enviastes. –

Meu Pai, reponho a minha alma em vossas mãos. – Meu Pai, se for possível, fazei com que este cálice se afaste de mim. – Meu Deus, meu Deus, por que me abandonastes? – Eu subo para o meu Pai e vosso Pai, para o meu Deus e vosso Deus."

Quando se lê tais palavras, pergunta-se somente como pôde vir ao pensamento dar-lhes um sentido diametralmente oposto àquele que elas exprimem tão claramente, conceber uma identificação completa de *natureza* e de *poder* entre o senhor e aquele que se diz seu servidor. Nesse grande processo, que dura há quinze séculos, quais são as peças de convicção? Os Evangelhos, – não há outras, – que, sobre o ponto em litígio, não dão lugar a nenhum equívoco. A esses documentos autênticos, que não se pode contestar sem se inscrever em falso contra a veracidade dos evangelistas e do próprio Jesus, documentos estabelecidos por testemunhos oculares, que se lhes opõem? Uma doutrina teórica puramente especulativa, nascida três séculos mais tarde de uma polêmica estabelecida sobre a natureza abstrata do Verbo, vigorosamente combatida durante vários séculos, e que não prevaleceu senão pela pressão de um poder civil absoluto.

V - Dupla natureza de Jesus.

Poder-se-ia objetar que, em razão da dupla natureza de Jesus, suas palavras eram a expressão de seu sentimento como homem, e não como Deus. Sem examinar, neste momento, por qual encadeamento de circunstâncias se conduziu, bem mais tarde, à hipótese dessa dupla natureza, admitamo-la, por um instante, e vejamos se, em lugar de elucidar a questão, ela não a complica mais, ao ponto de torná-la insolúvel.

O que devia ser humano em Jesus era o corpo, a parte material; deste ponto de vista compreende-se que ele haja mesmo podido sofrer como homem. O que devia ser divino nele era a alma, o Espírito, o pensamento, em uma palavra, a parte espiritual do Ser. Se sentia e sofria como homem, deveria pensar e falar como Deus. Ele falou como homem ou como Deus? Está aí uma questão importante pela autoridade excepcional de seus ensinamentos. Se falou como homem, suas palavras são discutíveis; se falou como Deus elas são indiscutíveis; é preciso aceitá-las e a elas se conformar sob pena de deserção e de heresia; o mais ortodoxo seria aquele que delas se aproximasse mais.

Dir-se-á que, sob o envoltório corpóreo, Jesus não tinha consciência de sua natureza divina? Mas, se fora assim, não teria mesmo *pensado como Deus*, sua natureza divina teria ficado no estado latente; só a natureza humana teria presidido à sua missão, aos seus atos morais como aos seus atos materiais. É, pois, impossível fazer abstração de sua natureza divina durante a sua vida, sem enfraquecer a sua autoridade.

Mas se *falou como Deus*, por que esse incessante protesto contra a sua natureza divina que, nesse caso, não podia ignorar? Estaria, pois, enganado, o que seria pouco divino, ou teria conscientemente enganado o mundo, o que o seria ainda menos. Parece-nos difícil sair desse dilema.

Admitindo-se que falou ora como homem, ora como Deus, a questão se complica, pela impossibilidade de distinguir o que vinha do homem e o que vinha de Deus.

No caso, onde haveria tido motivos para dissimular a sua verdadeira natureza durante a sua missão, o meio mais simples era dela não falar, ou se exprimir como o fez em outras circunstâncias, de maneira vaga e parabólica, sobre os pontos cujo conhecimento estava reservado para o futuro; ora, tal não é aqui o caso, uma vez que as suas palavras não têm nenhuma ambiguidade.

Enfim, se, apesar de todas essas considerações, se pudesse ainda supor que, quando vivo, ignorou a sua verdadeira natureza, essa opinião não é mais admissível depois da sua ressurreição; porque, quando aparece aos seus discípulos, não é mais o homem que fala, é o Espírito desligado da matéria, que deve ter recobrado a plenitude de suas faculdades espirituais e a consciência de seu estado normal, de sua identificação com a divindade; e, entretanto, é então que diz: *Eu subo para o meu Pai e vosso Pai, para o meu Deus e vosso Deus*!

A subordinação de Jesus é ainda indicada pela sua própria qualidade de mediador, que implica a existência de uma pessoa distinta; é ele que intercede junto de seu Pai; que se oferece em sacrifício para resgatar os pecadores; ora, se é Deus, ele mesmo, ou lhe era *igual em todas as coisas*, não tinha necessidade de interceder, porque não se intercede junto de si mesmo.

VI - Opinião dos apóstolos.

Até o presente, apoiamo-nos exclusivamente nas próprias palavras do Cristo, como o único elemento peremptório de convicção, porque fora disso não pode haver senão opiniões pessoais.

De todas essas opiniões, as que têm mais valor, incontestavelmente, são as dos apóstolos, tendo em vista que eles o assistiram em sua missão, e que, se lhes deu instruções secretas quanto à sua natureza, delas se encontrará traços em seus escritos. Tendo vivido em sua intimidade, melhor do que quem quer que seja, deveriam conhecê-lo. Vejamos, pois, de que maneira o consideraram.

"Ó Israelitas, escutai as palavras que vou vos dizer: Sabeis que *Jesus de Nazaré foi um homem que Deus tornou célebre entre vós* pelas maravilhas, pelos prodígios e pelos milagres que fez por ele no vosso meio. – Entretanto, o crucificastes, e o fizestes morrer pelas mãos dos maus, tendo-o entregue *por uma ordem expressa da vontade de Deus* e por um decreto de sua presciência. – *Mas Deus o ressuscitou*, parando as dores do inferno, sendo impossível que ali fosse retido. – Porque Davi disse em seu nome: Tenho sempre o Senhor presente diante de mim, porque ele está à minha direita, a fim de que eu não seja abalado. – É por isso que o meu coração está alegre, que a minha língua cantou cânticos de alegria, e que mesmo a minha carne repousará em esperança; – porque não deixareis, minha alma no inferno, e que não permitis nunca que vosso Santo sofra a corrupção. – Vós me fizestes conhecer o caminho da vida, e me enchereis com a alegria que dá a visão do vosso rosto." (*Atos dos Apóstolos*, cap. II, v. 22 a 28. Pregação de São Pedro.)

"Depois, portanto, que foi elevado pelo poder de Deus, e que recebeu o cumprimento da promessa de que o *Pai lhe enviara o Santo Espírito,* ele difundiu esse Espírito Santo que vedes e entendeis agora; – porque Davi nunca subiu ao céu; – ora, ele mesmo disse: *O Senhor disse ao meu Senhor:* Sentai-vos à minha direita, até que eu haja reduzido os vossos inimigos a vos servir de escabelo. – Que toda a casa de Israel saiba, pois, muito certamente que *Deus fez Senhor e Cristo esse Jesus que crucificastes." (Atos dos Apóstolos,* capítulo II, v. de 33 a 36, Pregações de São Pedro.)

"Moisés disse aos nossos pais: O Senhor vosso Deus *vos suscitará, dentre os vossos irmãos, um profeta como eu*; escutai-o em tudo o que vos dirá. – Quem não escutar esse profeta será exterminado do meio do povo.

"Foi por vós primeiramente que *Deus suscitou seu filho*, e vo-lo enviou para vos bendizer, a fim de que cada um se convertesse de sua má vida." (Atos dos Ap., cap. III, v. 22, 23, 26. Pregação de São Pedro.)

"Nós vos declaramos, a todos vós e a todo povo de Israel, que é pelo nome de Nosso Senhor *Jesus Cristo de Nazaré*, o qual haveis crucificado, e que *Deus ressuscitou* dentre os mortos; foi por ele que este homem está agora curado como o vedes diante de vós." (Atos dos Ap., cap. IV, v. 10. Pregação de São Pedro.)

"Os reis da Terra foram levantados, os príncipes se uniram juntos contra o *Senhor* e contra *seu Cristo.* – Porque Herodes e Pôncio Pilatos, com os Gentios e o povo de Israel, verdadeiramente se puseram de acordo, nesta cidade, contra vosso santo *Filho Jesus,* que consagrastes pela vossa unção, para fazer tudo o que o vosso poder e o vosso conselho ordenaram dever ser feito." (Atos dos Ap. cap. IV, v. 26, 27, 28. Prece dos Apóstolos.)

"Pedro e os outros apóstolos responderam: é necessário antes obedecer a Deus do que aos homens. – O Deus de nossos Pais *ressuscitou Jesus que fizestes morrer dependurando-o no madeiro. – Foi ele que Deus elevou para a sua direita* como sendo o príncipe e o salvador, para dar a Israel a graça da penitência e a remissão dos pecados." (*V. Atos dos Ap.*, cap. V, v. 29, 30, 31. Respostas dos Apóstolos ao grande sacerdote.)

"Foi esse Moisés que disse aos filhos de Israel: Deus vos suscitará dentre vossos irmãos *um profeta como eu,* escutai-o.

Mas o Mais Alto não habita, nos templos feitos pela mão dos homens, segundo esta palavra do profeta: – O céu é o meu trono, e a terra é o meu escabelo. Que casa me edificareis, disse o Senhor? E qual poderia ser o lugar de meu repouso? "(*Atos dos Apóstolos*, cap. VII, v. 37, 48, 49. Discurso de Estêvão.)

"Mas Estêvão, estando cheio do Santo Espírito, e levantando os olhos aos céus, viu a glória de Deus, *e Jesus que estava de pé à direita de Deus,* e ele disse: Vejo *abertos os céus, e o Filho do homem* que está de pé *à direita de Deus.*

"Então, lançando grandes gritos, e tapando os ouvidos, lançaram-se juntos sobre ele; – e tendo-o arrastado fora dos muros da cidade, lapidaram-no; e as testemunhas depuseram as sua vestes aos pés de um jovem chamado Saulo (mais tarde São Paulo). – Assim lapidaram Estêvão, e invocava Jesus, e dizia: Senhor Jesus, *recebei o meu Espírito.*" (*Atos dos Apóstolos*, cap. VII, v. de 55 a 58. Martírio de Estêvão)

Estas citações testemunham claramente o caráter que os apóstolos atribuíam a Jesus . A ideia exclusiva que delas ressalta é a de sua subordinação a Deus, da constante supremacia de Deus, sem que nada ali revele *um pensamento de assimilação qualquer de natureza e de poder.* Para eles, Jesus era um *homem profeta*, escolhido e bendito por Deus. Não foi, pois, entre os apóstolos que a crença na divindade de Jesus nasceu. São Paulo, que não conhecera Jesus, mas que, de ardente perseguidor se tornou o mais zeloso e o mais eloquente discípulo da fé nova, e cujos escritos prepararam os primeiros formulários da religião cristã, não é menos explícito a esse respeito. É o mesmo sentimento de dois seres distintos, e da supremacia do Pai sobre o filho.

"Paulo, servidor de Jesus Cristo, apóstolo da vocação divina, escolhido e destinado para anunciar o evangelho de Deus, – que ele prometera antes, pelos seus profetas, nas escrituras santas, – *com respeito a seu filho, que lhe nasceu, segundo a carne, do sangue e da raça de Davi*; – que foi predestinado para ser filho de Deus, num soberano poder, segundo o Espírito de santidade, pela ressurreição dentre os mortos; com respeito, disse eu, a Jesus Cristo, nosso Senhor; – por quem recebemos a graça do apostolado, para fazer obedecer, ao mesmo tempo, todas as nações pela virtude de seu nome; – na fileira das quais estais também, como sendo chamadas por Jesus Cristo; – a vós que estais em Roma, que sois queridos de Deus, e chamados para serem santos; *que Deus, nosso Pai, e Jesus Cristo, nosso Senhor,* vos deem a graça e a paz." (Romanos, cap. I, v. 1 a 7.)

"Assim, estando justificados pela fé, tenhamos a paz com *Deus por Jesus Cristo,* nosso Senhor.

Pois por que, quando estávamos na languidez do pecado, Jesus Cristo morreu por ímpios como nós, no tempo *destinado por Deus*?

Jesus Cristo não deixou de morrer por nós no tempo *destinado por Deus*. Assim, estando agora justificados pelo seu sangue, seremos com mais forte razão livrados *por ele da cólera de Deus*.

E não somente fomos reconciliados, a nós, nos glorificamos mesmo *em Deus por Jesus Cristo*, nosso Senhor, por quem obtivemos essa reconciliação.

Se pelo pecado de um só vários morreram, a misericórdia e o dom de Deus se derramaram, com mais forte razão, abundantemente, sobre vários pela graça *de um só homem, que é Jesus Cristo*." (*Romanos,* cap. V, v. 1, 6, 9, 11, 15, 17.)

"Se somos filhos, somos também herdeiros; HERDEIROS *de Deus* e COERDEIROS de *Jesus Cristo,* desde que, todavia, soframos com ele." (*Romanos*, cap. VIII, v. 17.)

"Se vos confessais de boca que Jesus Cristo é o Senhor e se credes de coração que *Deus o ressuscitou dentre os mortos*, sereis salvos." (Romanos, cap. X, v. 9.)

"Em seguida virá a consumação de todas as coisas, *quando terá entregue o seu reino a Deus, seu Pai,* e tiver destruído todo império, toda dominação, todo poder, – porque Jesus Cristo deve reinar até que seu Pai tenha posto todos os seus inimigos sob os pés. – Ora, a morte será o último inimigo que será destruído; porque as Escrituras disseram que Deus os pôs todos sob os pés e a todos sujeitou-lhe; é indubitável que nisso é preciso excetuar *aquele que sujeitou todas as coisas*. – Quando, pois, todas as coisas estiverem submetidas ao Filho, *quando o Filho estiver, ele mesmo, submetido a aquele que lhe terá submetido todas as coisas,* a fim de que Deus seja tudo em todos." (*1a. aos Coríntios,* cap. XV, v. de 24 a 28.)

"Mas veremos que Jesus, que se tornara, por um pouco de tempo, inferior aos anjos, foi coroado de glória e de honra por causa da morte que sofreu; Deus, em sua bondade, tendo querido que ele morresse por todos, – porque era bem digno de Deus, por quem e para quem são todas as coisas, que, querendo conduzir à glória vários filhos, consumou e *aperfeiçoou pelo sofrimento*, aquele que deveria ser o chefe e o autor de sua salvação.

"Assim, aquele que santifica e aqueles que são santificados, *vêm todos de um mesmo princípio*; é por isso que não ruboriza ao chamá-los *seus irmãos*, – dizendo: Eu anunciarei o vosso nome aos meus irmãos; eu cantarei os vossos louvores no meio da *assembleia de vosso povo*. – E, alhures, porei a minha confiança em Deus. E em um outro lugar: eis-me com *os filhos que Deus me deu*.

"Eis porque foi necessário que fosse em tudo semelhante aos seus irmãos, para ser *para com Deus* um pontífice compassivo e fiel em seu ministro, a fim de expiar os pecados do povo. – porque foi das penas e dos próprios sofrimentos, pelos quais foi tentado e provado, que tirou a virtude e a força de socorrer aqueles que, são também tentados." (Hebreus, cap. II, v. de 9 a 13, 17, 18.)

"Portanto, vós meus santos irmãos, que tendes parte na vocação celeste, considerai Jesus, que é *o apóstolo e o pontífice* da religião que professamos; – que é fiel *àquele que o estabeleceu nesse cargo*, como Moisés lhe foi fiel em toda sua casa; – porque *ele foi julgado digno* de uma glória tanto maior do que a de Moisés, do que aquele que edificou a casa, e mais estimável do que a própria casa; porque não há casa que não haja sido construída por alguém. Ora, aquele que é o arquiteto e *o criador de todas as coisas é Deus." (Hebreus, cap.* III, v. de 1 a 4.)

VII - Predições dos profetas concernentes a Jesus.

Além das afirmações de Jesus e da opinião dos apóstolos, há um testemunho do qual os mais ortodoxos dos crentes não saberiam contestar o valor, uma vez que o apontam constantemente como artigo de fé; é o do próprio Deus; quer dizer, o dos profetas, falando sob a inspiração e anunciando a vinda do Messias. Ora, eis as passagens da Bíblia consideradas como a predição desse grande acontecimento.

"Eu o vejo, mas não agora; eu o vejo mas não de perto; uma estrela procede de Jacó, e um cetro se levanta de Israel e trespassa os chefes de Moab, e destruirá todos os filhos de Seth." (Números, XXIV, v. 17.)

"Eu lhes suscitarei um profeta, como tu, de *entre seus irmãos*, e colocarei as minhas palavras em sua boca, e lhes dirá ele *o que eu lhe tiver ordenado*. E ocorrerá que, quem não escutar as palavras *que dirá em meu nome*, disso lhe pedirei conta." (Deuteronômio. XVIII, v. 18, 19.)

"Ocorrerá, pois, quando os dias tiverem se cumprido para lá levar-te com teus pais que farei levantar a tua posteridade depois de ti, *um dos teus filhos*, e estabelecerei o seu reino, e ele me construirá uma casa, e afirmarei seu trono para sempre. *Eu lhe serei pai e ele me será filho*; e não retirarei a minha misericórdia dele, como a retirei daquele que foi antes de ti, *e o estabelecerei* em minha casa e em meu reino para sempre, e seu trono será afirmado para sempre." (I, Paralipômenos, XVII, v. de 11 a 14.)

"É porque o próprio Senhor vos dará um sinal. Eis: uma virgem ficará grávida, e ela parirá um filho, e será chamado seu nome Emmanuel." (Isaías, VII, v. 14.)

"Porque a criança nos nasceu, o Filho nos foi dado, e o poder foi posto sobre o seu ombro, e se chamará seu nome o Admirável, o Conselheiro, o Deus forte, o Poderoso, o Pai da eternidade, o Príncipe da paz." (Isaías, IX, v. 5)

"Eis *meu servidor*, eu o sustentarei; *é o meu eleito, minha alma nele colocou sua afeição; coloquei o meu Espírito sobre ele*; ele exercerá a justiça entre as nações.

"Não se retirará nunca, nem se precipitará nunca, até que haja estabelecido a justiça sobre a Terra, e os seres se detiverem à sua lei." (Isaías, XLII, v. 1 e 4.)

"Ele gozará do trabalho de sua alma, e nisso será saciado; e *meu servidor* justo nisso justificará vários, pelo conhecimento que terão dele e ele mesmo levará suas iniquidades." (Isaías, LIII, v. 11.)

"Rejubila-te extremamente, filha de Sião; lance gritos de alegria, filha de Jerusalém! Eis: teu rei virá a ti, justo e salvador humilde, e montará sobre um asno, e sobre o potro de uma jumenta. E proibirei os carros de guerra de Efraim, e os cavalos de Jerusalém, e o arco do combate será também proibido e teu rei falará de paz às nações; e seu domínio se estenderá desde um mar ao outro mar, e desde o rio até os confins da Terra." (Zacarias, IX, v. 9, 10.)

"E ele (o Cristo) se manterá, e governará pela força do Eterno, e com a magnificência do nome do *Eterno, seu Deus*. E eles farão as pazes, e agora será glorificado até os confins da Terra, e será ele que fará a paz. (Miqueias, V, v. 4.)

A distinção entre Deus e seu enviado futuro está caracterizada da maneira mais formal; Deus o designa *seu servidor*, por consequência seu subordinado; em suas palavras, nada há que implique a ideia de igualdade de poder, nem de consubstancialidade entre as duas pessoas. Deus ter-se-ia enganado, e os homens vindos *três séculos* após Jesus Cristo teriam visto mais justo do que ele? Tal parece ser a sua pretensão.

VIII - O Verbo se fez carne.

"No começo era o Verbo, e o Verbo estava com Deus, e o Verbo era Deus. – Ele estava no começo com Deus. – Todas as coisas foram feitas por ele; e nada do que fez não fez sem ele. – Nele estava a vida e a vida era a luz dos homens; – E a luz brilhou nas trevas, e as trevas não a compreenderam.

"Houve um homem enviado de Deus que se chamava João. – Ele veio para servir de testemunha, para dar testemunho à luz, a fim de que todos cressem por ele. – Ele não era a luz, mas veio para dar testemunho daquele que era a luz.

"Aquela era a verdadeira luz que clareia todo homem vindo neste mundo. – Ele estava no mundo e o mundo nada fez por ele, e o mundo não o conheceu. – Ele veio aos seus e os seus não o receberam. – Mas deu a todos aqueles que o receberam o poder de serem feitos filhos de Deus, àqueles que creram em seu nome, que não são nascidos do sangue nem da vontade da carne, nem da vontade do homem, mas de Deus mesmo.

"E o Verbo se fez carne e habitou entre nós; e vimos a sua glória, sua glória tal quanto o Filho único deveria recebê-la do Pai; ele, digo eu, habitou entre nós, cheio de graça e de verdade." (João, cap. 1º, v. de 1 a 14.)

Esta passagem dos Evangelhos é a única que, à primeira vista, parece encerrar implicitamente uma ideia de identificação entre Deus e a pessoa de Jesus; é também aquela sobre a qual se estabeleceu, mais tarde, a controvérsia a este respeito. Essa questão da divindade de Jesus não chegou senão gradualmente; nasceu das discussões levantadas a propósito das interpretações dadas, por alguns, às palavras *Verbo* e *Filho*. Não foi senão no quarto século que ela foi adotada, em princípio, por uma parte da Igreja. Esse dogma é, pois, o resultado de uma decisão dos homens e não de uma revelação divina.

Há de início a notar que, as palavras que citamos mais acima, são de João, e não de Jesus, e que, admitindo que não hajam sido alteradas, não exprimem, em realidade, senão uma opinião pessoal, uma indução onde se encontra o misticismo habitual de sua linguagem; elas não poderiam, pois, prevalecer contra as afirmações reiteradas do próprio Jesus.

Mas, aceitando-as tais quais são, elas não resolvem de nenhum modo a questão no sentido da divindade, porque se aplicariam igualmente a Jesus, criatura de Deus.

Com efeito, o *Verbo* é Deus, porque é a palavra de Deus. Tendo Jesus recebido essa palavra diretamente Deus. Tendo Jesus recebido essa palavra diretamente de Deus, com a missão de revelá-la aos homens, assimilou-a; a palavra divina, da qual estava penetrado, se encarnou nele; trouxe-a ao nascer, e foi com razão que João pôde dizer: *O Verbo se fez carne, e habitou entre nós*. Jesus pode, pois, estar encarregado de transmitir a palavra de Deus sem ser Deus, ele mesmo, como um embaixador transmite as palavras de seu soberano, sem ser o soberano. Segundo o dogma da divindade, é Deus que fala; na outra hipótese, ele fala pela boca de seu enviado, o que não rouba nada à autoridade de suas palavras.

Mas quem autoriza essa suposição antes do que outra? A única autoridade competente para decidir a questão são as próprias palavras de Jesus, quando disse: *"Eu nunca falei de mim mesmo, mas aquele que me enviou me prescreveu , por seu mandamento o que devo dizer; – minha doutrina não é a minha doutrina, mas a doutrina daquele que me enviou, a palavra que ouvistes não é, minha palavra, mas a de meu Pai que me enviou."* É impossível exprimir-se com mais clareza e precisão.

A qualidade de *Messias* ou *enviado,* que lhe é dada em todo o curso dos Evangelhos, implica uma posição subordinada com relação àquele que ordena; aquele que obedece não pode estar igual àquele que manda. João caracteriza essa posição secundária, e, por consequência, estabelece a dualidade das pessoas quando disse: *E vimos a sua glória, tal quanto "o Filho único deveria receber do Pai";* porque aquele que recebe não pode ser igual àquele que dá, e aquele que dá a glória não pode ser igual àquele que a recebe. Se Jesus é Deus, possui a glória por si mesmo e não a espera de ninguém; se Deus e Jesus são um único ser sob dois nomes diferentes, não poderia existir entre eles nem supremacia, nem subordinação; desde então, que não há paridade absoluta de posição, é que são dois seres distintos.

A qualificação de *Messias divino* não implica a igualdade entre o mandatário e o mandante, como a do *enviado real* entre um rei e seu representante.

Jesus era um messias divino pelo duplo motivo que tinha a sua missão de Deus, e que as suas perfeições o colocavam em relação direta com Deus.

IX - Filho de Deus e filho do homem.

O título de *Filho de Deus*, longe de implicar a igualdade, é bem antes o indício de uma submissão; ora, deve estar submetido a alguém e não a si mesmo.

Para que Jesus fosse o igual absoluto de Deus, seria necessário que fosse como ele, de toda a eternidade, quer dizer, que fosse *incriado*; ora, o dogma diz que Deus o *engendrou* de toda a eternidade; mas quem disse *engendrar* diz *criar*; que isso seja, ou não, de toda a eternidade, não se é menos uma criatura, e, como tal, subordinada a seu Criador; é a ideia implícita encerrada na palavra *Filho*.

Jesus nasceu no tempo? De outro modo dito: foi um tempo na eternidade, na eternidade passada, onde ele não existia? Ou bem é coeterno com o Pai? Tais são as sutilezas sobre as quais discutiu-se durante os séculos. Sobre qual autoridade se apoia a doutrina da coeternidade passada ao estado de dogma? Sobre a opinião dos homens que a estabeleceram. Mas esses homens, por qual autoridade fundaram a sua opinião? Isso não é sobre a de Jesus, uma vez que se declara subordinado; não é sobre a dos profetas que o anunciam como o enviado e o servidor de Deus. Em quais documentos desconhecidos, mais autênticos do que os Evangelhos encontraram essa doutrina? Aparentemente, na consciência e na superioridade de suas próprias luzes.

Deixemos, pois, essas vãs discussões que não poderiam terminar, e cuja solução mesmo, se fora possível, não tornaria os homens melhores. Digamos que Jesus é *Filho de Deus,* como todas as criaturas; ele o chama seu Pai como nós aprendemos a chamar *nosso Pai*. É o *Filho bem-amado de Deus* porque, tendo chegado à perfeição que o aproxima de Deus, possui toda a sua confiança e todo o seu afeto; ele se diz, ele mesmo, *Filho único*, não que seja o único ser chegado a esse grau, mas porque só ele estava predestinado a cumprir essa missão sobre a Terra.

Se a qualificação de *Filho de Deus* parecia apoiar a doutrina da divindade, não era, do mesmo modo daquela do *Filho do homem* que Jesus se deu em sua missão, e que fez o assunto de muitos comentários.

Para melhor compreender-lhe o verdadeiro sentido, é necessário remontar à Bíblia, onde está dada por ele mesmo ao profeta Ezequiel.

"Tal foi a imagem da glória do Senhor que me foi apresentada. Tendo, pois, visto essas coisas, lancei meu rosto por terra: e ouvi uma voz que me falava e disse: *Filho do homem*, tende-vos sobre os vossos pés e eu falarei convosco. – E o Espírito, tendo me falado da sorte, entrou em mim, e me firmou sobre os meus pés e eu o ouvi que me falava e me dizia: *Filho do homem*, eu vos envio aos filhos de Israel, para um povo apóstata que se retirou de mim. Violaram até este dia, eles e seus pais, a aliança que fiz com eles." (Ezequiel, cap. II, v. 1, 2, 3.)

"Filho do homem, eis que vos prepararam os grilhões; a eles vos prenderão e deles não saireis nunca." (Cap. III, v. 25.)

"O Senhor me dirigiu ainda a sua palavra e me disse: – E vós, Filho do homem, eis o que disse o Senhor Deus à terra de Israel: o fim vem; ele vem, esse fim, sobre os quatro cantos desta terra." (Cap. VII, v. 1, 2.)

"No décimo dia, do décimo mês, do nono ano, o Senhor me dirigiu a palavra e me disse: – Filho do homem, marcai bem esse dia que o rei de Babilônia reuniu as sua tropas diante de Jerusalém." (Cap. XXIV, v. 1, 2.)

"O Senhor me disse ainda estas palavras: – Filho do homem, vou vos ferir com uma ferida e vos arrebatar o que é mais agradável aos vossos olhos; mas não fareis nunca lamentos fúnebres; não chorareis nunca, e as lágrimas nunca correrão em vosso rosto. – Suspirareis em segredo, e não fareis luto nunca como foi feito para os mortos; vossa coroa permanecerá ligada sobre a vossa cabeça, e tereis vossos sapatos em vossos pés: não cobrireis o rosto e não comereis nunca a carne que se dá àqueles que estão no luto. – Eu falei, pois, de manhã ao povo, e à noite minha mulher morreu. No dia seguinte de manhã, fiz o que Deus me ordenara. (Cap. XXIV, v. de 15 a 18.)

"O Senhor me falou ainda e me disse: Filho do homem, profetizai com respeito aos pastores de Israel; profetizai e dizei aos pastores: Eis o que disse o Senhor Deus: Infelizes os pastores de Israel que apascentam a si mesmos: os pastores não apascentam os seus rebanhos?" (Cap. XXXIV, v. 1, 2.)

"Então eu ouvi que me falava, no interior da casa; e o homem que estava próximo de mim me disse: - Filho do homem, eis aqui o lugar de meu trono: o lugar onde porei os meus pés, e onde permanecerei para sempre no meio dos filhos de Israel, e a casa de Israel não profanará mais meu santo nome no futuro, nem eles, nem seus reis, por suas idolatrias, pelos sepulcros de seus reis, nem pelos seus nobres." (Cap. XLIII, v. 6, 7.)

"Porque Deus nunca ameaça como os homens, e não entra nunca em furor como o *Filho do homem*." (Judite, Cap. VIII, v. 15.)

É evidente que a qualificação de *Filho do homem* quer dizer isto: *que nasceu do homem*, por oposição àquilo que está fora da Humanidade. A última citação, tirada do livro de Judite, não deixa dúvida sobre o significado desta palavra, empregada num sentido muito literal. Deus não designou Ezequiel senão sob esse nome, sem dúvida para lhe lembrar que, apesar do dom da profecia que lhe foi concedido, com isso não pertencia menos à Humanidade, e a fim de que não se cresse de uma natureza excepcional.

Jesus se dá a si mesmo essa qualificação com uma persistência notável, porque não é senão em muito raras circunstâncias que se diz *Filho de Deus*. Em sua boca não pode ter outro significado que o de lembrar que, também ele, pertence à Humanidade: por aí se assimila aos profetas que o precederam e aos quais se comparou fazendo alusão à sua morte, quando disse: JERUSALÉM QUE MATA OS PROFETAS? A insistência que coloca em se designar como filho do homem, parece um protesto antecipado contra a qualidade que prevê que dar-se-lhe-á mais tarde, a fim de que seja bem constatado que ela não saiu de sua boca.

É notável que, durante essa interminável polêmica que apaixonou os homens durante uma longa série de séculos, e dura ainda, que acendeu as fogueiras e fez verter ondas de sangue, disputou-se sobre uma abstração, a natureza de Jesus, da qual se fez a pedra angular do edifício, embora disso não haja falado; e que se haja esquecido uma coisa, a de que o Cristo disse ser *toda a lei e os profetas*: o amor de Deus e do próximo, e a caridade, da qual fez a condição expressa de salvação. Agravou-se sobre a questão da afinidade de Jesus com Deus, e se passou completamente sob silêncio as virtudes que ele recomendou e das quais deu o exemplo.

O próprio Deus, se apagou diante da exaltação da personalidade do Cristo. No símbolo de Niceia, está dito simplesmente: Cremos em um Deus único, etc.; mas como é esse Deus? De nenhum modo se fez menção aos seus atributos essenciais: a soberana vontade e a soberana justiça. Essas palavras seriam a condenação dos dogmas que consagram sua parcialidade para com certas criaturas, sua inexorabilidade, seu ciúme, sua cólera, seu espírito vingativo, dos quais se autoriza para justificar as crueldades cometidas em seu nome.

Se o símbolo de Niceia, que se tornou o fundamento da fé católica, estava segundo o Espírito do Cristo, por que o anátema com que o termina? Não é a prova de que é obra da paixão dos homens? Aliás, a que se deve a sua adoção? À pressão do imperador Constantino que disso fizera uma questão mais política do que religiosa. Sem a sua ordem, o Concílio de Niceia não ocorreria; sem a intimidação que exerceu, é mais do que provável que o Arianismo o arrebataria. Portanto, dependeu da autoridade soberana de um homem que não pertencia à Igreja, que reconheceu mais tarde o erro que fizera politicamente, e que inutilmente procurou retornar sobre os seus passos conciliando as partes, para que não sejamos arianos em lugar de sermos católicos, e para que o Arianismo não fosse hoje a ortodoxia, e o catolicismo a heresia.

Depois de dezoito séculos de lutas e de disputas vãs, durante os quais se pôs completamente de lado a parte mais essencial do ensino do Cristo, a única que poderia assegurar a paz da Humanidade, se está ainda nessas discussões estéreis que não levaram senão a perturbações, engendraram a incredulidade, e cujo objeto não satisfaz mais à razão.

Há, hoje, uma tendência manifesta da opinião geral de retornar às ideias fundamentais da primitiva Igreja, e à parte moral do ensinamento do Cristo, porque é a única que pode tornar os homens melhores. Aquela é clara, positiva, e não pode dar lugar a nenhuma controvérsia. Se a Igreja houvesse seguido este caminho desde o princípio, seria hoje onipotente em lugar de estar em declínio; teria reunido a imensa maioria dos homens em lugar de estar despedaçada pelas facções.

Quando os homens caminharem sob essa bandeira, se estenderão mãos fraternas, em lugar de se lançarem anátemas e maldições, por questões que, na maioria do tempo, não compreendem.

Essa tendência da opinião é o sinal de que chegou o momento para levar a questão para o seu verdadeiro terreno.

– 12 –

Influência perniciosa das ideias materialistas

Sobre as artes em geral; sua regeneração pelo Espiritismo

Leu-se no *Courrier de Paris du Monde Illustré*, de 19 de dezembro de 1868:

"Carmouche escreveu mais de duzentas comédias e comédias musicadas, e é muito justo se o nosso tempo sabe o seu nome. É que ela é terrivelmente fugaz, essa glória dramática que excita tanto a cobiça. A menos que haja assinado obras-primas excepcionais, acha-se condenado a ver o seu nome cair no esquecimento, logo que se deixe de combater. Durante a luta mesmo, ignora-se o maior número. O público, com efeito, não se preocupa, quando olha o cartaz, senão com o título da peça; pouco lhe importa o nome daquele que a escreveu. Tentai vos lembrar de quem assinou tal ou tal obra encantadora, da qual guardastes a lembrança; quase sempre estareis na impossibilidade de vos responder. E quanto mais avancemos, tanto mais isso será assim: *as preocupações materiais se substituem, cada vez mais, às preocupações artísticas*.

"Carmouche, precisamente, contava a esse respeito uma anedota típica. Meu alfarrabista, dizia ele, com quem eu conversava acerca de meu pequeno comércio, assim se exprimia: Isso não vai mal, senhor; mas isso se modifica; não são mais os mesmos artigos que se debitam. Outrora, quando eu via vir a mim um jovem de dezoito anos, nove sobre dez vezes era para me pedir um dicionário de rimas: hoje, é para me pedir um manual de operações da bolsa."

Se as preocupações materiais se substituem às preocupações artísticas, isso, talvez, possa ser de outro modo quando se esforça por concentrar todos os pensamentos do homem sobre a vida carnal e destruir, nele, toda esperança, toda aspiração além desta existência? Essa consequência é lógica, inevitável, para aquele que não vê nada fora do pequeno círculo efêmero da vida presente. Quando não se vê nada atrás de si, nada diante de si, nada acima de si, sobre o que pode concentrar o pensamento se não for sobre o ponto onde se encontra? O sublime da arte é a poesia do ideal que nos transporta para fora da esfera estreita de nossa atividade; mas o ideal está precisamente nessa região extramaterial onde não se penetra senão pelo pensamento, que a imaginação concebe se os olhos do corpo não a percebem; ora, que inspiração o Espírito pode haurir no espírito do nada?

O pintor que não tivesse visto senão o céu brumoso, as estepes áridas e monótonas da Sibéria, e que cresse que ali está o Universo, poderia conceber e descrever a luz e a riqueza de tom da natureza tropical? Como quereis que os vossos artistas e os vossos poetas vos transportem para as regiões que não veem por seus olhos da alma, que não compreendem e nas quais mesmo eles não creem?

O Espírito não pode se identificar senão com aquilo que sabe, ou que crê ser uma verdade, e essa verdade, mesmo moral, torna-se para ele uma realidade que exprime tanto melhor quanto a sente melhor; e então, se à inteligência ele junta a flexibilidade do talento, faz passar as suas próprias impressões nas almas dos outros; quais impressões, contudo, pode provocar aquele que não as tem?

A realidade, para o materialista, é a Terra: seu corpo é tudo, uma vez que fora dele nada há, uma vez que mesmo o seu pensamento se extingue com a desorganização da matéria, como o fogo com o combustível. Ele não pode traduzir, para a linguagem da arte, senão o que vê e o que sente; ora, se não vê e não sente senão a matéria tangível, não pode transmitir outra coisa. Onde não vê senão o vazio, não pode nada haurir. Se se aventura nesse mundo desconhecido para ele, ali entra como um cego e, apesar de seus esforços para se elevar ao diapasão do ideal, permanece sobre o terra-a-terra como um pássaro sem asas.

A decadência da arte, neste século, é o resultado inevitável da concentração das ideias sobre as coisas materiais, e essa concentração, a seu turno, é o resultado da ausência de toda crença na espiritualidade do ser. O século não colhe senão o que semeou. *Quem semeia pedras não pode recolher frutas*. As artes não sairão de seu torpor senão por uma reação para as ideias espiritualistas.

E como o pintor, o poeta, o literato, o músico, poderiam ligar seu nome a obras duráveis, quando, para a maioria, não creem eles mesmo no futuro de seus trabalhos; quando não percebem que a lei do progresso, essa força invencível que arrasta atrás de si os Universos sobre os caminhos do infinito, lhes pede mais que pálidas cópias de criações magistrais dos artistas do tempo passado. Lembra-se dos Fídias, dos Apeles, dos Rafaéis, dos Migueis Ângelos, faróis luminosos que se destacam na obscuridade dos séculos decorridos, como brilhantes estrelas no meio de profundas trevas; mas quem pensa anotar o clarão de uma lâmpada lutando contra o brilhante Sol de um belo dia de verão?

O mundo caminha a passos de gigante desde os tempos históricos; as filosofias dos povos primitivos se transformaram gradualmente. As artes, que se apoiam sobre as filosofias, que delas são a consagração idealizada, deveram elas também se modificar e se transformar. É matematicamente exato dizer que, sem crença, as artes não têm, vitalidade possível, e que toda transformação filosófica conduz, necessariamente, a uma transformação artística paralela.

Em todas as épocas de transformações, as artes periclitam, porque a crença sobre a qual se apoiam não é mais suficiente para as aspirações aumentadas da Humanidade, e que os princípios novos, não sendo ainda adotados de maneira definitiva pela grande maioria dos homens, os artistas não ousam explorar, senão hesitantes, a mina desconhecida que se abre sobre os seus passos.

Durante as épocas primitivas, em que os homens não conheciam senão a vida material, onde a filosofia divinizava a Natureza, a arte procurou, antes de tudo, a perfeição da forma. A beleza corpórea era, então, a primeira das qualidades; a arte dedicou-se a reproduzi-la, a idealizá-la. Mais tarde, a filosofia entrou num caminho novo; os homens, progredindo, reconheceram, acima da matéria, uma força criadora e organizadora, recompensando os bons, punindo os maus, fazendo da caridade uma lei, um mundo novo, um mundo moral se edifica sobre as ruínas do antigo mundo. Dessa transformação nasceu uma arte nova, que fez palpitar a alma sob a forma e acrescentou, à perfeição plástica, a expressão de sentimentos desconhecidos dos antigos.

O pensamento viveu sob a matéria; ele, porém, revestiu as formas severas da filosofia cuja arte inspirava. Às tragédias de Ésquilo, aos mármores de Milo, sucederam as descrições e as pinturas de torturas físicas e morais dos condenados. A arte se eleva; reveste um caráter grandioso e sublime, mas sombrio ainda. Está, com efeito, toda inteira na pintura do inferno e do céu da Idade Média, de sofrimentos eternos, ou de uma beatitude tão longe de nós, colocada tão alto, que nos parece quase inacessível;

talvez seja porque esta última nos toque tão pouco quando a vemos reproduzida sobre a tela ou sobre o mármore.

Hoje ainda, ninguém poderia contestá-lo, o mundo está num período de transição, sacudido entre os hábitos antiquados, as crenças insuficientes do passado, e as verdades novas que lhe são progressivamente reveladas.

Como a arte cristã sucedeu a arte pagã transformando-a, a arte espírita será o complemento da transformação da arte cristã. O Espiritismo nos mostra, com efeito, o futuro sob uma luz nova e mais ao nosso alcance; por ele, a felicidade está mais perto de nós, está ao nosso lado, nos Espíritos que nos cercam e que jamais deixaram de estar em relação conosco. A morada dos eleitos, a dos condenados, não estão mais isoladas; há solidariedade incessante entre o céu e a Terra, entre todos os mundos de todos os Universos; a felicidade consiste no amor mútuo de todas as criaturas chegadas à perfeição, e numa constante atividade tendo por objetivo instruir e conduzir, a essa mesma perfeição, aqueles que estão atrasados. O inferno está no próprio coração do culpado que encontra o castigo nos seus remorsos, mas não é eterno, e o mau, entrando no caminho do arrependimento, reencontra a esperança, este sublime consolo dos infelizes.

Que fontes inesgotáveis de inspiração para a arte! Quantas obras-primas, de todos os gêneros, as ideias novas não poderiam produzir, pela reprodução das cenas tão múltiplas e tão variadas da vida espírita! Em lugar de representar os despojos frios e inanimados, ver-se-á a mãe tendo ao seu lado a sua filha querida, na sua forma radiosa e etérea: a vítima perdoa o seu carrasco; o criminoso fugindo em vão do espetáculo, sem cessar renascente, de suas ações culposas! O isolamento do egoísta e do orgulhoso, no meio da multidão; a perturbação do Espírito nascendo na vida espiritual, etc., etc.; e se o artista quer se elevar acima da esfera terrestre, nos mundos superiores, verdadeiros Édens onde os Espíritos avançados gozam da felicidade adquirida, ou reproduzir algumas cenas dos mundos inferiores, verdadeiros infernos onde as paixões reinam soberanas, quantas cenas emocionantes, quantos quadros palpitantes de interesse não haverá para se reproduzir!

Sim, certamente, o Espiritismo abre à arte um campo novo, imenso e ainda inexplorado; e quando o artista reproduzir o mundo espírita com convicção, haurirá nessa fonte as mais sublimes inspirações, e o seu nome viverá nos séculos futuros, porque *às preocupações materiais e efêmeras da vida presente, substituirá o estudo da vida futura e eterna da alma.*

– 13 –

Teoria da beleza

A beleza é uma coisa de convenção, e relativa a cada tipo? O que constitui a beleza para certos povos não é para outros uma horrível fealdade? Os negros se acham mais belos do que os brancos e *vice-versa*. Nesse conflito de gostos, há uma beleza absoluta e em que consiste ela? Somos realmente mais belos do que os Hotentotes e os Cafres, e por quê?

Esta questão que, à primeira vista, parece estranha ao objeto de nossos estudos, a ele se refere, todavia, de maneira direta, e toca o próprio futuro da Humanidade. Ela nos foi sugerida, assim como a sua solução, pela passagem seguinte de um livro muito interessante e muito instrutivo, intitulado: *As revoluções inevitáveis no globo e na Humanidade*, por Charles Richard.

O autor dedica-se a combater a opinião da degenerescência física do homem desde os tempos primitivos, e refuta, vitoriosamente, a crença na existência de uma raça primitiva de gigantes, e se dedica a provar que, do ponto de vista da força física e do talhe, os homens de hoje valem os antigos, se não os ultrapassam mesmo.

Passando à beleza das formas, assim se exprime, às páginas 44 e seguintes:

"No que toca à beleza do rosto, à graça da fisionomia, a esse conjunto que constitui a estética do corpo, a melhoria é ainda mais facilmente constatada.

"Basta, para isso, lançar um olhar sobre os tipos que os medalhões e as estátuas antigas nos transmitiram intactos através dos séculos.

"A iconografia de Visconti e o museu do conde de Clarol são, entre várias outras, duas fontes onde é fácil haurir os elementos variados desse estudo interessante.

"O que toca, primeiramente, nesse conjunto de figuras, é a rudeza dos traços, *a animalidade da expressão, a crueldade do olhar*. Sente-se, com um arrepio involuntário, que se tem relações com pessoas que vos cortariam sem piedade em pedaços, para vos dar a comer às suas moreias, assim como fazia Polion, rico gastrônomo de Roma e familiar de Augusto.

"O primeiro Brutus (Lucius-Junius), aquele que fez cortar a cabeça aos seus dois filhos e assistiu, de sangue-frio ao seu suplício, se parece a um animal de rapina. Seu perfil sinistro empresta à águia e ao mocho o que esses dois carniceiros do ar têm de mais selvagem. Não se pode duvidar, vendo-o, que não haja merecido a vergonhosa honra que a história lhe confere; se ele matou os seus dois filhos, certamente degolou sua mãe pelo mesmo motivo.

"O segundo Brutus (Marius), que apunhalou César, seu pai adotivo, precisamente na hora em que este mais contava com o seu reconhecimento e seu amor, lembra em seus traços um tolo fanático; não tem mesmo essa beleza sinistra que o artista descobre, frequentemente, nessa energia exagerada que impele ao crime.

"Cícero, o brilhante orador, o escritor espiritual e profundo, que deixou uma tão grande lembrança de sua passagem neste mundo, tem um rosto esborrachado e comum que devia torná-lo muito menos agradável ao ver do que ao escutar.

"Júlio César, o grande, o incomparável vencedor, o herói dos massacres, que fez sua entrada no reino das sombras com um cortejo de dois milhões de almas, que matara, quando vivo, foi também tão feio quanto o seu predecessor, mas num outro gênero... Seu rosto magro e ósseo, montado sobre um longo pescoço, mal ornado a propósito de uma maçã do rosto saliente, fá-lo antes parecer a um grande Palhaço feirante do que a um guerreiro.

"Galba, Vespasiano, Nerva, Caracala, Alexandre Severo, Balbino, não são somente feios, são horrendos. Num museu dos antigos tipos de nossa espécie, quase que não se encontram, aqui e ali, algumas figuras a salvar de um olhar simpático. A de Cipião, o Africano, de Pompeu, de Cômodo, de Heliogábalo, de Antinoo o favorito de Adriano, são desse pequeno número. Sem serem belas, no sentido moderno da palavra, essas figuras são, entretanto, regulares, de um aspecto agradável.

"As mulheres não são muito melhor cuidadas do que os homens, e dão lugar às mesmas notas. Lívia, filha de Augusto, tem o perfil pontudo de uma fuinha; Agripina, dá medo ver, e Messalina, como para confundir

Cabanis e Lavater, assemelha-se a uma gorda criada, mais amorosa de boa sopa do que de outra coisa.

"Os Gregos, é necessário dizê-lo, estão geralmente menos mal do que os Romanos. Os rostos de Temístocles e de Milcíades, entre outros, podem ser comparados aos mais belos tipos modernos. Mas Alcebíades, esse antepassado tão distante de nossos Richelieu e de nossos Lauzun, cujas explosões galantes enchem, só por eles, a crônica de Atenas, tem, como Messalina, muito pouco o físico de seu emprego. Ao ver os seus traços solenes e sua fronte de pensador, é tomado antes por um jurisconsulto apegado ao seu texto de lei, do que por esse audacioso fogazão, que se fazia exilar em Esparta, unicamente para *enganar* esse pobre rei Ágis, e se vangloriar depois de ter sido o amante de uma rainha.

"Qualquer que seja a pequena vantagem que pode ser concedida, sobre esse ponto, aos Gregos sobre os Romanos, quem se dá ao trabalho de comparar esses velhos tipos com os de nosso tempo, reconhecerá, sem dificuldade, que o progresso se fez nesse caminho como em todos os outros. Somente, será bom não esquecer, nessa comparação, que aqui se trata de classes privilegiadas, sempre mais belas do que as outras, e que, consequentemente, os tipos modernos a se opor aos antigos deverão ser escolhidos nos salões, e não na espelunca. Porque a pobreza, ai!, em todos os tempos, e sob todos os aspectos, jamais foi bela, e é precisamente assim para nos fazer vergonha e nos forçar a dela nos libertar um dia.

"Não quero, pois, dizer, está tão longe, que a fealdade desapareceu inteiramente de nossas frontes, e que o cunho divino se encontra, enfim, sob todas as máscaras que velam uma alma; longe de mim uma afirmação que poderia tão facilmente ser contestada por todo o mundo. Minha pretensão se limita unicamente a constatar que, num período de dois mil anos, *tão pouca coisa para uma Humanidade que tem tanto a viver*, a fisionomia da espécie melhorou de maneira já sensível.

"Creio, além disso, que as mais belas fisionomias antigas são inferiores àquelas que podemos diariamente admirar em nossas reuniões públicas, nas festas e até no corrente das ruas. Se não temesse ferir certas modéstias, e também excitar certos ciúmes, cem exemplos conhecidos de todos, no mundo contemporâneo, confirmariam a evidência do fato.

"Os adoradores do passado têm, geralmente, a boca cheia de sua famosa Vênus de Médicis, que lhes parece o ideal da beleza feminina, e não se acautelam que essa mesma Vênus passeia, todos os domingos, nos bulevares de Arles, tirada em mais de cinquenta exemplares, e que há poucas de nossas cidades, particularmente entre as do Sul, que não possuam algumas delas.

"... Em tudo o que acabamos de dizer, não comparamos nosso tipo atual senão ao de povos que nos precederam de alguns milhares de anos somente. Mas, se remontarmos mais longe nas idades, perceberemos as camadas terrestres onde dormem os restos das primeiras raças que habitaram o nosso globo, a vantagem em nosso favor virá a ser, nesse ponto, sensível, e toda degeneração a esse respeito será eliminada por si mesma.

"Sob essa influência teológica, que deteve Copérnico, Tycho-Brahe, que perseguiu Galileu, e que, nestes últimos tempos, obscureceu um instante o gênio do próprio Cuvier, a ciência hesitava em sondar os mistérios das épocas antediluvianas. O relato bíblico, admitido ao pé da letra no seu sentido mais estreito, parecia ter dito a última palavra de nossa origem e dos séculos que a separam de nós. Mas a verdade, impiedosa em seu crescimento, acabou por romper a casaca de ferro na qual queriam aprisioná-la para sempre, e para mostrar a nu as formas até aqui ocultas.

"O homem que vivia antes do dilúvio, em companhia dos mastodontes e dos ursos das cavernas, e outros grandes mamíferos hoje desaparecidos, o homem fóssil, em uma palavra, por tanto tempo negado, foi enfim encontrado e a sua existência colocada fora de dúvida. Os trabalhos recentes dos geólogos, particularmente os de Boucher de Perthes (1), de Filippi e de Lyell, nos permitem agora apreciar os caracteres físicos desse venerável antepassado do gênero humano. Ora, apesar dos contos imaginados pelos poetas sobre a beleza original, apesar do respeito que lhe é devido como ao antigo chefe de nossa raça, a ciência foi obrigada a constatar que ele era de uma fealdade prodigiosa.

"Seu ângulo facial não ultrapassava muito 70°; suas mandíbulas, de um volume considerável, estavam armadas de dentes longos e salientes; a fronte era fugente, as têmporas achatadas, o nariz esborrachado, as narinas largas; em uma palavra, o pai venerável devia se assemelhar muito mais a um orangotango do que aos seus filhos distantes de hoje. Foi ao ponto que, se não tivessem se encontrado, junto dele, machados de sílex que fabricara, e, em alguns casos, os animais que tinham ainda as marcas das feridas produzidas por essas armas informes, ter-se-ia podido duvidar do papel importante que desempenhou na nossa filiação terrestre. Não só sabia fabricar os machados de sílex, mas ainda maças e pontas de lança da mesma matéria. A galanteria antediluviana ia mesmo até confeccionar braceletes e colares

(1) Ver as duas sábias obras do Sr. Boucher de Perthes: *Do homem antediluviano e de suas obras.*, broch. in-4, e *Das Ferramentas de Pedra*, broch. in-8.

com as pequenas pedras arredondadas, que ornamentavam, nesses tempos recuados, o braço e o pescoço do sexo encantador, que se tornou muito mais exigente depois, assim como todos disso podem se convencer.

"Não sei o que pensarão a respeito as elegantes de nossos dias, cujas espáduas cintilam de diamantes; quanto a mim, eu o confesso, não posso me defender de uma emoção profunda, pensando nesse primeiro esforço do homem *apenas liberto do animal*, para comprazer-se em sua companhia, pobre e nu como ele, no seio de uma natureza inóspita, sobre a qual a sua raça deve reinar um dia. Ó nossos distantes antepassados! Se já vos amáveis, sob as vossas faces rudimentares, como poderíamos duvidar de vossa paternidade a esse sinal divino de nossa espécie?

"Está, pois, manifesto que esses informes humanos são nossos pais, uma vez que nos deixaram marcas de sua inteligência e de seu amor, atributos essenciais que nos separam do animal. Podemos, pois, examinando-os atentamente, desembaraçados das aluviões que os cobrem, medir com um compasso o progresso físico alcançado pela nossa espécie, desde o seu aparecimento sobre a Terra. Ora, esse progresso que, ainda há pouco, podia ser contestado pelo espírito de sistema e os preconceitos de educação, adquire aqui uma tal evidência que não há senão que reconhecê-lo e proclamá-lo.

"Alguns milhares de anos poderiam deixar dúvidas, algumas centenas de séculos as dissipam irrevogavelmente...

"... Quanto somos jovens e recentes em todas as coisas? Ignoramos ainda o nosso lugar e o nosso caminho na imensidade do Universo, e ousamos negar os progressos que, por falta de tempo, não puderam ainda ser suficientemente constatados. Crianças que somos, tenhamos, pois, um pouco de paciência, e os séculos, aproximando-nos do objetivo, nos revelarão os esplendores que escapam na distância, aos nossos olhos apenas entreabertos.

"Mas, desde hoje, proclamamos altamente, uma vez que a ciência já no-lo permite, o fato capital e consolador do progresso, lento mas seguro, de nosso tipo físico para esse ideal entrevisto pelos grandes artistas, através das inspirações que o céu lhes envia para nos revelar os seus segredos. O ideal não é um produto enganoso da imaginação, um sonho fugidio destinado a dar, de tempos em tempos, logro às nossas misérias, é um objetivo marcado por Deus para o nosso aperfeiçoamento, objetivo infinito, porque só o infinito, em todos os casos, pode satisfazer ao nosso espírito e oferecer-lhe uma carreira digna dele."

Dessas observações judiciosas, resulta que a forma dos corpos se modificam *num sentido determinado*, e segundo uma lei, à medida que o ser moral se desenvolve; que a forma exterior está em relação constante com o instinto e os apetites do ser moral; que quanto mais os seus instintos se aproximam da animalidade, mais a forma, igualmente, dela se aproxima; enfim, que à medida que os instintos materiais se depuram e dão lugar aos sentimentos morais, o envoltório exterior, que não está mais destinado à satisfação das necessidades grosseiras, reveste formas cada vez menos pesadas, mais delicadas, em harmonia com a elevação e a delicadeza dos pensamentos. A perfeição da forma é, assim, a consequência da perfeição do Espírito: de onde se pode concluir que o ideal da forma deve ser aquela que reveste os Espíritos no estado de pureza, a que reveste os poetas e os verdadeiros artistas, porque eles penetram, pelo pensamento, nos mundos superiores.

Há muito tempo se diz que o rosto é o espelho da alma. Esta verdade, tornada axiomática, explica esse fato vulgar, que certas fealdades desaparecem sob o reflexo das qualidades morais do Espírito, e que, muito frequentemente, prefere-se uma pessoa feia dotada de eminentes qualidades, àquela que não tem senão a beleza plástica. É que essa fealdade não consiste senão nas irregularidades da forma, mas não exclui a finura dos traços necessários à expressão dos sentimentos delicados.

Do que precede se pode concluir que a beleza real consiste na forma que mais se distancia da animalidade, e reflete melhor a superioridade intelectual e moral do Espírito, que é o ser principal. O moral influindo sobre o físico, que apropria às suas necessidades físicas e morais, segue-se: 1º que o tipo da beleza consiste na forma mais própria à expressão das mais altas qualidades morais e intelectuais; 2º que, à medida que o homem se eleva moralmente, seu envoltório se aproxima do ideal da beleza, que é a beleza angélica.

O negro pode ser belo para o negro, como um gato é belo para um gato; mas não é belo no sentido absoluto, porque os seus traços grosseiros, seus lábios espessos acusam a materialidade dos instintos; podem bem exprimir as paixões violentas, mas não saberiam se prestar às nuanças delicadas dos sentimentos e às modulações de um espírito fino. (*)

Eis porque podemos, sem fatuidade, eu creio, nos dizer mais belos do que os negros e os Hotentotes; mas talvez também seremos, para as gerações futuras, o que os Hotentotes são em relação a nós; e quem sabe

(*) Vide Nota Explicativa da Editora no final do livro.

se, quando encontrarem os nossos fósseis, não os tomarão pelos de alguma variedade de animais.

Tendo este artigo sido lido na Sociedade de Paris, foi objeto de um grande número de comunicações, apresentando todas as mesmas conclusões. Não citaremos senão as duas seguintes, como sendo as mais desenvolvidas:

Paris, 4 de fevereiro de 1889. (Méd. Senhora Malet.):

Pensastes bem, a fonte primeira de toda bondade e de toda inteligência é também a fonte de toda beleza. O amor engendra a perfeição de todas as coisas, e ele mesmo é a perfeição. – O Espírito é chamado a adquirir essa perfeição, essa essência é o seu destino. Deve, pelo seu trabalho, se aproximar dessa inteligência soberana e dessa bondade infinita; deve, pois, revestir, cada vez mais, a forma perfeita que caracteriza os seres perfeitos.

Se, nas vossas sociedades infelizes, sobre os vossos globos ainda mal equilibrados, a espécie humana está longe dessa beleza física, isso decorre de que a beleza moral está mal desenvolvida ainda. A conexão entre essas duas belezas é um fato certo, lógico, e do qual a alma, desde este mundo, tem a intuição. Com efeito, sabeis todos o quanto é penoso o aspecto de uma encantadora fisionomia desmentida pelo caráter. Se ouvis falar de uma pessoa de mérito reconhecido, a revestis em seguida com os traços mais simpáticos, e ficais dolorosamente impressionado em vista de uma fisionomia que contradiga as vossas previsões.

Que concluir disso? senão que, como todas as coisas que o futuro mantém em reserva, a alma tem a presciência da beleza à medida que a Humanidade progride e se aproxima de seu tipo divino. Nunca tireis argumentos contrários a esta afirmação da decadência aparente em que se encontra a raça mais avançada deste globo. Sim, é verdade, a espécie parece degenerar, abastardar-se; as enfermidades se abatem sobre vós antes da velhice; a própria infância sofre de doenças que não pertencem habitualmente senão a uma outra idade da vida; mas é uma transição. Vossa época é má; ela acaba e cria; acaba um período doloroso e cria uma época de regeneração física, de adiantamento moral, de progresso intelectual. A raça nova, da qual já falei, terá mais faculdades, mais cordas ao serviço do espírito; será maior, mais forte, mais bela. Desde o começo, por-se-á em harmonia com as riquezas da criação que a vossa raça, indiferente e fatigada, desdenha ou ignora; tereis feito grandes coisas por ela, e disso se aproveitará e caminhará no caminho das descobertas e dos aperfeiçoamentos, com um ardor febril do qual não conheceis a força.

Mais avançados também em bondade, os vossos descendentes farão o que não soubestes fazer desta Terra infeliz, um mundo feliz, onde o pobre não será nem repelido, nem desprezado, mas socorrido por instituições generosas e liberais. A aurora desses pensamentos já chega; seu clarão nos chega por momentos. Amigos, eis o dia, enfim, em que a luz brilhará sobre a Terra obscura e miserável, onde a raça será boa e bela segundo o grau de adiantamento que houver conquistado, onde o sinal colocado no rosto do homem não será mais o da reprovação, mas um sinal de alegria e de esperança. Então, a multidão dos Espíritos avançados virá formar entre os colonos desta Terra; estarão em maioria e tudo será concedido diante deles. A renovação se fará e a face do globo será mudada, porque essa raça será grande e poderosa, e o momento em que ela vier marcará o começo dos tempos felizes.

PAMPHILE.

(Paris, 4 de fevereiro de 1869.)

A beleza, do ponto de vista puramente humano, é uma questão muito discutível e muito discutida. Para bem julgá-la, é necessário estudá-la com curioso interesse, aquele que está sob o encantamento não poderia ter voz no capítulo. O gosto de cada um entra também em linha de conta nas apreciações que são feitas.

Não há de belo, de realmente belo, senão o que o é para todos: e essa beleza é eterna, infinita, é a manifestação divina sob os seus aspectos incessantemente variados, é Deus em suas obras, em suas leis! Eis a única beleza absoluta. – Ela é a harmonia das harmonias, e tem direito ao título de absoluta, porque não se pode conceber nada de mais belo.

Quanto ao que se convencionou chamar belo, e que é verdadeiramente digno desse título, não é necessário considerá-lo senão como uma coisa essencialmente relativa, porque se pode sempre conceber alguma coisa de mais bela, de mais perfeita. Não há senão uma única beleza, senão uma única perfeição, que é Deus. Fora dele, tudo o que decoramos com esses atributos, não são senão pálidos reflexos da beleza única, um aspecto harmonioso das mil e uma harmonias da criação.

Há tanto de harmonias quanto de objetos criados, consequentemente, tantas belezas típicas determinando o ponto culminante de perfeição que pode alcançar uma das subdivisões do elemento animado. – A pedra é bela e diversamente bela. Cada espécie mineral tem as suas harmonias, e o elemento que reúne todas as harmonias da espécie possui a maior soma de beleza à qual a espécie pode atingir.

A flor tem as suas harmonias; ela também pode possuí-las todas ou isoladamente, e ser diferentemente bela, mas não será bela senão quando as harmonias que concorrem para a sua criação estiverem harmonicamente fundidas. Dois tipos de beleza podem produzir, pela sua fusão, um ser híbrido, informe, repugnante de aspecto. Há então cacofonia! Todas as vibrações eram harmônicas isoladamente, mas a diferença de sua tonalidade produziu um desacordo no encontro das ondas vibrantes; *daí o monstro!*

Descendo na escala criada, cada tipo animal dá lugar às mesmas observações, e a ferocidade, a astúcia, a inveja mesmo, poderão dar nascimento a belezas especiais, se o princípio que determina a forma está sem cruzamento. A harmonia, mesmo no mal, produz o belo. Há o belo satânico e o belo angélico; a beleza enérgica e a beleza resignada. – Cada sentimento, cada reunião de sentimentos, desde que a reunião seja harmônica, produz um tipo de beleza particular, da qual todos os aspectos humanos são, não degenerescências, mas esboços. Também é verdadeiro dizer, não que se é mais belo, mas que mais se aproxima da beleza real à medida que se eleva para a perfeição.

Todos os tipos se unem harmonicamente no perfeito. Eis porque há o belo absoluto. – Nós que progredimos, não possuímos senão uma beleza relativa, fraca e combatida pelos elementos desarmônicos de nossa natureza.

LAVATER.

– 14 –

A música celeste

Um dia, numa das reuniões da família, o pai lera uma passagem de *O Livro dos Espíritos,* concernente à música celeste. Uma de suas filhas, boa musicista, dizia a si mesma: Mas não há música no mundo invisível; isso lhe parecia impossível, todavia, não deu a conhecer o seu pensamento. À noite, ela mesma escreveu, espontaneamente, a comunicação seguinte:

"Esta manhã, minha filha, teu pai te leu uma passagem de *O Livro dos Espíritos;* tratava-se de música, tu aprendeste que a do céu é muito mais bela do que a da Terra, os Espíritos a acham muito superior à vossa. Tudo isto é a verdade; entretanto, te dizias à parte e a ti mesma: Como Bellini poderia vir me dar conselhos e ouvir a minha música? Provavelmente, foi algum Espírito leviano e farsante. (Alusão aos conselhos que o Espírito de Bellini lhe dava, às vezes, sobre a música.) Tu te enganas, minha filha, quando os Espíritos tomam um encarnado sob a sua proteção, seu objetivo é fazê-lo avançar.

"Assim, Bellini não acha mais a sua música bela, porque não pode compará-la à do espaço, mas ele vê a tua aplicação e o teu amor por essa arte, se te dá conselhos é por satisfação sincera; deseja que teu professor seja recompensado por todo o seu trabalho; mesmo achando teu divertimento muito infantil, diante das sublimes harmonias do mundo invisível, aprecia teu talento que se pode chamar grande sobre essa Terra. Crede-o, minha filha, o som de vossos instrumentos, vossa mais bela voz, não poderiam vos dar a mais fraca ideia da música celeste e de sua suave harmonia."

Alguns instantes depois, a jovem disse: "Papai, papai, eu adormeço, eu caio..." Logo abateu-se sobre uma poltrona exclamando: "Ó! papai, papai, que música deliciosa!... Desperte-me, porque para lá me vou."

Os assistentes, assustados, não sabendo como despertá-la, ela disse:

"Água, água." Com efeito, algumas gotas lançadas sobre o seu rosto produziram um pronto resultado; de início aturdida, retornou lentamente a si, sem ter a menor consciência do que se passara.

Na mesma noite, estando o pai só, obteve a explicação seguinte do Espírito de São Luís:

"Quando lias, para a tua filha, a passagem de *O Livro dos Espíritos* tratando da música celeste, ela estava na dúvida; não compreendia que a música pudesse existir no mundo espiritual. Eis porque, esta noite, eu lhe disse a verdade; isso não podendo persuadi-la, Deus permitiu, para convencê-la, que lhe fosse enviado um sono sonambúlico. Então, seu Espírito, se desligando de seu corpo adormecido, lançou-se no espaço e foi admitido nas regiões etéreas, seu êxtase era produzido pela impressão da harmonia celeste; também ela exclamou: "Que música! Que música!" mas sentindo-se cada vez mais transportada nas regiões elevadas do mundo espiritual, pediu para ser despertada, tendo indicado o meio para isso, quer dizer, com água.

"Tudo se faz pela vontade de Deus. O Espírito de tua filha não duvidará mais; embora não tenha, estando desperta, conservado a memória nítida do que se passou, seu Espírito sabe no que ater-se.

"Agradecei a Deus pelos favores com os quais cumula essa criança; agradecei-lhe por dignar-se, cada vez mais, vos fazer conhecer a sua onipotência e a sua bondade. Que suas bênçãos se derramem sobre vós e sobre esse médium feliz entre mil!"

Nota. Perguntar-se-á, talvez, que convicção pode resultar para essa jovem daquilo que ouviu, se disso não se lembra mais. Se, no estado de vigília, os detalhes se apagaram de sua memória, o Espírito se lembra; resta nele uma intuição que modifica os seus pensamentos; em lugar de fazer oposição, aceitará sem dificuldade as explicações que lhe serão dadas porque as compreenderá, e, intuitivamente, as achará de acordo com o seu sentimento íntimo.

O que se passou aqui, por um fato isolado, no espaço de alguns minutos, durante a curta excursão que o Espírito da jovem fez no mundo espiritual, é análogo ao que ocorre de uma existência a outra quando o Espírito, que se encarna, possui luzes sobre um assunto qualquer; ele se apropria, sem dificuldade, de todas as ideias que se relacionam com esse assunto, se bem que não se lembre, como homem, da maneira pela qual as adquiriu. As ideias, ao contrário, para as quais não está maduro, entram com dificuldade em seu cérebro.

Assim se explica a facilidade com que certas pessoas assimilam as ideias espíritas. Essa ideias não fazem senão despertar nelas as que já possuíam; são espíritas de nascimento como outras são poetas, músicos ou matemáticos. Elas compreendem da primeira palavra, e não têm necessidade de fatos materiais para se convencerem. Incontestavelmente, é um sinal de adiantamento moral e do princípio espiritual.

Na comunicação acima está dito: "Agradecei a Deus pelos favores com os quais cumula essa criança; que suas bênçãos se derramem sobre este médium, feliz entre mil." Estas palavras pareceriam indicar um favor, uma preferência, um privilégio, ao passo que o Espiritismo nos ensina que Deus, sendo soberanamente justo, nenhuma de suas criaturas é privilegiada, e que não facilita mais o caminho a uns do que aos outros. Sem nenhuma dúvida, o mesmo caminho está aberto a todo o mundo, mas nem todos o percorrem com a mesma rapidez: e com o mesmo fruto; nem todos aproveitarão igualmente as instruções que recebem. O Espírito dessa criança, embora jovem como encarnada, sem dúvida, já viveu muito, e certamente progrediu.

Os bons Espíritos, encontrando-a então dócil aos seus ensinos, se alegram em instruí-la, como faz o professor com o aluno em que encontra felizes disposições; é a esse título que é médium feliz entre muitos outros que, por seu adiantamento moral, não tiram nenhum fruto de sua mediunidade. Não há, pois, neste caso, nem favor, nem privilégio, mas sim uma recompensa; se o Espírito cessasse de ser digno dela, logo seria abandonada por seus bons guias, para ver acorrer, ao seu redor, uma multidão de maus Espíritos.

– 15 –

A música espírita

Recentemente, na sede da Sociedade Espírita de Paris, o Presidente me deu a honra de pedir a minha opinião sobre o estado atual da música e sobre as modificações que lhe poderiam trazer a influência das crenças espíritas. Se não me entreguei em seguida a esse benevolente e simpático pedido, crede-o bem, senhores, que só uma causa maior motivou a minha abstenção.

Os músicos, meu Deus! são homens como os outros, mais homens talvez, e, a esse título, são fracos e pecáveis. Não fui isento de fraquezas, e se Deus me fez a vida longa, a fim de me dar o tempo de me arrepender, a embriaguez do sucesso, a complacência dos amigos, a bajulação dos aduladores, frequentemente, disso me retiraram a possibilidade. Um maestro é uma força, neste mundo onde o prazer desempenha tão grande papel. Aquele cuja arte consiste em seduzir os ouvidos, a comover o coração, vê muitas armadilhas se criarem sob os seus passos, e nelas cai, o infeliz! Embriaga-se com a embriaguez dos outros; os aplausos lhe tapam os ouvidos, e vai direto ao abismo, sem procurar um ponto de apoio para resistir ao arrastamento.

Entretanto, apesar dos meus erros, eu tinha fé em Deus; acreditava na alma que vibrava em mim e, desligado de sua carga sonora, ela depressa reconheceu-se no meio das harmonias da criação e confundiu a sua prece com aquelas que se elevam da Natureza ao infinito da criação, ao Ser incriado!....

Estou feliz pelo sentimento que provocou a minha vinda entre os espíritas, porque foi a simpatia que a ditou, e, se a curiosidade de início me atraiu, é ao meu reconhecimento que devereis a minha apreciação da questão que me foi colocada. Eu estava lá, prestes a partir, crendo tudo saber, quando o meu orgulho caindo me revelou minha ignorância. Eu permanecia mudo, e escutava: retornei, instruí-me, e quando, às palavras de verdade emitidas pelos vossos instrutores, se juntaram a reflexão e a meditação, eu disse a mim: O grande maestro Rossini, o criador de tantas obras de arte, segundo os homens, não fez, ai de mim! senão debulhar algumas das pérolas menos perfeitas do escrínio musical criado pelo Mestre dos mestres. Rossini juntou notas, compôs melodias, saboreou no copo que contém todas as harmonias; furtou algumas centelhas ao fogo sagrado, mas esse fogo sagrado, nem ele nem outros não o criaram! – Não inventamos nada: copiamos do grande livro da Natureza e a multidão aplaude quando não deformamos muito a partitura.

Uma dissertação sobre a música celeste! Quem poderia disso se encarregar? Que Espírito sobre-humano poderia fazer vibrar a matéria em uníssono dessa arte encantadora! Que cérebro humano, que Espírito encarnado poderia dela apreender as nuanças variadas ao infinito?... Quem possui, nesse ponto, o sentimento da harmonia?... Não, o homem não está feito para semelhantes condições!... Mais tarde?... bem mais tarde!...

Esperando, talvez venha logo satisfazer ao vosso desejo e vos dar a minha apreciação sobre o estado atual da música, e dizer-vos das transformações, dos progressos que o Espiritismo poderá nela introduzir. – Hoje é muito cedo ainda. O assunto é vasto, já o estudei, mas me excede ainda; quando nele for mestre, se todavia a coisa for possível, ou melhor, quando tiver entrevisto tanto quando o estado de meu Espírito mo permitirá, eu vos satisfarei; mas ainda um pouco de tempo. Se um músico pode falar sozinho da música do futuro, deve fazê-lo como mestre, e Rossini não quer, dela falar como um escolar.

ROSSINI

(Médium, Sr. Desliens).

O silêncio que guardei sobre a questão que o Mestre da Doutrina Espírita me dirigiu, foi explicado. Era conveniente, antes de abordar esse difícil assunto, me recolher, me lembrar, e condensar os elementos que estão sob a minha mão. Eu não tinha, que estudar a música, tinha somente que classificar os argumentos com método, a fim de apresentar um resumo capaz de dar a ideia de minha concepção sobre a harmonia. Esse trabalho, que não fiz sem dificuldade, está terminado, e estou pronto a submetê-lo à apreciação dos espíritas.

A harmonia é difícil de definir; frequentemente, confundem-na com a música, com os sons resultantes de um arranjo de notas, e de vibrações de instrumentos produzindo esse arranjo. Mas a harmonia não é, isso, não mais do que a chama não é a luz. A chama resulta da combinação de dois gases, é tangível; a luz que ela projeta é um efeito dessa combinação, e não a própria chama: ela não é tangível. Aqui, o efeito é superior à causa. Assim ocorre com a harmonia; ela resulta de um arranjo musical, é um efeito que é igualmente superior à causa: A causa é brutal e tangível; o efeito é sutil e não é tangível.

Pode-se conceber a luz sem chama e compreende-se a harmonia sem música. A alma está apta a perceber a harmonia fora de todo concurso de instrumentação, como está apta para ver a luz fora de todo concurso de combinações materiais. A luz é um sentido íntimo que a alma possui: quanto mais esse sentido está desenvolvido, melhor ela percebe a luz. A harmonia é igualmente um sentido íntimo da alma: ela é percebida em razão do desenvolvimento desse sentido. Fora das causas tangíveis, a luz e a harmonia são de essência divina; são as possuídas em razão dos esforços que se fazem para adquiri-las. Se comparo a luz e a harmonia, é para melhor me fazer compreender, e porque também esses dois sublimes gozos da alma são filhos de Deus e, por conseguinte, irmãos.

A harmonia do espaço é tão complexa, tem tantos graus que conheço, e muito mais ainda que me estão ocultos no éter infinito, que aquele que está colocado numa certa altura de percepções, está como saído do espanto contemplando essas harmonias diversas, que constituiriam, se estivessem reunidas, a mais insuportável cacofonia; ao passo que, ao contrário, percebidas, separadamente, constituem a harmonia particular a cada grau. Essas harmonias são elementares e grosseiras nos graus inferiores; levam ao êxtase nos graus superiores. Tal harmonia que fere um Espírito de percepções sutis, extasia um Espírito de percepções grosseiras; e quando é dado, ao Espírito inferior se deleitar nas delícias das harmonias superiores, o êxtase o toma e a prece entra nele; o arrebatamento o transporta para as esferas elevadas do mundo moral; ele vive de uma vida superior à sua e gostaria de viver sempre assim. Mas quando a harmonia cessa de penetrá-lo, ele desperta, ou, querendo-se, ele adormece; em todos os casos, retorna à realidade de sua situação, e, nos lamentos que deixa escapar por ter descido, se exala uma prece ao Eterno, para pedir a força de subir. É para ele um grande motivo de estímulo.

Eu não tentaria dar a explicação dos efeitos musicais que o Espírito produz agindo sobre o éter; o que é certo é que o Espírito produz os sons que quer, e que não pode querer o que não sabe. Ora, portanto, aquele que compreende muito, que tem nele a harmonia, que dela está saturado, que goza, ele mesmo, de seu sentido íntimo, desse nada impalpável, dessa abstração que é a concepção da harmonia, age quando quer sobre o fluido universal que, instrumento fiel, reproduz o que o Espírito concebe e quer. O éter vibra sob a ação da vontade do Espírito; a harmonia que este último traz em si se concretiza, por assim dizer, ela se exala doce e suave como o perfume da violeta, ou ruge como a tempestade, ou ela explode como o raio, ou se lamenta como a brisa; é rápida como o relâmpago, ou lenta como a nuvem; é quebrada como um soluço, ou unida como uma relva; é desgrenhada como uma catarata, ou calma como um lago; murmura como um regato ou ronca como uma torrente. Ora tem a aspereza agreste das montanhas, ora a frescura de um oásis; ela é alternativamente triste e melancólica como a noite, jovem e alegre como o dia; é caprichosa como a criança, consoladora como a mãe e protetora como o pai; é desordenada como a paixão, límpida como o amor, e grandiosa como a Natureza. Quando ela está neste último termo, confunde-se com a prece, glorifica Deus, e coloca no arrebatamento aquele mesmo que a produz ou a concebe.

Ó comparação! Comparação! Por que é necessário ser obrigado a te empregar! Por que é necessário se dobrar às tuas necessidades degradantes e emprestar, à natureza tangível, imagens grosseiras para fazer conceber a sublime harmonia na qual o Espírito se deleita. E ainda, apesar das comparações, não se pode fazer compreender essa abstração que é um sentimento íntimo quando ela é causa, e uma sensação quando se torna efeito.

O Espírito que tem o sentimento íntimo da harmonia é como o Espírito que tem a aquisição intelectual; ele goza constantemente, um e o outro, da propriedade inalienável que amontoaram. O Espírito inteligente, que ensina a sua ciência àqueles que ignoram, sente a felicidade de ensinar porque torna felizes aqueles a quem instrui; o Espírito que faz o éter ressoar com acordes da harmonia que está nele, experimenta a felicidade de ver satisfeitos aqueles que o escutam.

A harmonia, a ciência e a virtude são as três concepções do Espírito; a primeira o extasia, a segunda o esclarece, a terceira o eleva. Possuídas em suas plenitudes, elas se confundem e constituem a pureza. Ó Espíritos puros que as contendes! Descei às nossas trevas e clareai a nossa marcha; mostrai-nos o caminho que tomastes, a fim de que sigamos as vossas pegadas!

E quando penso que esses Espíritos, dos quais posso compreender a existência, são seres finitos, átomos, em face do Senhor universal e eterno, minha razão fica confundida pensando na grandeza de Deus e da felicidade infinita que saboreia em si mesmo, pelo único fato de sua pureza infinita, uma vez que tudo o que a criatura adquire não é senão uma parcela que emana do Criador. Ora, se a parcela chega a fascinar pela vontade, a cativar e a deslumbrar pela suavidade, a resplandecer pela virtude, que deve produzir, pois, a fonte eterna e infinita de onde ela é tirada? Se o Espírito, ser criado, chega a haurir em sua pureza tanto de felicidade, que ideia se deve ter daquela que o Criador possui em sua pureza absoluta? Eterno problema!

O compositor que concebe a harmonia a traduz na grosseira linguagem que se chama música; concretiza a sua ideia, ele escreve. O artista estuda a forma e agarra o instrumento que permite representar a ideia. O ar, posto em movimento pelo instrumento, leva-a ao ouvido que a transmite à alma do ouvinte. Mas o compositor ficou impossibilitado de representar inteiramente a harmonia que concebera, por falta de uma linguagem suficiente; executando-a, por sua vez, não compreendeu toda a ideia escrita, e o instrumento indócil, do qual se serve, não lhe permite traduzir tudo o que ele compreendeu. O ouvido é ferido por um ar grosseiro que o cerca, e a alma recebe, enfim, por um órgão rebelde, a horrível tradução da ideia nascida na alma do maestro. A ideia do maestro era o seu sentimento íntimo, embora desvirtuada pelos agentes de instrumentação e de percepção, ela produziu, entretanto, sensações naqueles que o ouviram traduzir; essas sensações são a harmonia. A música as produziu: elas são o efeito desta última. A música é posta a serviço do sentimento para produzir a sensação. O sentimento, no compositor, é a harmonia; a sensação, no ouvinte, é também harmonia, com esta diferença de que ela é concebida por um e recebida pelo outro. A música é o *médium* da harmonia, ela a recebe e a dá, como o refletor é o *médium* da luz, como tu és o *médium* dos Espíritos. Ela a torna mais ou menos desvirtuada segundo seja mais ou menos executada, como o refletor devolve mais ou menos bem a luz segundo seja mais brilhante e polido, como o médium exprime mais ou menos os pensamentos dos Espíritos, segundo ele seja mais ou menos flexível.

E agora que a harmonia está bem compreendida em sua significação, que se sabe que ela é concebida pela alma e transmitida à alma, compreender-se-á a diferença que há entre a harmonia da Terra e a harmonia do espaço.

Entre vós, tudo é grosseiro: o instrumento de tradução e o instrumento de percepção; entre nós tudo é sutil: tendes o ar, nós temos o éter; tendes o órgão que obstrui e obscurece; entre nós, a percepção é direta, e nada a obscurece. Entre vós, o autor é traduzido; entre nós ele fala sem intermediário, e na língua que exprime todas as concepções. E, todavia, essas harmonias têm a mesma fonte, como a luz da Lua tem a mesma fonte que a do Sol, a harmonia da Terra não é senão o reflexo da harmonia do espaço.

A harmonia é tão indefinível quanto a felicidade, o medo, a cólera: é um sentimento. Não é compreendida senão quando possuída, e não é possuída senão quando adquirida. O homem que é alegre não pode explicar a sua alegria; aquele que tem medo não pode explicar o seu medo; eles podem dizer os fatos que provocam esses sentimentos, defini-los, descrevê-los, mas os sentimentos restam inexplicados. O fato que causa a alegria de um não produzirá nada sobre o outro; o objeto que ocasiona o medo de um produzirá a coragem de outro. As mesmas causas são seguidas de efeitos contrários; em física não é assim, em metafísica isso existe. Isso existe porque o sentimento é a propriedade da alma, e que as almas diferem entre si de sensibilidade, de impressionabilidade, de liberdade. A música, que é a causa segunda da harmonia percebida, penetra e transporta um e deixa o outro frio e indiferente. É que o primeiro está em estado de receber a impressão que produz a harmonia, e que o segundo está num estado contrário; ele ouve o ar que vibra, mas não compreende a ideia que lhe transporta. Este chega ao aborrecimento e adormece, aquele ao entusiasmo e chora. Evidentemente, o homem que gosta das delícias da harmonia é mais elevado, mais depurado, do que aquele que ela não pode penetrar; a sua alma está mais apta a sentir; liberta-se mais facilmente, e a harmonia a ajuda a libertar-se; ela a transporta e lhe permite ver melhor o mundo moral. De onde é necessário concluir que a música é essencialmente moralizadora, uma vez que leva a harmonia às almas, e que a harmonia as eleva e as engrandece.

A influência da música sobre a alma, sobre o seu progresso moral, é reconhecida por todo o mundo; mas a razão dessa influência é geralmente ignorada. Sua razão está inteiramente neste fato: que a harmonia coloca a alma sob a força de um sentimento que a desmaterializa. Este sentimento existe em um certo grau, mas se desenvolve sob a ação de um sentimento similar mais elevado. Aquele que está privado desse sentimento, a ele é levado gradativamente: acaba, ele também, por se deixar penetrar e se deixar arrastar no mundo ideal onde esquece, por um instante, os grosseiros prazeres que prefere à divina harmonia.

E agora, se se considera que a harmonia sai do concerto do Espírito, disso se deduzirá que se a música exerce uma feliz influência sobre a alma, a alma, que a concebe, exerce também uma influência sobre a música. A alma virtuosa, que tem a paixão do bem, do belo, do grande, e que adquiriu a harmonia, produzirá obras-primas capazes de penetrar as almas mais blindadas e comovê-las. Se o compositor é terra-a-terra, como representará a virtude que ele desdenha, o belo que ignora e o grande que não compreende? Suas composições serão o reflexo de seus gostos sensuais, de sua leviandade, de sua indiferença. Elas serão ora licenciosas e ora obscenas, ora cômicas, ora burlescas; comunicarão aos ouvintes os sentimentos que exprimirão e pervertê-los-ão ao invés de melhorá-los.

O Espiritismo, moralizando os homens, exercerá, pois, uma grande influência sobre a música. Produzirá mais compositores virtuosos, que comunicarão as suas virtudes fazendo ouvir as suas composições.

Rir-se-á menos, chorar-se-á mais; a hilaridade dará lugar à emoção, a fealdade dará lugar à beleza e o cômico à grandiosidade.

Por outro lado, os ouvintes que o Espiritismo terá disposto para receberem facilmente a harmonia, apreciarão, na audição da música séria, um encanto verdadeiro; desdenharão a música frívola e licenciosa que se apodera das massas. Quando o grotesco e o obsceno forem abandonados pelo belo e pelo bem, os compositores dessa ordem desaparecerão; porque, sem ouvintes, nada ganharão, e é para ganhar que eles se sujam.

Oh! sim, o Espiritismo terá influência sobre a música! Como isso seria de outro modo? Seu advento mudará a arte, depurando-a. Sua fonte é divina, sua força a conduzirá por toda a parte onde haja homens para amar, para se elevar e para compreender. Tornar-se-á o ideal e o objetivo dos artistas. Pintores, escultores, compositores, poetas, pedir-lhe-ão as suas inspirações, e ele as fornecerá, porque é rico, é inesgotável.

O Espírito do maestro Rossini, numa nova existência, retornará para continuar a arte que considera como a primeira de todas; o Espiritismo será o seu símbolo e o inspirador de suas composições.

ROSSINI. (Médium, Sr. Nivart).

– 16 –

A estrada da vida

A questão da pluralidade das existências há muito tempo preocupa os filósofos, e mais de um viu, na anterioridade da alma, a única solução possível dos problemas mais importantes da psicologia; sem esse princípio, encontraram-se parados a cada passo e acolhidos num impasse de onde não puderam sair senão com a ajuda da pluralidade das existências.

A maior objeção que se possa fazer a essa teoria é a ausência da lembrança das existências anteriores. Com efeito, uma sucessão de existências inconscientes umas das outras; deixar um corpo para retomar logo um outro sem a memória do passado, equivaleria ao nada, porque isso seria o nada do pensamento; isso seria tantos pontos de partida novos, sem ligação com os precedentes; isso seria uma ruptura incessante de todas as afeições que fazem o encanto da vida presente e a esperança mais doce e mais consoladora do futuro; isso seria, enfim, a negação de toda responsabilidade moral. Semelhante doutrina seria tão inadmissível e tão incompatível com a justiça de Deus, quanto aquela de uma só existência com a perspectiva de uma eternidade absoluta de penas para faltas temporárias. Compreende-se, pois, que aqueles que formam semelhante ideia da reencarnação a repilam, mas não é assim que o Espiritismo no-la apresenta.

A existência espiritual da alma, nos diz ele, é sua existência normal, com lembrança retrospectiva indefinida; as existências corpóreas não são senão intervalos, curtas estações na existência espiritual, e a soma de todas essas estações não é senão uma parte mínima da existência normal, absolutamente como se, numa viagem de vários anos, se parasse de tempos em tempos durante algumas horas. Se, durante as existências corpóreas, parece nela haver solução de continuidade pela ausência da lembrança, a ligação se estabelece durante a vida espiritual, que não tem interrupção; a solução de continuidade não existe, em realidade, senão para a vida corpórea exterior e de relação; e aqui a ausência da lembrança prova a sabedoria da Providência que não quis que o homem fosse muito desviado da vida real, onde tem deveres a cumprir; mas, no estado de repouso do corpo, no sono, a alma retoma em parte o seu voo, e aí se restabelece a cadeia interrompida somente durante a vigília.

A isso se pode ainda fazer uma objeção e perguntar que proveito se pode tirar de suas existências anteriores para a sua melhoria, se não se lembra das faltas que se cometeu. O Espiritismo responde primeiro que a lembrança de existências infelizes, juntando-se às misérias da vida presente, tornaria esta ainda mais penosa; é, pois, um acréscimo de sofrimentos que Deus quis nos poupar; sem isso, frequentemente, quanto não seria nossa humilhação pensando no que fomos! Quanto ao nosso adiantamento, essa lembrança é inútil. Durante cada existência, damos alguns passos adiante; adquirimos algumas qualidades e nos despojamos de algumas imperfeições; cada uma delas é, assim, um novo ponto de partida, em que somos o que nos houvermos feito, em que nos tomamos por aquilo que somos, sem ter que nos inquietarmos com aquilo que fomos. Se, numa existência anterior, fomos antropófagos, o que isso nos faz se não o somos mais? Se tivemos um defeito qualquer do qual não resta mais os traços, é uma conta liquidada, com a qual não temos nada a nos preocupar. Suponhamos, ao contrário, uma falta da qual não se corrigiu senão a metade, o saldo se reencontrará na vida seguinte e é em corrigi-lo que é preciso se fixar. Tomemos um exemplo: um homem foi assassino e ladrão; disso foi punido, seja na vida corpórea, seja na vida espiritual; arrepende-se e se corrige da primeira tendência, mas não da segunda; na existência seguinte, ele não será senão ladrão; talvez grande ladrão, mas não mais assassino; ainda um passo adiante e ele não será senão pequeno ladrão; um pouco mais tarde, não roubará mais, mas poderá ter a veleidade de roubar, que sua consciência neutralizará; depois um último esforço, e, todo traço da doença moral tendo desaparecido, será um modelo de probidade. Que lhe faz então o que foi? A lembrança de ter morrido no patíbulo não seria uma tortura, uma humilhação perpétuas? Aplicai este raciocínio a todos os vícios, a todas as manias, e podereis ver como a alma se melhora passando e repassando pela estamenha da encarnação. Deus não é mais justo por ter tornado o homem árbitro de sua própria sorte pelos esforços que pode fazer para se melhorar, do que ter feito a sua alma nascer ao mesmo tempo que seu corpo, e de condená-la a tormentos perpétuos por erros passageiros, sem dar-lhe os meios de se purificar de suas imperfeições? Pela pluralidade das existências, seu futuro está em suas mãos; se leva muito tempo para se melhorar, disso sofre as consequências: é a suprema justiça; mas a esperança jamais lhe é obstruída.

A comparação seguinte pode ajudar a fazer compreender as peripécias da vida da alma.

Suponhamos uma longa estrada, sobre o percurso da qual se encontram, de distância em distância, mas em intervalos desiguais, florestas que é preciso atravessar; à entrada de cada floresta, a estrada larga e bela é interrompida e não retoma senão na saída. Um viajor segue essa estrada e entra na primeira floresta; mas lá, não mais vereda batida; um dédalo inextricável no meio do qual se perde; a claridade do Sol desapareceu sob o espesso maciço das árvores; ele erra sem saber para onde vai; enfim, depois de fadigas extraordinárias chega aos confins da floresta, mas abatido de fadiga, rasgado pelos espinhos, machucado pelos calhaus. Lá, reencontra a estrada e a luz, e prossegue seu caminho, procurando se curar de suas feridas.

Mais longe, encontra uma segunda floresta, onde o esperam as mesmas dificuldades; mas já tem um pouco de experiência e dela sai menos contundido. Numa, encontra um lenhador que lhe indica a direção que deve seguir e impede-o de se perder. A cada nova travessia a sua habilidade aumenta, se bem que os obstáculos são mais e mais facilmente superados; seguro de reencontrar a bela estrada na saída, essa confiança o sustenta; depois sabe se orientar para encontrá-la mais facilmente. A estrada termina no cume de uma montanha muito alta, de onde avista todo o percurso desde o ponto de partida; vê também as diferentes florestas que atravessou e se lembra das vicissitudes que experimentou, mas essa lembrança nada tem de penosa, porque alcançou o objetivo; é como o velho soldado que, na calma do lar doméstico, se lembra das batalhas às quais assistiu. Essas florestas disseminadas sobre a estrada são para ele como pontos negros sobre uma condecoração branca; ele diz a si mesmo: "Quando estava nessas florestas, nas primeiras sobretudo, como me pareciam longas para atravessar! Parecia-me que não chegaria mais ao fim; tudo me parecia gigantesco e intransponível ao meu redor. E quando penso que, sem esse bravo lenhador que me recolocou no bom caminho, talvez estaria ali ainda! Agora que considero essas mesmas florestas, do ponto de vista onde estou, como me parecem pequenas! Parece-me que, com um passo, teria podido transpô-las; bem mais, a minha vista as penetra e nelas distingo os menores detalhes; vejo até as faltas que cometi."

Então, um velho lhe diz: – Meu filho, eis-te no fim da viagem, mas um repouso indefinido te causaria logo um tédio mortal, e ficarias a lamentar as vicissitudes que experimentaste e que deram atividade aos teus membros e ao teu Espírito. Vês daqui um grande número de viajores sobre a estrada que percorreste, e que, como tu, correm risco de se perder no caminho; tens a experiência, não temes mais nada; vai ao seu encontro e, pelos teus conselhos, trata de guiá-los, a fim de que cheguem mais cedo.

– Vou com alegria, redargui nosso homem; mas, ajuntou, por que não há uma estrada direta do ponto de partida até aqui? Isso pouparia, aos viajores, passar por essas abomináveis florestas.

– Meu filho, replica o velho, olha bem nelas e verás que muitos evitam um certo número delas; são aqueles que, tendo adquirido mais cedo a experiência necessária, sabem tomar um caminho mais direto e mais curto para chegar; mas essa experiência é o fruto do trabalho que as primeiras travessias necessitaram, de tal sorte que não chegam aqui senão em razão de seu mérito. Que saberias, tu mesmo, se por ali não tivesses passado? A atividade que deveste desdobrar, os recursos de imaginação que te foram necessários para te traçar um caminho, aumentaram os teus conhecimentos e desenvolveram a tua inteligência; sem isso, serias novato como em tua partida. E depois, procurando tirar-te dos embaraços, tu mesmo contribuíste para a melhoria das florestas que atravessaste; o que fizeste é pouca coisa, imperceptível; mas pensa nos milhares de viajores que o fazem também, e que, trabalhando todos para eles, trabalham, sem disso desconfiarem, para o bem comum. Não é justo que recebam o salário de seu trabalho pelo repouso do qual gozam aqui? Que direito teriam a este repouso se nada tivessem feito?

– Meu pai, refete o viajor, numa dessas florestas, encontrei um homem que me disse: "Sobre a borda há um imenso abismo que é preciso transpor de um salto; mas, sobre mil, apenas um consegue; todos os outros lhe caem no fundo, numa fornalha ardente e estão perdidos sem retorno. Esse abismo eu nunca vi."

– Meu filho, é que não existe, de outro modo isso seria uma armadilha abominável estendida a todos os viajores que viessem em minha casa. Eu bem sei que lhes é preciso superar as dificuldades, mas sei também que, cedo ou tarde, as superarão; se tivesse criado impossibilidades para um único, sabendo que deveria sucumbir, teria sido cruel, e com mais forte razão se o fizera para o grande número. Esse abismo é uma alegoria da qual vais ver a explicação. Olha sobre a estrada, nos intervalos das florestas; entre os viajores, vês os que caminham lentamente, com um ar feliz, vês esses amigos que se perderam de vista nos labirintos da floresta, como estão felizes em se reencontrarem na saída; mas, ao lado deles, há outros que se arrastam penosamente; são estropiados e imploram a piedade dos que passam, porque sofrem cruelmente das feridas que, por sua falta, fizeram a si mesmos através das sarças; mas disso se curarão, e isso será, para eles, uma lição da qual aproveitarão na nova floresta que terão que atravessar, e de onde sairão menos machucados. O abismo é a figura dos males que sofrem, e dizendo que sobre mil só um o transpõe, esse homem teve razão, porque o número dos imprudentes é muito grande; mas errou dizendo que, uma vez caído dentro, dele não se sai mais; há sempre uma saída para chegar a mim. Vai, meu filho, vai mostrar essa saída àqueles que estão no fundo do abismo; vai sustentar os feridos da estrada e mostra o caminho àqueles que atravessam as florestas.

A estrada é a figura da vida espiritual da alma, sobre o percurso da qual se é mais ou menos feliz; as florestas são as existências corpóreas, onde se trabalha para o seu adiantamento, ao mesmo tempo que para a obra geral; o viajor que chega ao objetivo e que retorna para ajudar aqueles que estão atrasados, é a dos anjos guardiães, missionários de Deus, que encontram a sua felicidade em seu objetivo, mas também na atividade que desdobram para fazerem o bem e obedecerem ao supremo Senhor.

– 17 –

As cinco alternativas da humanidade

São bem poucos os homens que vivem sem inquietação pelo dia de amanhã. Se, pois, inquieta-se pelo que se será depois de um dia de vinte e quatro horas, com mais forte razão é natural preocupar-se com o que será de nós depois do dia claro da vida, porque não se trata mais de alguns instantes, mas da eternidade. Viveremos ou não viveremos mais! Não há meio-termo; é uma questão de vida ou de morte; é a suprema alternativa!...

Interrogando-se o sentimento íntimo da quase universalidade dos homens, todos responderão: "Viveremos." Essa esperança é para eles uma consolação. Entretanto, uma pequena minoria se esforça, há algum tempo sobretudo, em provar-lhes que não viverão. Essa escola fez prosélitos, é preciso confessar, e principalmente entre aqueles que temem a responsabilidade do futuro, acham mais cômodo gozar o presente sem constrangimento, sem serem perturbados pela perspectiva das consequências. Mas não está aí senão a opinião do menor número.

Se viveremos, como viveremos? Estaremos em que condições? Aqui os sistemas variam com as crenças religiosas e filosóficas. Entretanto, todas os opiniões sobre o futuro do homem podem se reduzir a cinco alternativas principais, que vamos resumir sumariamente, a fim de que a sua comparação seja mais fácil e que cada um possa discernir, com conhecimento de causa, aquela que lhe parece mais racional e melhor responde às suas aspirações pessoais e às necessidades da sociedade. Estas cinco alternativas são as que resultam das doutrinas do *materialismo*, do *panteísmo*, do *deísmo*, do *dogmatismo*, e do *Espiritismo*.

§ I. Doutrina materialista.

A inteligência do homem é uma propriedade da matéria; nasce e morre com o organismo. O homem não é *nada antes, nada depois* da vida corpórea.

Consequências. O homem, não sendo senão matéria, não há de real e de invejável senão os gozos materiais; as afeições morais não têm futuro; os laços morais são quebrados sem retorno na morte; as misérias da vida são sem compensação; o suicídio torna-se o fim racional e lógico da existência, quando os sofrimentos são sem esperança de melhora; é inútil se impor um constrangimento para vencer os seus maus pendores; viver para si o melhor possível, enquanto estiver aqui; a estupidez de se incomodar e de sacrificar seu repouso, seu bem-estar, por outrem, quer dizer, por seres que serão aniquilados, a seu turno, e que jamais tornarão a ser vistos; deveres sociais sem base, o bem e o mal são coisas de convenção; o freio social é reduzido ao poder material da lei civil.

Nota. Talvez não será inútil lembrar aqui, aos nossos leitores, algumas passagens de um artigo que publicamos sobre o materialismo, no número da *Revista* de agosto de 1868.

"O materialismo, dizíamos nós, fazendo-se notar como não o fizera em nenhuma outra época, colocando-se como regulador supremo dos destinos morais da Humanidade, teve por efeito assustar as massas pelas consequências inevitáveis de suas doutrinas para a ordem social; por isso mesmo provocou, em favor das ideias espiritualistas, uma enérgica reação que deve provar-lhe que está longe de ter as simpatias tão gerais como supunha, e que se faz estranha ilusão esperando um dia impor as suas leis ao mundo.

"Seguramente, as crenças espiritualistas do tempo passado são insuficientes para este século; não estão no nível intelectual de nossa geração; estão, sobre muitos pontos, em contradição com os dados certos da ciência; deixam no espírito ideias incompatíveis com a necessidade do positivo que domina na sociedade moderna; têm, além disso, o erro imenso de se impor pela fé cega e proscrever o livre exame; daí, sem nenhuma dúvida, o desenvolvimento da incredulidade entre o maior número; é bem evidente que, se os homens não fossem nutridos, desde sua infância, senão com ideias a serem mais tarde confirmadas pela razão, não haveria incrédulos. Quantas pessoas, reconduzidas à crença pelo Espiritismo, nos disseram: "Se se tivessem sempre apresentado Deus, a alma e a vida futura de maneira racional, jamais teríamos duvidado!"

"Do fato que um princípio receba má ou falsa aplicação, segue-se que falta rejeitá-lo? Há coisas espirituais, como da legislação e de todas as instituições sociais, que é preciso apropriá-las ao tempo sob pena de sucumbirem. Mas, em lugar de apresentar uma coisa melhor do que o velho espiritualismo, o materialismo prefere tudo suprimir, o que o dispensa de procurar, e parece mais cômodo àqueles que a ideia de Deus e do futuro importuna. Que se pensaria de um médico que, achando que o regime de um convalescente não está bastante substancial para o seu temperamento, lhe prescrevesse nada comer?

"O que se admira encontrar, na maioria dos materialistas da escola moderna, é o espírito de intolerância, levado aos seus últimos limites, eles que reivindicam, sem cessar, o direito de liberdade de consciência!...

"... Há, neste momento, da parte de um certo partido, uma revolta contra as ideias espiritualistas em geral, na qual o Espiritismo se encontra naturalmente envolvido. O que procura não é um Deus melhor e mais justo, é o Deus matéria, menos incômodo porque não há contas a lhe prestar. Ninguém contesta, a esse partido, o direito de ter a sua opinião, de discutir as opiniões contrárias; mas o que não se saberia conceder-lhe é a pretensão, ao menos singular para os homens que se colocam como apóstolos da liberdade, de impedir, aos outros, crerem à sua maneira e discutir doutrinas que não partilham. Intolerância por intolerância. Uma não vale mais do que a outra..."

§ II. Doutrina panteísta.

O princípio inteligente ou alma, independente da matéria, no nascimento é haurido do todo universal; se individualiza em cada ser durante a vida, e, na morte, retorna à massa comum, como as gotas de chuva no Oceano.

Consequências. Sem individualidade, e sem consciência de si mesmo, o ser é como se não existisse; as consequências morais desta doutrina são exatamente as mesmas que as da doutrina materialista.

Nota. Um certo número de panteístas admite que a alma, haurida no nascimento no todo universal, conserva a sua individualidade durante um tempo indefinido, e que ela não retorna à massa senão depois de ter chegado ao último grau da perfeição. As consequências desta variedade de crença são absolutamente as mesmas que as da doutrina panteísta propriamente dita, porque é perfeitamente inútil se dar ao trabalho para adquirir alguns conhecimentos, dos quais deve perder a consciência aniquilando-se depois de um tempo relativamente curto; se a alma , geralmente, se recusa a admitir semelhante concepção, quanto deveria ela estar mais penosamente afetada, pensando que, no instante em que atingisse o conhecimento e a perfeição supremas, seria aquele em que seria condenada a perder o fruto de seus labores, perdendo a sua individualidade.

§ III. Doutrina deísta.

O deísmo compreende duas categorias bem distintas de crentes: os *deístas independentes* e os *deístas providenciais*.

Os *deístas independentes* creem em Deus; admitem todos os seus atributos como criador. Deus, dizem eles, estabeleceu as leis gerais que regem o Universo, mas essas leis, uma vez criadas, funcionam sozinhas, e seu autor não se ocupa mais de nada. As criaturas fazem o que querem ou o que podem, sem que com isso se inquietem. Não há, providência; Deus, não se ocupando conosco, nada há a agradecer-lhe, nem a pedir-lhe.

Aqueles que negam toda intervenção da providência na vida do homem são como crianças que se creem bastante razoáveis para se livrarem da tutela, dos conselhos e da proteção de seus pais, ou que pensariam que seus pais não devem mais se ocupar delas, desde que as colocou no mundo.

Sob o pretexto de glorificar a Deus, muito grande, dizem, para se abaixar até as suas criaturas, fazem dele um grande egoísta e o abaixam ao nível dos animais que abandonam seus progenitores aos elementos.

Esta crença é resultado do orgulho; é sempre o pensamento de estar submetido a uma força superior que melindra o amor-próprio e da qual procura libertar-se. Ao passo que uns recusam absolutamente essa força, outros consentem em reconhecer a sua existência, mas a condenam à nulidade.

Há uma diferença essencial entre o *deísta independente* dos quais acabamos de falar, e o *deísta providencial*; este último, com efeito, crê não só na existência e no poder criador de Deus, na origem das coisas; crê ainda em sua intervenção incessante na criação e a pede, mas não admite o culto exterior e o dogmatismo atual.

§ IV. Doutrina dogmática.

A alma, independente da matéria, é criada no nascimento de cada ser; sobrevive e conserva a sua individualidade depois da morte; a sua sorte está, desde esse momento, irrevogavelmente fixada; os seus progressos ulteriores são nulos; ela será, consequentemente, por toda a eternidade, intelectual e moralmente, o que era durante a vida. Sendo os maus condenados a castigos perpétuos e irremissíveis no inferno, disso ressalta, para eles, a inutilidade completa do arrependimento; Deus parece, assim, se recusar a lhes deixar a oportunidade de reparar o mal que fizeram. Os bons são recompensados pela visão de Deus e a contemplação perpétua no céu. Os casos que podem merecer, pela eternidade, o céu ou o inferno, são deixados para a decisão e o julgamento de homens falíveis, a quem é dado absolver ou condenar.

(*Nota*. Se se objetasse, a esta última proposição, que Deus julga em última instância, poder-se-ia perguntar qual é o valor da decisão pronunciada pelos homens, uma vez que pode ser revogada.)

Separação definitiva e absoluta dos condenados e dos eleitos. Inutilidade dos auxílios morais e das consolações para os condenados. Criação de anjos ou almas privilegiadas isentas de todo trabalho para chegar à perfeição, etc., etc.

Consequências. Esta doutrina deixa sem solução os graves problemas seguintes:

1º De onde vêm as disposições inatas, intelectuais e morais, que fazem com que os homens nasçam bons ou maus, inteligentes ou idiotas?

2º Qual é a sorte das crianças que morrem em tenra idade?

Por que entram elas na vida feliz sem o trabalho ao qual outras estão sujeitas durante longos anos?

Por que são recompensadas sem terem podido fazer o bem, ou privadas de uma felicidade sem terem feito o mal?

3º Qual é a sorte dos cretinos e dos idiotas, que não têm consciência de seus atos?

4º Onde está a justiça da miséria e das enfermidades de nascimento, uma vez que não são resultado de nenhum ato da vida presente?

5º Qual é a sorte dos selvagens e de todos aqueles que morrem forçosamente no estado de inferioridade moral, onde se encontram colocados pela própria Natureza, se não lhes é dado progredir ulteriormente?

6º Por que Deus cria almas mais favorecidas, umas do que as outras?

7º Por que chama a si, prematuramente, aqueles que teriam podido se melhorar se tivessem vivido por mais longo tempo, desde o instante que não lhes é dado avançar depois da morte?

8º Por que Deus criou anjos, chegados à perfeição sem trabalho, ao passo que outras criaturas estão submetidas às mais rudes provas, nas quais têm mais chances de sucumbir do que de sair vitoriosas? etc., etc.

§ V. Doutrina espírita.

O princípio inteligente é independente da matéria. A alma individual preexiste e sobrevive ao corpo. O mesmo ponto de partida para todas as almas, sem exceção; todas são criadas simples e ignorantes, e são submetidas ao progresso indefinido. Nenhuma criatura privilegiada é mais favorecida, umas do que as outras; os anjos são seres chegados à perfeição depois de terem passado, como as outras criaturas, por todos os graus da inferioridade. As almas, ou Espíritos, progridem mais ou menos rapidamente em virtude de seu livre-arbítrio, pelo seu trabalho e sua boa vontade. – A vida espiritual é a vida normal; a vida corpórea é uma fase temporária da vida do Espírito, durante a qual ele reveste, momentaneamente, um envoltório material de que se despoja na morte.

O Espírito progride no estado corpóreo e no estado espiritual. O estado corpóreo é necessário ao Espírito até que ele atinja um certo grau de perfeição: nele se desenvolve pelo trabalho a que está sujeito pelas suas próprias necessidades, e adquire conhecimentos práticos especiais. Uma única existência corpórea sendo insuficiente para fazê-lo adquirir todas as perfeições, retoma um corpo tão frequentemente quanto isso lhe seja necessário, e, a cada vez, nele chega com o progresso que alcançou em suas existências anteriores e na vida espiritual. Quando adquiriu no mundo tudo aquilo que pode nele adquirir, deixa-o para ir para outros mundos mais avançados, intelectual e moralmente, cada vez menos materiais, e assim continuamente até a perfeição, da qual a criatura é suscetível.

O estado feliz ou infeliz dos Espíritos é inerente ao seu adiantamento moral; sua punição é a consequência de seu endurecimento no mal, de sorte que, perseverando no mal, se punem eles mesmos; mas a porta do arrependimento jamais lhes é fechada, e podem, quando querem, retornar ao caminho do bem e chegar, com o tempo, a todos os progressos.

As crianças que morrem em tenra idade podem ser mais ou menos avançadas, porque já viveram em existências anteriores, onde puderam fazer o bem ou cometer más ações. A morte não as livra das provas que devem sofrer, e recomeçam, em tempo útil, uma nova existência sobre a Terra, em mundos superiores, segundo o seu grau de elevação.

A alma dos cretinos e dos idiotas é da mesma natureza que a de qualquer encarnado; frequentemente, a sua inteligência é superior, e sofrem a insuficiência dos meios, que têm para entrar em relação com os seus companheiros de existência, como os mudos sofrem por não poderem falar. Abusaram de sua inteligência, em suas existências anteriores, e aceitaram, voluntariamente, estar reduzidos à impossibilidade para expiarem o mal que cometeram, etc., etc.

– 18 –

A morte espiritual

A questão da *morte espiritual* é um dos princípios novos que marcam os passos do progresso da ciência espírita. A maneira pela qual foi apresentada, em certa teoria individual, de início fê-la rejeitar, porque parecia implicar, num tempo dado, a perda do *eu* individual, e assimilar as transformações da alma às da matéria, cujos elementos se desagregam para formar novo corpo. Os seres felizes e aperfeiçoados seriam, em realidade, novos seres, o que é inadmissível. A equidade das penas e dos gozos futuros não é evidente senão com a perpetuidade dos mesmos seres subindo a escala do progresso e se depurando pelo seu trabalho e os esforços de sua vontade.

Tais eram as consequências que se podiam tirar, *a priori,* dessa teoria. Todavia, nisso devemos convir, ela não foi apresentada com a bazófia de um orgulhoso vindo impor o seu sistema; o autor disse modestamente que vinha lançar uma ideia, sobre o terreno da discussão, e que da ideia poderia sair uma nova verdade. Segundo o conselho de nossos eminentes guias espirituais, teria pecado menos pelo fundo do que pela forma, que se prestou para uma falsa interpretação; foi por isso que nos convidou a estudar seriamente a questão; é o que tentaremos fazer, baseando-nos sobre a observação dos fatos que ressaltam da situação do Espírito nas duas épocas capitais, do retorno à vida corpórea e da reentrada na vida espiritual.

No momento da morte corpórea, vemos o Espírito entrar numa perturbação e perder a consciência de si mesmo, de sorte que jamais é testemunha do último suspiro de seu próprio corpo. Pouco a pouco a perturbação se dissipa e o Espírito se reconhece, como o homem que sai de um profundo sono; a sua primeira sensação é a de libertação de seu fardo carnal; depois vem a surpresa da visão do novo meio em que se encontra. Está na situação de um homem que se cloroformiza para fazer-lhe uma amputação, e que é transportado, durante o sono, para um outro lugar. Ao despertar, sente-se desembaraçado do membro que o fazia sofrer; frequentemente, procura esse membro que está surpreso de não mais sentir; do mesmo modo, no primeiro momento, o Espírito procura o corpo; ele o vê a seu lado; sabe que é o seu e se espanta por estar dele separado; não é senão pouco a pouco que ele se dá conta de sua nova situação.

Nesse fenômeno, não se opera senão uma mudança de situação material; mas, no moral, o Espírito é exatamente o que era algumas horas antes; não sofre nenhuma modificação sensível; suas faculdades, suas ideias, seus gostos, suas tendências, seu caráter são os mesmos; as mudanças que ele pode sofrer não se operam senão gradualmente pela influência do que o cerca. Em resumo, não houve morte senão para o corpo somente; para o Espírito não houve senão sono.

Na reencarnação, as coisas se passam de modo contrário.

No momento da concepção do corpo destinado ao Espírito, este é preso por uma corrente fluídica que, semelhante a um laço, o atrai e o aproxima de sua nova morada. Desde então, ele pertence ao corpo, como o corpo lhe pertence até a morte deste último; no entanto, a união completa, a tomada de posse real não ocorre senão na época do nascimento.

Desde o instante da concepção, a perturbação se apodera do Espírito; suas ideias se tornam confusas, suas faculdades se anulam; a perturbação vai crescendo à medida que o laço se aperta; é completa nos últimos tempos da gestação; de sorte que o Espírito jamais é testemunha do nascimento de seu corpo, não mais do que o foi de sua morte; disso ele não tem nenhuma consciência.

A partir do momento em que a criança respira, a perturbação se dissipa pouco a pouco, as ideias retornam gradualmente, mas em outras condições do que na morte do corpo.

No ato da reencarnação, as faculdades do Espírito não estão simplesmente entorpecidas por uma espécie de sono momentâneo, como no retorno à vida espiritual; todas, sem exceção, passam ao estado *latente*. A vida corpórea tem por objetivo desenvolvê-las pelo exercício, mas nem todas podem sê-lo simultaneamente, porque o exercício de uma poderia prejudicar o desenvolvimento de outra, ao passo que, pelo desenvolvimento sucessivo, elas se apoiam uma sobre a outra. É, pois, útil que algumas fiquem em repouso, enquanto que outras se desenvolvem; é por isso que, em sua nova existência, o Espírito pode se apresentar sob um aspecto muito diferente, sobretudo se é mais avançado do que na existência precedente.

Num, a faculdade musical, por exemplo, poderá ser muito ativa; conceberá, perceberá, e em consequência executará tudo o que é necessário ao desenvolvimento dessa faculdade; numa outra existência será a vez da pintura, dos sistemas exatos, da poesia, etc.; enquanto que essas novas faculdades se exercem, a da música ficará latente, conservando em tudo o progresso realizado. Disso resulta que, aquele que foi artista numa existência, poderá ser um sábio, um homem de Estado, um estrategista numa outra, ao passo que será nulo sob o aspecto artístico e reciprocamente.

O estado latente das faculdades, na reencarnação, explica o esquecimento das existências precedentes, ao passo que, na morte do corpo, não estando as faculdades senão no estado de sono de pouca duração, a lembrança da vida que vem de deixar é completa ao despertar.

As faculdades que se manifestam estão naturalmente em relação com a posição que o Espírito deve ocupar no mundo, e as provas que escolheu; no entanto, frequentemente, ocorre que os preconceitos sociais o deslocam, o que faz com que certas pessoas estejam, intelectual e moralmente, acima ou abaixo da posição que ocupam. Essa desclassificação, pelos entraves que traz, faz parte das provas; deve cessar com o progresso. Numa ordem social avançada, tudo se regula segundo a lógica das leis naturais, e aquele que não está apto senão para fazer sapatos, não é, pelo direito do nascimento, chamado a governar os povos.

Retornemos à criança. Até o nascimento, todas as faculdades estando no estado latente, o Espírito não tem nenhuma consciência de si mesmo. No momento do nascimento, as que devem se exercer não tomam subitamente o seu voo; seu desenvolvimento segue o dos órgãos que devem servir à sua manifestação; pela sua atividade íntima, elas levam ao desenvolvimento do órgão correspondente, como o rebento nascente leva à casca da árvore. Disso resulta que, na primeira infância, o Espírito não tem o gozo da plenitude de nenhuma de suas faculdades, não somente como encarnado, mas mesmo como Espírito; é verdadeiramente criança, como o corpo ao qual está ligado. Não se encontra comprimido penosamente no corpo imperfeito, sem isso Deus teria feito da encarnação um suplício para todos os Espíritos, bons ou maus. Ocorre de outro modo com o idiota e o cretino; não sendo os órgãos desenvolvidos paralelamente com as faculdades, o Espírito acaba por se encontrar na posição de um homem apertado pelos laços que lhe tiram a liberdade de seus movimentos. Tal é a razão pela qual se pode evocar o Espírito de um idiota e dele obter respostas sensatas, ao passo que o de uma criança de tenra idade, ou que ainda não nasceu, é incapaz de responder.

Todas as faculdades, todas as aptidões, estão em germe no Espírito, desde a sua criação; aí estão no estado rudimentar, como todos os órgãos no primeiro fiozinho do feto informe, como todas as partes da árvore na semente. O selvagem que, mais tarde, tornar-se-á homem civilizado, possui, pois, nele, os germes que, um dia, dele farão um sábio, um grande artista ou um grande filósofo.

À medida que esses germes chegam à maturidade, a Providência lhe dá, *para a vida terrestre*, um corpo apropriado às suas novas aptidões; assim é que o cérebro de um Europeu é mais completamente organizado, provido de maior número de circunvoluções do que o do selvagem. *Para a vida espiritual*, dá-lhe um corpo fluídico, ou perispírito, mais sutil, impressionável a novas sensações. À medida que o Espírito se desenvolve, a Natureza o provê dos instrumentos que lhe são necessários.

No sentido de desorganização, de desagregação das partes, de dispersão dos elementos, não há de morte senão para o envoltório material e o envoltório fluídico, mas a alma, ou Espírito, não pode morrer para progredir; de outro modo perderia a sua individualidade, o que equivaleria ao nada. No sentido de transformação, regeneração, pode-se dizer que o Espírito morre a cada encarnação para ressuscitar com novos atributos, sem deixar de ser ele mesmo. Tal um camponês, por exemplo, que se enriquece e se torna grande senhor; deixou a choupana por um palácio, a veste por uma roupa bordada; tudo está mudado em seus hábitos, em seus gostos, em sua linguagem, mesmo em seu caráter; em uma palavra, o camponês está morto, enterrou a roupa grosseira, para renascer homem do mundo, e, no entanto, é sempre o mesmo indivíduo, mas transformado.

Cada existência corpórea é, pois, para o Espírito, uma ocasião de progresso mais ou menos sensível. Reentrado no mundo dos Espíritos, leva novas ideias; seu horizonte moral se alargou; suas percepções são mais finas, mais delicadas; vê e compreende o que não via e não compreendia antes; sua visão que, no princípio, não se estendia além de sua última existência, abarca sucessivamente as suas existências passadas, como o homem que se eleva, para que o nevoeiro se dissipe, abarca sucessivamente um mais vasto horizonte. A cada nova estação na erraticidade, se desenrolam aos seus olhos novas maravilhas do mundo invisível, porque de cada uma um véu se rasga. Ao mesmo tempo, seu envoltório fluídico se depura; torna-se mais leve, mais brilhante; mais tarde será resplandescente. É um Espírito quase novo; é o componês desbastado e transformado; o velho Espírito está morto, e, entretanto, é sempre o mesmo Espírito.

É assim, cremos, que convém entender a morte espiritual.

– 19 –

A vida futura

A vida futura não é mais um problema; é um fato adquirido pela razão e pela demonstração para a quase unanimidade dos homens, porque os seus negadores não formam senão uma ínfima minoria, apesar do ruído que se esforçam por fazer. Não é, pois, a sua realidade que nos propusemos demonstrar aqui; isso seria repetir sem nada acrescentar à convicção geral. Estando o princípio admitido, como premissa, o que nos propusemos foi examinar a sua influência sobre a ordem social e a moralização, segundo a maneira pela qual é encarado.

As consequências sobre o princípio contrário, quer dizer, o niilismo, são igualmente muito bem conhecidas e muito bem compreendidas para que seja necessário desenvolvê-las pela segunda vez. Diremos simplesmente que, se fora demonstrado que a vida futura não existe, a vida presente não teria outro objetivo senão a manutenção de um corpo que, amanhã, em uma hora, poderia deixar de existir e tudo, neste caso, estaria acabado sem retorno. A consequência lógica de uma tal condição da Humanidade, seria a concentração de todos os pensamentos sobre o crescimento dos gozos materiais, sem cuidado com o prejuízo de outrem, por que então se privar, se impor sacrifícios? Que necessidade de se constranger para se melhorar, se corrigir de suas faltas? Seria, ainda, a perfeita inutilidade do remorso, do arrependimento, uma vez que não se teria nada a esperar; seria, enfim, a consagração do egoísmo e da máxima: *O mundo é dos mais fortes e dos mais espertos.* Sem a vida futura, a moral não é senão um embaraço, um código de convenção imposto arbitrariamente, mas não tem nenhuma raiz no coração. Uma sociedade fundada sobre tal crença não teria outro laço senão a força, e cairia logo em dissolução.

Que se objete que, entre os negadores da vida futura, há pessoas honestas, incapazes de fazerem conscientemente uma injustiça a outrem, e suscetíveis dos maiores devotamentos! Diremos primeiro que, entre muitos incrédulos, a negação do futuro é antes uma fanfarronice, uma jactância, o orgulho de passar por espíritos fortes, do que o resultado de uma convicção absoluta. No foro íntimo de sua consciência, há uma dúvida que os importuna, é porque procuram se atordoar; mas não é sem uma secreta dissimulação que eles pronunciam o terrível *nada* que os priva do fruto de todos os trabalhos da inteligência, e destrói para sempre as mais caras afeições. Mais de um daqueles que gritam mais alto, são os primeiros a tremer à ideia do desconhecido; também, quando se aproxima o momento fatal de entrar nesse desconhecido, bem poucos dormem o último sono com a firme convicção de que não despertarão em alguma parte, porque a Natureza jamais perde os seus direitos.

Dizemos, pois, que, entre a maioria, a incredulidade não é senão relativa; quer dizer, que a sua razão não estando satisfeita nem com os dogmas, nem com as crenças religiosas, e não tendo encontrado nenhuma parte com que encher o vazio que se fizera neles, concluíram que nada havia e construíram sistemas para justificar a negação; não são incrédulos senão por falta de melhor. Os incrédulos absolutos são muito raros, se é que existem.

Uma intuição latente e inconsciente do futuro pode, pois, reter um certo número deles sobre a encosta do mal, e poder-se-ia citar uma multidão de atos, mesmo entre os mais endurecidos, que testemunham esse sentimento secreto que os domina, à sua revelia.

É necessário dizer, também, que, qualquer que seja o grau de incredulidade, as pessoas de uma certa condição social são retidas pelo respeito humano; sua posição as obriga a manter-se numa linha de conduta muito reservada; o que temem, acima de tudo, é a infâmia e o desprezo, que, fazendo-lhes perder, pela queda da posição que ocupam, a consideração do mundo, privariam-nas dos gozos que proporcionam a si mesmas; se não têm sempre o fundo da virtude, têm ao menos o verniz. Mas, para aqueles que não têm nenhuma razão para se prender à opinião, que zombam do que dirão, e não se deixará de convir que não seja a maioria, que freio pode ser imposto ao transbordamento das paixões brutais e aos apetites grosseiros? Sobre qual base se apoia a teoria do bem e do mal, a necessidade de reformar seus maus pendores, o dever de respeitar o que os outros possuem, quando eles mesmos não possuem nada? Qual pode ser o estimulante do ponto de honra para as pessoas a quem se persuade de que não são mais do que animais? A lei, diz-se, está lá para mantê-los; mas a lei não é um código de moral que toca o coração; é uma força que sofrem, e que iludem se o podem; se tombam ao primeiro de seus golpes, é para eles uma chance má, ou uma falta de jeito, que tratam de reparar na primeira ocasião.

Aqueles que pretendem que há mais mérito, para os incrédulos, em fazer o bem sem a esperança de uma remuneração na vida futura, na qual não creem, se apoiam sobre um sofisma tão pouco fundado. Os crentes dizem também que o bem realizado tendo em vista vantagens que se pretende recolher, é menos meritório; vão mesmo mais longe, porque estão persuadidos de que, segundo o móvel que os faz agir, o mérito pode ser completamente anulado. A perspectiva da vida futura não exclui o desinteresse nas boas ações, porque a felicidade da qual ali se goza está, antes de tudo, subordinada ao grau de adiantamento moral; ora, os orgulhosos e os ambiciosos aí estão entre os menos bem favorecidos. Mas os incrédulos que fazem o bem são tão desinteressados como o pretendem? Se nada esperam do outro mundo, nada esperam deste? O amor-próprio nisso não é levado em conta? São insensíveis à aprovação dos homens? Estaria aí um grau de perfeição raro, e não cremos que haja muitos que a isso sejam levados unicamente pelo culto da matéria.

Uma objeção mais severa é esta: Se a crença na vida futura é um elemento moralizador, por que os homens que a pregaram, desde que estão sobre a Terra, são igualmente tão maus?

Primeiro, quem disse que não seriam piores sem isso? Não se poderia disso duvidar, considerando-se os resultados inevitáveis do niilismo popularizado. Não se vê, ao contrário, observando-se os diferentes escalões da Humanidade, desde a selvageria até a civilização, caminhar à frente do progresso intelectual e moral, o abrandamento dos costumes, e a ideia mais racional da vida futura? Mas esta ideia, ainda muito imperfeita, não pôde exercer a influência que ela terá, necessariamente, à medida que será melhor compreendida, e que se adquira noções mais justas sobre o futuro que nos está reservado.

Qualquer que seja a crença na imortalidade, o homem não se preocupa muito com a sua alma, senão do ponto de vista místico. A vida futura, muito pouco claramente definida, não o impressiona senão vagamente; isso não é senão um objetivo que se perde ao longe, e não um meio, porque a sorte aí está irremediavelmente fixada, e nenhuma parte lhe foi apresentada como progressiva; de onde se conclui que ele o será pela eternidade o que foi ao sair daqui. Aliás, o quadro que dela se faz, as condições determinantes da felicidade ou da infelicidade que aí se experimentam, estão longe, sobretudo num século de exame como o nosso, de satisfazer completamente à razão. Depois, ela não se liga bastante diretamente à vida terrestre; entre as duas, não há nenhuma solidariedade, mas um abismo, de sorte que aquele que se preocupa principalmente com uma das duas, perde quase sempre a outra de vista.

Sob o império da fé cega, essa crença abstrata bastara às inspirações dos homens; então, se deixavam conduzir; hoje, sob o reinado do livre exame, querem se conduzir eles mesmos, ver pelos seus próprios olhos, e compreender; as vagas noções da vida futura não estão à alturas das ideias novas, e não respondem mais às necessidades criadas pelo progresso. Com o desenvolvimento das ideias, tudo deve progredir ao redor do homem, porque tudo se liga, tudo é solidário na Natureza: ciências, crenças, cultos, legislações, meios de ação; o movimento para a frente é irresistível, porque é a lei da existência dos seres; o que quer que seja que permaneça atrasado, abaixo do nível social, é posto de lado, como as vestes que não servem mais, e, finalmente, é levado pela onda que cresce.

Assim o foi com as ideias pueris sobre a vida futura com as quais se contentavam os nossos pais; persistir em impô-las hoje, seria levar à incredulidade. Para ser aceita pela opinião, e para exercer a sua influência moralizadora, a vida futura deve se apresentar sob o aspecto de uma coisa positiva, tangível de alguma sorte, capaz de suportar o exame; satisfatória para a razão, sem nada deixar na sombra. Foi no momento em que a insuficiência das noções do futuro abria a porta à duvida e à incredulidade, que novos meios de investigação foram dados ao homem para penetrar esse mistério, e fazê-lo compreender a vida futura, em sua realidade, em seu positivismo, em suas relações íntimas com a vida corpórea.

Por que se toma, em geral, tão pouco cuidado com a vida futura? Entretanto, trata-se de uma atualidade, uma vez que se veem, cada dia, milhares de homens partirem para essa destinação desconhecida? Como cada um de nós deverá partir ao seu turno, e porque a hora da partida pode soar a qualquer minuto, parece natural inquietar-se com o que disso advirá. Por que isso não é feito? Precisamente porque a destinação é desconhecida, e que não se teve, até o presente, nenhum meio para conhecê-la. A ciência inexorável veio desalojá-la dos lugares onde estava circunscrita. Ela está perto? Está longe? Está perdida no infinito? As filosofias dos tempos passados não respondiam nada, porque elas mesmas nada sabiam disso; então, diz-se: "Será o que for"; daí a indiferença.

Ensinam-nos bem que nela se é feliz ou infeliz segundo se tenha bem ou mal vivido; mas isso é tão vago! Em que consiste essa felicidade e essa infelicidade? O quadro que dela se faz está de tal modo em desacordo com a ideia que fazemos da justiça de Deus, semeado de tantas contradições, de inconsequências, de impossibilidades radicais, que, involuntariamente, se é tomado pela dúvida, se não for pela incredulidade absoluta, e depois se diz que aqueles que se enganaram sobre os lugares assinalados para as moradas futuras puderam, do mesmo modo, ser induzidos em erro sobre as condições que marcam para a felicidade e para o sofrimento. Aliás, como estaremos naquele mundo? Ali seremos seres concretos ou abstratos? Teremos uma forma, uma aparência? Se não temos nada de material, como se pode ali sentir sofrimentos materiais? Se os felizes nada têm a fazer, a ociosidade perpétua, em lugar de uma recompensa, torna-se um suplício, a menos que se admita o Nirvana do Budismo, que não é muito invejável.

O homem não se preocupará com a vida futura senão quando nela ver um objetivo limpo e claramente definido, uma situação lógica, respondendo a todas as suas aspirações, resolvendo todas as dificuldades do presente, e nela não encontre nada que a razão não possa admitir. Se se preocupa com o dia de amanhã, é porque a vida do dia seguinte se liga intimamente à vida da véspera: elas são solidárias, uma com a outra; sabe-se que, do que se faz hoje, depende a posição de amanhã, e do que se fizer amanhã dependerá a posição do depois de amanhã, a assim por diante.

Tal deve ser, para ele, a vida futura, quando esta não estiver mais perdida nas nuvens da abstração, mas uma atualidade palpável, completamente necessária da vida presente, *uma das fases* da vida geral, como os dias são fases da vida corpórea; quando verá o presente reagir sobre o futuro, pela força das coisas, e sobretudo quando compreenderá *a reação* do *futuro sobre o presente*: quando, em uma palavra, verá o passado, o presente e o futuro se encadeando por uma inexorável necessidade, como a véspera, o dia e o dia seguinte na vida atual, oh! então as suas ideias mudarão completamente, porque verá, na vida futura, não somente um objetivo, mas um meio; não um efeito distante, mas atual; será então, também, que essa crença exercerá, forçosamente, e por uma consequência muito natural, uma ação preponderante sobre o estado social e a moralização.

Tal é o ponto de vista sob o qual o Espiritismo nos faz encarar a vida futura.

– 20 –

Perguntas e problemas

As expiações coletivas

Pergunta. – O Espiritismo nos explica perfeitamente a causa dos sofrimentos individuais, como consequência imediata de faltas cometidas na existência presente, ou expiação do passado; mas, uma vez que cada um não deve ser responsável senão pelas suas próprias faltas, explicam-se menos as infelicidades coletivas que atingem as aglomerações de indivíduos, como, por vezes, toda uma família, toda uma cidade, toda uma nação ou toda uma raça, e que atingem os bons como os maus, os inocentes como os culpados. (*)

Resposta. – Todas as leis que regem o Universo, quer sejam físicas ou morais, materiais ou intelectuais, foram descobertas, estudadas, compreendidas, procedendo do estudo e da individualidade, do da família à de todo o conjunto, generalizando-as gradualmente, e constatando-lhe a universalidade dos resultados.

Ocorre o mesmo hoje para as leis que o estudo do Espiritismo vos faz conhecer; podeis aplicar, sem medo de errar, as leis que regem a família, a nação, as raças, o conjunto de habitantes dos mundos, que são individualidades coletivas. As faltas dos indivíduos, as da família, as da nação, e cada uma, qualquer que seja o seu caráter, se expiam em virtude da mesma lei. O carrasco expia para com a sua vítima, seja achando-se em sua presença no espaço, seja vivendo em contato com ela numa ou várias existências sucessivas, até à reparação de todo o mal cometido, Ocorre o mesmo quando se trata de crimes cometidos solidariamente, por um certo número; as expiações são solidárias, o que não aniquila a expiação simultânea das faltas individuais.

Em todo homem há três caracteres: o do indivíduo, do ser em si mes-

(*) Vide Nota Explicativa da Editora no final do livro.

mo: o de membro de família, e, enfim, o de cidadão; sob cada uma dessas três faces pode ser criminoso ou virtuoso, quer dizer, pode ser virtuoso como pai de família, ao mesmo tempo que criminoso como cidadão, e reciprocamente; daí as situações especiais que lhe são dadas em suas existências sucessivas.

Salvo exceção, pode-se admitir como regra geral que todos aqueles que têm uma tarefa comum reunidos numa existência, já viveram juntos para trabalharem pelo mesmo resultado, e se acharão reunidos ainda no futuro, até que tenham alcançado o objetivo, quer dizer, expiado o passado, ou cumprido a missão aceita.

Graças ao Espiritismo, compreendeis agora a justiça das provas que não resultam de atos da vida presente, porque já vos foi dito que é a quitação de dívidas do passado; por que não ocorreria o mesmo com as provas coletivas? Dissestes que as infelicidades gerais atingem o inocente como o culpado; mas sabeis que o inocente de hoje pode ter sido o culpado de ontem? Que tenha sido atingido individualmente ou coletivamente, é que o mereceu. E, depois, como dissemos, há faltas do indivíduo e do cidadão; a expiação de umas não livra da expiação das outras, porque é necessário que toda dívida seja paga até o último centavo. As virtudes da vida privada não são as da vida pública; um, que é excelente cidadão, pode ser muito mau pai de família, e outro, que é bom pai de família, probo e honesto em seus negócios, pode ser um mau cidadão, ter soprado o fogo da discórdia, oprimido o fraco, manchado as mãos em crimes de lesa-sociedade. São essas faltas coletivas que são expiadas coletivamente pelos indivíduos que para elas concorreram, os quais se reencontram para sofrerem juntos a pena de talião, ou ter a ocasião de repararem o mal que fizeram, provando o seu devotamento à coisa pública, socorrendo e assistindo aqueles que outrora maltrataram. O que é incompreensível, inconciliável com a justiça de Deus, sem a preexistência da alma, se torna claro e lógico pelo conhecimento dessa lei.

A solidariedade, que é o verdadeiro laço social, não está, pois, só para o presente; ela se estende no passado e no futuro, uma vez que as mesmas individualidades se encontraram, se reencontram e se encontrarão para subirem juntas a escala do progresso, prestando-se concurso mútuo. Eis o que o Espiritismo faz compreender pela equitativa lei da reencarnação e a continuidade das relações entre os mesmos seres.

Clélie DUPLANTIER.

Nota. – Se bem que esta comunicação entre nos princípios conhecidos da responsabilidade do passado, e da continuidade das relações entre os Espíritos, ela encerra uma ideia de alguma sorte nova e de grande importância. A distinção que estabelece entre a responsabilidade das faltas individuais ou coletivas, as da vida privada e da vida pública, dá a razão de certos fatos ainda pouco compreendidos, e mostra, de maneira mais precisa, a solidariedade que liga os seres uns aos outros, e as gerações entre si.

Assim, frequentemente, renascem na mesma família, ou pelo menos os membros de uma mesma família renascem juntos para nela constituírem uma nova, numa outra posição social, a fim de estreitarem os seus laços de afeição, ou repararem os seus erros recíprocos. Pelas considerações de uma ordem mais geral, frequentemente, se renasce no mesmo meio, na mesma nação, na mesma raça, seja por simpatia, seja para continuar, com os elementos já elaborados, os estudos que se fizeram, se aperfeiçoar, prosseguir os trabalhos começados, que a brevidade da vida, ou as circunstâncias, não permitiram terminar. Essa reencarnação no mesmo meio é a causa do caráter distintivo de povos e de raças; tudo melhorando, os indivíduos conservam a nuança primitiva, até que o progresso os haja transformado completamente. (*)

Os Franceses de hoje são, pois, os do último século, os da Idade Média, os dos tempos druídicos; são os cobradores de impostos ou as vítimas do feudalismo; aqueles que serviram os povos e aqueles que trabalharam pela sua emancipação, que se reencontram na França transformada, onde uns expiam no rebaixamento de seu orgulho de raça, e onde os outros gozam o fruto dos seus trabalhos. Quando se pensa em todos os crimes desses tempos em que a vida dos homens e a honra das famílias eram contadas por nada, em que o fanatismo erguia fogueiras em honra da divindade, em todos os abusos de poder, em todas as injustiças que se cometiam com desprezo dos mais sagrados direitos, quem pode estar certo de nisso não ter, mais ou menos, manchado as mãos, e deve-se admirar de ver as grandes e terríveis expiações coletivas?

Mas dessas convulsões sociais sai sempre uma melhora; os Espíritos se esclarecem pela experiência; a infelicidade é o estímulo que os impele a procurar um remédio para o mal; eles refletem na erraticidade, tomam novas resoluções, e quando retornam, fazem melhor. É assim que se realiza o progresso, de geração em geração.

Não se pode duvidar de que haja famílias, cidades, nações, raças culpadas porque, dominadas pelos instintos do orgulho, do egoísmo, da ambição, da cupidez, caminham em má senda e fazem coletivamente o que um indivíduo faz isoladamente; uma família se enriquece às expensas de uma outra família; um povo subjuga um outro povo, e leva-lhe a desolação e a ruína; uma raça quer aniquilar uma outra raça. Eis por que há famílias, povos e raças sobre os quais cai a pena de talião. (*)

"Quem matou pela espada perecerá pela espada," disse o Cristo; estas palavras podem ser traduzidas assim: Aquele que derramou sangue verá o seu derramado; aquele que passeou a tocha do incêndio em casa de outrem, verá a tocha do incêndio passear em sua casa; aquele que despojou, será despojado; aquele que subjugou e maltratou o fraco, será fraco, subjugado e maltratado, por sua vez, quer seja um indivíduo, uma nação ou uma raça, porque os membros de uma individualidade coletiva são solidários do bem como do mal que se faz em comum.

Ao passo que o Espiritismo alarga o campo da solidariedade, o materialismo o reduz às mesquinhas proporções da existência efêmera do homem; faz dela um dever social sem raízes, sem outra sanção senão a boa vontade e o interesse pessoal do momento; é uma teoria, uma máxima filosófica, da qual nada impõe a prática; para

---

(**) Vide Nota Explicativa da Editora no final do livro.

o Espiritismo, a solidariedade é um fato que se assenta sobre uma lei universal e natural, que liga todos os seres do passado, do presente e do futuro, e às consequências da qual ninguém pode se subtrair. Eis o que todo homem pode compreender, por pouco letrado que seja.

Quando todos os homens compreenderem o Espiritismo, compreenderão a verdadeira solidariedade e, em consequência, a verdadeira fraternidade. A solidariedade e a fraternidade não serão mais deveres circunstanciais que cada um prega, muito frequentemente, mais em seu próprio interesse do que no de outrem. O reino da solidariedade e da fraternidade será, forçosamente, o da justiça para todos, e o reino da justiça será o da paz e da harmonia entre os indivíduos, as famílias, os povos e as raças. Ali se chegará? Duvidar disso seria negar o progresso. Comparando-se a sociedade atual, entre as nações civilizadas, ao que era na Idade Média, certamente, a diferença é grande; se, pois, os homens caminharam até aqui, por que se deteriam? Ao ver o caminho que fizeram num século somente, pode-se julgar daquele que farão daqui a um outro século. (*)

As convulsões sociais são as revoltas dos Espíritos encarnados contra o mal que os oprime, o indício de suas aspirações com relação a esse mesmo reino de justiça do qual têm sede, sem, todavia, se darem uma conta bem nítida do que querem e dos meios para a isso chegar; é por que se movimentam, se agitam, destroem a torto e a direito, criam sistemas, propõem remédios mais ou menos utópicos, cometem mesmo mil injustiças, supostamente pelo espírito de justiça, esperando que desse movimento sairá talvez alguma coisa. Mais tarde, definirão melhor as suas aspirações, e o caminho se lhes clareará.

Quem vai ao fundo dos princípios do Espiritismo filosófico, considera os horizontes que descobre, as ideias que faz nascer e os sentimentos que desenvolve, não poderia duvidar da parte preponderante que ele deve ter na regeneração, porque conduz precisamente, e pela força das coisas, ao objetivo aspirado pela Humanidade: o reino de justiça pela extinção dos abusos que lhe detiveram o progresso, e pela moralização das massas. Se aqueles que sonham com a manutenção do passado não o julgam assim, não se obstinariam tanto junto dele; deixá-lo-iam morrer de morte natural, como ocorreu com muitas utopias. Só isso deveria dar a pensar a certos zombadores que devem nele ver alguma coisa de mais séria do que não imaginam. Mas há pessoas que riem de tudo, que ririam de Deus se o vissem sobre a Terra. Depois, há aqueles que têm medo de se erguer, diante deles, a alma que se obstinam em negar.

Qualquer que seja a influência que o Espiritismo deva exercer sobre o futuro das sociedades, isso não quer dizer que substituirá sua autocracia por uma outra autocracia, nem que não imporá leis; primeiro, porque, proclamando o direito absoluto de liberdade de consciência e do livre exame em matéria de fé, como crença ele quer ser livremente aceito, por convicção e não por constrangimento; pela sua natureza, não pode e nem deve exercer nenhuma pressão; proscrevendo a fé cega, quer ser compreendido; para ele, nunca há mistérios, mas uma fé raciocinada, apoiada sobre os fatos, e que quer a luz; não repudia nenhuma das descobertas da ciência, tendo em vista que a ciência é a compilação das leis da Natureza, e que, sendo essas leis de Deus, repudiar a ciência seria repudiar a obra de Deus.

(*) Vide Nota Explicativa da Editora no final do livro.

Em segundo lugar, a ação do Espiritismo , estando em seu poder moralizador, não pode assumir nenhuma forma autocrática, porque então faria o que condena. Sua influência será preponderante pelas modificações que trará nas ideias, nas opiniões, no caráter, nos hábitos dos homens e nas relações sociais; essa influência será tanto maior quanto ela não for imposta. O Espiritismo, poderoso como filosofia, não poderia senão perder, neste século de raciocínio, transformando-se em poder temporal. Não será, pois, ele que fará as instituições do mundo regenerado; serão os homens que as farão sob o império das ideias de justiça, de caridade, de fraternidade e de solidariedade melhor compreendidas, por efeito do Espiritismo.

O Espiritismo, essencialmente positivo em suas crenças, repele todo misticismo, a menos que se não estenda esse nome, como o fazem aqueles que não creem em nada, a toda ideia espiritualista, à crença em Deus, na alma e na vida futura. Leva, certamente, os homens a se ocuparem seriamente da vida espiritual, porque é a vida normal, e que é lá que devem cumprir sua destinação, uma vez que a vida terrestre não é senão transitória e passageira; pelas provas que dá da vida espiritual, lhes ensina a não darem, às coisas deste mundo, senão uma importância relativa, e por aí lhes dá a força e a coragem para suportarem, pacientemente, as vicissitudes da vida terrestre; mas ensinando-lhes que, morrendo, não deixam este mundo sem retorno; que podem aqui voltar a aperfeiçoar a sua educação intelectual e moral, a menos que não estejam bastante avançados para merecerem ir para um mundo melhor; que os trabalhos e os progressos que aqui realizam, ou aqui fazem realizar, lhes aproveitarão a si mesmos, melhorando a sua posição futura, e mostrar-lhes que têm todo o interesse em não o negligenciarem; se lhes repugna aqui voltar, como têm o seu livre-arbítrio, depende deles fazer o que é necessário para ir alhures; mas que não se iludam sobre as condições que podem lhes merecer uma mudança de residência! Não será com a ajuda de algumas fórmulas, em palavras ou em ações, que a obterão, mas por uma reforma séria e radical de suas imperfeições; é se modificando, se despojando de suas más paixões, adquirindo cada dia novas qualidades; ensinando a todos, pelo exemplo, a linha de conduta que deve conduzir solidariamente todos os homens para a felicidade, pela fraternidade, pela tolerância e pelo amor.

A Humanidade se compõe de personalidades que constituem as existências individuais, e de gerações que constituem as existências coletivas. Ambas caminham para o progresso, por fases variadas de provas que são, assim, individuais para as pessoas e coletivas para as gerações. Do mesmo modo que, para o encarnado, cada existência é um passo à frente, cada geração marca uma etapa de progresso para o conjunto; é esse progresso do conjunto que é irresistível, e arrasta as massas ao mesmo tempo que modifica e transforma em instrumento de regeneração os erros e os preconceitos de um passado chamado a desaparecer. Ora, como as gerações são compostas de indivíduos que já viveram nas gerações precedentes, o progresso das gerações é, assim, a resultante do progresso dos indivíduos.

Mas quem me demonstrará, dir-se-á talvez, a solidariedade que existe entre a geração atual e as gerações que a precederam, ou que a seguirão? Como se poderia me provar que já vivi na Idade Média, por exemplo, e que retornarei a tomar parte nos acontecimentos que se cumprirão na continuação dos tempos?

O princípio da pluralidade das existências, frequentemente, foi bastante demonstrado na *Revista*, e nas obras fundamentais da Doutrina, para que não nos detenhamos aqui sobre ele; a experiência e a observação dos fatos da vida diária fornecem provas físicas e de uma demonstração quase matemática. Convidamos somente os pensadores a se prenderem às provas morais resultantes do raciocínio e da indução.

É absolutamente necessário ver uma coisa para nela crer? Vendo os efeitos, não se pode ter a certeza material da causa?

Fora da experimentação, o único caminho legítimo que se abre, a essa procura, consiste em remontar do efeito à causa. A justiça nos oferece um exemplo muito notável desse princípio, quando se aplica em descobrir os *indícios* dos meios que serviram para a perpetração de um crime, *as intenções* que contribuem para a culpabilidade do malfeitor. Não se tomou esta última sobre o fato e, entretanto, ele é condenado sobre esses indícios.

A ciência, que não pretende caminhar senão pela experiência, afirma, todos os dias, princípios que não são senão induções das causas das quais ela não viu senão os efeitos.

Em geologia determina-se a idade das montanhas; os geólogos assistiram ao seu erguimento, viram se formar as camadas de sedimentos que determinaram essa idade?

Os conhecimentos astronômicos, físicos e químicos permitem apreciar o peso dos planetas, sua densidade, seu volume, a velocidade que os anima, a natureza dos elementos que os compõem; entretanto, os sábios não puderam fazer experiência direta, e é à analogia e à indução que nós devemos tantas descobertas belas e preciosas.

Os primeiros homens, sobre o testemunho de seus sentidos, afirmaram que é o Sol que gira ao redor da Terra. Todavia, esse testemunho os enganava e o raciocínio prevaleceu.

Ocorrerá o mesmo com os princípios preconizados pelo Espiritismo, desde que se queira bem estudá-los, sem ideia preconcebida, e será então que a Humanidade entrará, verdadeira e rapidamente, na era de progresso e de regeneração, porque os indivíduos, não se sentindo mais isolados entre dois abismos, o desconhecido do passado e a incerteza do futuro, trabalharão com ardor para aperfeiçoar e para multiplicar os elementos de felicidade, que são a sua obra; porque reconhecerão que não devem ao acaso a posição que ocupam no mundo, e que eles mesmos gozarão, no futuro, e em melhores condições, dos frutos de seus labores e de suas vigílias. É que, enfim, o Espiritismo lhes ensinará que, se as faltas cometidas coletivamente são expiadas solidariamente, os progressos realizados em comum são igualmente solidários, e é em virtude desse princípio que desaparecerão as dissenções de raças, de famílias e dos indivíduos, e que a Humanidade, despojada das faixas da infância, caminhará, rápida e virilmente, para a conquista de seus verdadeiros destinos. (*)

(*) Vide Nota Explicativa da Editora no final do livro.

– 21 –

O egoísmo e o orgulho

Suas causas, seus efeitos e os meios de destruí-los.

Está bem reconhecido que a maioria das misérias humanas tem a sua fonte no egoísmo dos homens. Então, desde que cada um pensa em si, antes de pensar nos outros, e quer a sua própria satisfação antes de tudo, cada um procura, naturalmente, se proporcionar essa satisfação, a qualquer preço, e sacrifica, sem escrúpulo, os interesses de outrem, desde as menores coisas até as maiores, na ordem moral como na ordem material; daí todos os antagonismos sociais, todas as lutas, todos os conflitos e todas as misérias, porque cada um quer despojar o seu vizinho.

O egoísmo tem a sua fonte no orgulho. A exaltação da personalidade leva o homem a se considerar como acima dos outros, crendo-se com direitos superiores, e se fere com tudo o que, segundo ele, seja um golpe sobre os seus direitos. A importância que, pelo orgulho, liga à sua pessoa, torna-o naturalmente egoísta.

O egoísmo e o orgulho têm a sua fonte num sentimento natural: o instinto de conservação. Todos os instintos têm sua razão de ser e sua utilidade, porque Deus nada pode fazer de inútil. Deus não criou o mal; foi o homem que o produziu pelo abuso que fez dos dons de Deus, em virtude de seu livre-arbítrio. Esse sentimento, encerrado em seus justos limites, portanto, é bom em si; é o exagero que o torna mau e pernicioso; ocorre o mesmo com todas as paixões que o homem, frequentemente, desvia de seu objetivo providencial. De nenhum modo Deus criou o homem egoísta e orgulhoso; criou-o simples e ignorante; foi o homem que se fez egoísta e orgulhoso exagerando o instinto que Deus lhe deu para a sua conservação.

Os homens não podem ser felizes se não vivem em paz, quer dizer, se não estão animados de um sentimento de benevolência, de indulgência e de condescendência recíprocos, em uma palavra, enquanto procurarem se esmagar uns aos outros. A caridade e a fraternidade resumem todas as condições e todos os deveres sociais; mas supõem a abnegação; ora, a abnegação é incompatível com o egoísmo e o orgulho; portanto, com seus vícios nada de verdadeira fraternidade, partindo, da igualdade e da liberdade, porque o egoísta e o orgulhoso querem tudo para eles. Estarão sempre aí os vermes roedores de todas as instituições progressistas; enquanto eles reinarem, os sistemas sociais mais generosos, mais sabiamente combinados, desabarão sob os seus golpes. É belo, sem dúvida, proclamar o reino da fraternidade, mas para que serve se existe uma causa destruidora? É edificar sobre um terreno movediço; tanto valeria decretar a saúde para um país insalubre. Num tal país, querendo-se que os homens se portem bem, não basta enviar-lhe médicos, porque eles morrerão como os outros; é necessário destruir as causas da insalubridade. Se quereis que vivam como irmãos sobre a Terra, não basta lhes dar lições de moral; é necessário destruir as causas do antagonismo; é necessário atacar o princípio do mal: o orgulho e o egoísmo. Aí está a praga; aí deve se concentrar toda a atenção daqueles que querem seriamente o bem da Humanidade. Enquanto esses obstáculos subsistirem, verão seus esforços paralisados, não só por uma resistência de inércia, mas por uma força ativa que trabalhará, sem cessar, para destruir a sua obra, porque toda ideia grande, generosa e emancipadora, arruína as pretensões pessoais.

Destruir o egoísmo e o orgulho é coisa impossível, dir-se-á, porque esses vícios são inerentes à espécie humana. Se isso fora assim, seria necessário desesperar de todo o progresso moral; no entanto, quando se considera o homem em suas diferentes idades, não se pode desconhecer um progresso evidente: portanto, se ele progrediu, pode progredir ainda. Por outro lado, é que não se encontra nenhum homem desprovido do orgulho e do egoísmo? Não se veem, ao contrário, essas naturezas generosas nas quais o sentimento de amor ao próximo, de humildade, de devotamento e de abnegação, parecem inatos? O número é menor do que o dos egoístas, isto é certo, de outro modo estes últimos não fariam a lei; mas há deles mais do que se crê, e se parecem tão pouco numerosos é que o orgulho se põe em evidência, ao passo que a virtude modesta permanece na sombra. Se, pois, o egoísmo e o orgulho estivessem nas condições necessárias à Humanidade, como as de se nutrir para viver, não haveria exceções; o ponto essencial é, pois, chegar a fazer a exceção passar ao estado de regra; para isso, antes de tudo, trata-se de destruir as causas que produzem e sustentam o mal.

A principal dessas causas se liga, evidentemente, à falsa ideia que o homem faz de sua natureza, de seu passado e de seu futuro. Não sabendo de onde vem, se crê mais do que não o é; não sabendo para onde vai, concentra todo o seu pensamento sobre a vida terrestre; ele a vê tão agradável quanto possível; quer todas as satisfações, todos os gozos: é porque caminha, sem escrúpulos, sobre o seu vizinho, se este lhe faz obstáculo; mas, para isso, é necessário que ele domine; a igualdade daria a outros direitos que quer ter sozinho; a fraternidade lhe imporia sacrifícios que estariam em detrimento de seu bem-estar; a liberdade, ele a quer para si, e não a concede, aos outros, senão quando ela não leve nenhum prejuízo às suas prerrogativas. Tendo cada um as mesmas pretensões, disso resultam conflitos perpétuos, que fazem pagar bem caro alguns dos gozos que venham a se proporcionar.

Que o homem se identifique com a vida futura, e a sua maneira de ver muda completamente, como a de um indivíduo que não deve permanecer senão poucas horas numa habitação má, e que sabe que, à sua saída, terá outra magnífica, para o resto de seus dias.

A importância da vida presente, tão triste, tão curta, tão efêmera, se apaga diante do esplendor do futuro infinito que se abre diante dele. A consequência natural, lógica, dessa certeza, é a de sacrificar um presente fugidio a um futuro durável, ao passo que antes sacrificava tudo ao presente. Tornando-se a vida futura o seu objetivo, pouco lhe importa ter um pouco mais, ou um pouco menos neste; os interesses mundanos são os acessórios, em lugar de serem o principal; ele trabalha no presente tendo em vista assegurar a sua posição no futuro, além disso, sabe em que condições pode ser feliz.

Pelos interesses mundanos, os homens podem lhe opor obstáculos: é preciso que os afaste, e se torna egoísta pela força das coisas; se leva suas vistas mais alto, para uma felicidade que nenhum homem pode entravar, não tem interesse em esmagar ninguém, e o egoísmo não tem mais objeto; mas resta-lhe sempre o estímulo do orgulho.

A causa do orgulho está na crença que o homem tem de sua superioridade individual; e é aqui que se faz sentir ainda a influência da concentração do pensamento sobre a vida terrestre. No homem que nada vê diante dele, nada depois dele, nada acima dele, o sentimento da personalidade o arrebata, e o orgulho não tem nenhum contrapeso.

A incredulidade não só não possui nenhum meio de combater o orgulho, mas o estimula e lhe dá razão negando a existência de um poder superior à Humanidade. O incrédulo não crê senão em si mesmo; é, pois, natural que ele tenha orgulho; ao passo que, nos golpes que o atingem, ele não vê senão o acaso e se endireita, aquele que tem a fé, vê a mão de Deus e se inclina. Crer em Deus e na vida futura é, pois, a primeira condição para moderar o orgulho, mas isso não basta; ao lado do futuro, é preciso ver o passado para se fazer uma ideia justa do presente.

Para que o orgulhoso cesse de crer em sua superioridade, é preciso lhe provar que ele não é mais do que os outros, e que os outros são tanto quanto ele; que a igualdade é um fato e não, simplesmente, uma bela teoria filosófica; verdades que ressaltam da preexistência da alma e da reencarnação.

Sem a preexistência da alma, o homem é levado a crer que Deus o beneficiou excepcionalmente, quando crê em Deus; quando não crê, rende graças ao acaso e ao seu próprio mérito. A preexistência, iniciando-o na vida anterior da alma, lhe ensina a distinguir a vida espiritual infinita, da vida corpórea, temporária; sabe, por aí, que as almas saem iguais das mãos do Criador; que têm um mesmo ponto de partida e um mesmo objetivo, que todas devem alcançar, em mais ou menos tempo segundo os seus esforços; que ele mesmo não chegou ao que é senão depois de ter, por muito tempo e penosamente, vegetado como os outros nos graus inferiores: que não há, entre as mais atrasadas e as mais avançadas, senão uma questão de tempo; que as vantagens de nascimento são puramente corpóreas e independentes do Espírito; que o simples proletário pode, numa outra existência, nascer sobre um trono, e o mais poderoso renascer proletário. Se não considera senão a vida corpórea, vê as desigualdades sociais do momento; elas o ferem; mas se leva seus olhares sobre o conjunto da vida do Espírito, sobre o passado e sobre o futuro, desde o ponto de partida até o ponto de chegada, essas desigualdades se apagam, e reconhece que Deus não favoreceu a nenhum de seus filhos em prejuízo dos outros; que fez parte igual a cada um e não aplainou o caminho mais para uns do que para outros; que aquele que é menos avançado do que ele sobre a Terra, pode chegar antes dele, se trabalha mais do que ele pelo seu aperfeiçoamento; reconhece, enfim, que cada um não chegando senão pelos seus esforços pessoais, o princípio de *igualdade* se acha ser, assim, um princípio de justiça e uma lei da Natureza, diante das quais cai o orgulho do privilégio.

A reencarnação, provando que os Espíritos podem renascer em diferentes condições sociais, seja como expiação, seja como prova, ensina que naquele que se trata com desdém, pode-se encontrar um homem que foi nosso superior ou nosso igual numa outra existência, uma amigo ou um parente. Se o homem o soubesse, tratá-lo-ia com respeito, mas, então, não teria nenhum mérito; e, pelo contrário, se soubesse que seu amigo atual foi seu inimigo, seu servidor ou seu *escravo*, o repeliria; ora, Deus não quis que isso fosse assim, por isso lançou um véu sobre o passado; desta maneira, o homem é levado a ver, em todos, irmãos e seus iguais; daí uma base natural para a *fraternidade*; sabendo que ele mesmo poderá ser tratado como houver tratado os outros, *a caridade* se torna um dever e uma necessidade, fundados sobre a própria Natureza.

Jesus colocou o princípio da caridade, da igualdade e da fraternidade; fez dele uma condição expressa de salvação; mas estava reservado à terceira manifestação da vontade de Deus, ao Espiritismo, pelo conhecimento que dá da vida espiritual, pelos horizontes novos que descobre e as leis que revela, sancionar esse princípio, provando que não é somente uma doutrina moral, mas uma lei da Natureza, e que está no interesse do homem praticá-lo. Ora, ele o praticará quando, cessando de ver no presente o começo e o fim, compreenderá a solidariedade que existe entre o presente, o passado e o futuro. No campo imenso do infinito que o Espiritismo lhe faz entrever, sua importância pessoal se anula; compreende que sozinho não é nada e nada pode; que todos têm necessidade uns dos outros; duplo revés para o seu orgulho e o seu egoísmo.

Mas, para isso, lhe é necessária a fé, sem a qual ficará forçosamente na rotina do presente; não a fé cega que foge da luz, restringe as ideias, e, por isso mesmo, mantém o egoísmo, mas a fé inteligente, raciocinada, que quer a claridade e não as trevas, que rasga temerariamente o véu dos mistérios e alarga o horizonte; é essa fé, primeiro elemento de todo o progresso, que o Espiritismo lhe traz, fé robusta porque está fundada sobre a experiência e os fatos, porque lhe dá provas palpáveis da imortalidade de sua alma, lhe ensina de onde vem, para onde vai, e porque está sobre a Terra; porque, enfim, ela fixa suas ideias incertas sobre seu passado e sobre seu futuro.

Uma vez entrado largamente nesse caminho, o egoísmo e o orgulho, não tendo mais as mesmas causas de superexcitação, se extinguirão, pouco a pouco, por falta de objetivo e de alimento, e todas as relações sociais se modificarão sob o império da caridade e da fraternidade bem compreendidas.

Isso pode chegar por uma mudança brusca? Não, isso é impossível: nada é brusco na Natureza; jamais a saúde se torna, subitamente, em uma doença; entre a doença e a saúde há sempre a convalescença. O homem não pode, pois, instantaneamente, mudar seu ponto de vista, e levar os seus olhares da Terra ao céu; o infinito o confunde e o ofusca; é-lhe necessário o tempo para assimilar as ideias novas. O Espiritismo é, sem contradita, o mais poderoso elemento moralizador, porque mina o egoísmo e o orgulho pela base, dando um ponto de apoio à moral: fez milagres de conversões; não são ainda, é verdade, senão cuidados individuais, e frequentemente parciais; mas o que produziu sobre os indivíduos é a garantia do que produzirá um dia sobre as massas. Ele não pode arrancar as más ervas de repente; dá a fé; a fé é uma boa semente, mas é necessário, a essa semente, o tempo para germinar e dar frutos; eis porque todos os espíritas não são ainda perfeitos. Ele pegou o homem no meio da vida, no fogo das paixões, na força dos preconceitos, e se, em tais circunstâncias, operou prodígios, que será quando o tomar em seu nascimento, virgem de todas as impressões malsãs; quando aquele receber a caridade desde a meninice, e for embalado pela fraternidade; quando, enfim, toda uma geração será elevada e nutrida nas ideias que a razão aumenta, fortificará em lugar de desunir? Sob o império dessas ideias, tornadas a fé para todos, o progresso, não encontrando mais obstáculo no egoísmo e no orgulho, as próprias instituições se reformarão e a Humanidade avançará rapidamente para os destinos que lhe foram prometidos sobre a Terra, esperando os do céu.

– 22 –

Liberdade, igualdade, fraternidade.

Liberdade, igualdade, fraternidade, estas três palavras são, por si sós, o programa de toda uma ordem social, que realizaria o progresso mais absoluto da Humanidade, se os princípios que representam pudessem receber sua inteira aplicação. Vejamos os obstáculos que, no estado atual da sociedade, podem a isso se opor e, ao lado do mal, procuremos o remédio.

A fraternidade, na rigorosa acepção da palavra, resume todos os deveres dos homens relativamente uns aos outros; ela significa: devotamento, abnegação, tolerância, benevolência, indulgência; é a caridade evangélica por excelência e a aplicação da máxima: "Agir para com os outros como gostaríamos que os outros agissem conosco." A contrapartida é *o Egoísmo*. A fraternidade diz: "Cada um por todos e todos por um." O egoísmo diz: "Cada um por si." Sendo essas duas qualidades a negação uma da outra, é tão impossível a um egoísta agir fraternalmente, para com os seus semelhantes, quanto o é para um avarento ser generoso, a um homem pequeno alcançar a altura de um homem grande. Ora, sendo o egoísmo a praga dominante da sociedade, enquanto ele reinar dominador, o reino da verdadeira fraternidade será impossível; cada um quererá da fraternidade em seu proveito, mas não a quererá para fazê-la em proveito dos outros; ou, se isso faz, será depois de estar seguro de que não perderá nada.

Considerada do ponto de vista de sua importância para a realização da felicidade social, a fraternidade está em primeira linha: é a base; sem ela não poderia existir nem igualdade e nem liberdade sérias; a igualdade decorre da fraternidade, e a liberdade é a consequência das duas outras.

Com efeito, suponhamos uma sociedade de homens bastante desinteressados, bons e benevolentes para viverem, entre si, fraternalmente, não haveria entre eles nem privilégios nem direitos excepcionais, sem o que não haveria ali fraternidade. Tratar alguém como irmão, é tratá-lo de igual para igual; é querer-lhe o que desejaria para si mesmo; num povo de irmãos, a igualdade será a consequência de seus sentimentos, de sua maneira de agir, e se estabelecerá pela força das coisas. Mas qual é o inimigo da igualdade? É o orgulho. O orgulho que, por toda a parte, quer primar e dominar, que vive de privilégios e de exceções, pode suportar a igualdade social, mas não a fundará jamais e a destruirá na primeira ocasião. Ora, sendo o orgulho, ele também, uma das pragas da sociedade, enquanto não for destruído, oporá uma barreira à verdadeira igualdade.

A liberdade, dissemos, é filha da fraternidade e da igualdade; falamos da liberdade legal e não da liberdade natural que é, por direito, imprescritível para toda criatura humana, desde o selvagem ao homem civilizado. Vivendo os homens como irmãos, com os direitos iguais, animados de um sentimento de benevolência recíproco, praticarão entre si a justiça, não procurarão nunca se fazerem mal, e não terão, consequentemente, nada a temer uns dos outros. A liberdade será sem perigo, porque ninguém pensará em dela abusar em prejuízo de seus semelhantes. Mas como o egoísmo que quer tudo para si, o orgulho que quer sempre dominar, dariam a mão à liberdade que os destronaria? Os inimigos da liberdade são, pois, ao mesmo tempo, o egoísmo e o orgulho, como o são da igualdade e da fraternidade.

A liberdade supõe a confiança mútua; ora, não poderia haver confiança entre pessoas movidas pelo sentimento exclusivo da personalidade; não podendo se satisfazer senão às expensas de outrem, sem cessar, estão em guarda uns contra os outros. Sempre com medo de perder o que chamam seus direitos, a dominação é a condição mesma de sua existência, por isso armarão sempre ciladas à liberdade, e a abafarão tanto tempo quanto o puderem.

Esses três princípios são, pois, como o dissemos, solidários uns com os outros e se servem mutuamente de apoio; sem sua reunião, o edifício social não poderia estar completo. A fraternidade praticada em sua pureza não poderia estar só, porque sem a igualdade e a liberdade não há verdadeira fraternidade. A liberdade sem a fraternidade dá liberdade de ação a todas as más paixões, que não têm mais freio; com a fraternidade, o homem não faz nenhum mau uso de sua liberdade: é a ordem; sem a fraternidade, ele a usa para dar curso a todas as suas torpezas: é a anarquia, a licença. É por isso que as nações mais livres são forçadas a fazerem restrições à liberdade. A igualdade sem a fraternidade conduz aos mesmos resultados, porque a igualdade quer a liberdade; sob pretexto de igualdade, o pequeno abate o grande, para se substituir a ele, e se torna tirano a seu turno; isso não é senão um deslocamento do despotismo.

Segue-se que, até que os homens estejam imbuídos do sentimento da verdadeira fraternidade, falta tê-los na servidão? Que sejam impróprios às instituições fundadas sobre os princípios de igualdade e de liberdade? Semelhante opinião seria mais do que um erro; seria absurda. Não se espera que uma criança haja feito todo o seu crescimento para fazê-la caminhar. Quem, aliás, a tem mais frequentemente em tutela? São homens de ideias grandes e generosas, guiados pelo amor ao progresso? Aproveitando da submissão de seus inferiores, para desenvolver neles o senso moral, e elevá-los, pouco a pouco, à condição de homens livres? Não; são, na maioria, homens ciosos de seu poder, à ambição e à cupidez dos quais outros homens servem de instrumento, mais inteligentes do que animais, e que, para esse efeito, em lugar de emancipá-los os têm, o maior tempo possível, sob o jugo e na ignorância. Mas essa ordem de coisas muda por si mesma pela força irresistível do progresso. A reação é, às vezes, violenta e tanto mais terrível quanto o sentimento de fraternidade, imprudentemente abafado, não vem interpor um poder moderador; a luta se estabelece, entre aqueles que querem agarrar e aqueles que querem reter; daí um conflito que se prolonga, frequentemente, durante séculos. Um equilíbrio factício se estabelece enfim; há melhoria; mas sente-se que as bases sociais não estão sólidas; o solo treme a cada instante sob os passos, porque não é, ainda, o reino da liberdade e da igualdade sob a égide da fraternidade, porque o orgulho e o egoísmo estão sempre ali, levando ao fracasso os esforços dos homens de bem.

Todos vós que sonhais com essa idade de ouro para a Humanidade, trabalhai, antes de tudo, na base do edifício, antes de querer coroar-lhe a cumeeira; dai-lhe por base a fraternidade em sua mais pura acepção; mas, para isso, não basta decretá-la e inscrevê-la sobre uma bandeira; é preciso que ela esteja no coração e não se muda o coração dos homens com decretos. Do mesmo modo que, para fazer um campo frutificar, é preciso arrancar-lhe as pedras e os espinheiros, trabalhai sem descanso para extirpar o vírus do orgulho e do egoísmo, porque aí está a fonte de todo mal, o obstáculo real ao reino do bem; destruí nas leis, nas instituições, nas religiões, na educação, até os últimos vestígios, os tempos de barbárie e de privilégios, e todas as causas que mantêm e desenvolvem esses eternos obstáculos ao verdadeiro progresso, que se recebe, por assim dizer, desde a meninice e que se aspira por todos os poros na atmosfera social; só então os homens compreenderão os deveres e os benefícios da fraternidade; então, também, se estabelecerão por si mesmos, sem abalos e sem perigo, os princípios complementares da igualdade e da liberdade.

A destruição do egoísmo e do orgulho é possível? Dizemos alta e ousadamente SIM, de outro modo seria preciso colocar uma suspensão ao progresso da Humanidade. O homem cresce em inteligência, é um fato incontestável; chegou ao ponto culminante que não poderia ultrapassar? Quem ousaria sustentar essa tese absurda? Progride ele em moralidade? Para responder a esta pergunta, basta comparar as épocas de um mesmo país. Por que, pois, teria antes alcançado o limite do progresso moral do que do progresso intelectual? Sua aspiração, para uma ordem de coisas melhor, é um indício da possibilidade de a isso chegar. Aos homens progressistas cabe ativar o movimento pelo estudo e pela prática dos meios mais eficazes.

– 23 –

As aristocracias

Aristocracia vem do grego *aristos*, o melhor, e *Kratus*, poder: a aristocracia, em sua acepção literária, significa, pois: *Poder dos melhores*. Convir-se-á que o sentido primitivo foi, por vezes, singularmente desviado; mas vejamos que influência o Espiritismo pode exercer sobre a sua aplicação. Para isso tomemos as coisas no ponto de partida e sigamo-las através das idades, para delas deduzir o que ocorrerá mais tarde.

Em nenhum tempo, nem em nenhum povo, os homens em sociedade puderam abster-se de chefes; são encontrados entre os povos mais selvagens. Isso se prende a que, em razão da diversidade das aptidões e dos caracteres inerentes à espécie humana, há por toda a parte homens incapazes que é preciso dirigir, fracos que é necessário proteger, paixões que é preciso comprimir; daí a necessidade de uma autoridade. Sabe-se que, nas sociedades primitivas, essa autoridade foi deferida aos chefes de família, aos anciãos, aos velhos, em uma palavra, aos patriarcas; essa foi a primeira de todas as aristocracias.

Tornando-se as sociedades mais numerosas, a autoridade patriarcal ficou impossibilitada em certas circunstâncias. As querelas entre populações vizinhas ocasionaram os combates; foi preciso para dirigi-las não de velhos, mas de homens fortes, vigorosos e inteligentes; daí os chefes militares. Vitoriosos esses chefes, se lhes conferia a autoridade, esperando encontrar, em sua bravura, uma garantia contra os ataques dos inimigos; muitos, abusando de sua posição, dela se apoderaram eles mesmos; depois, os vencedores se impuseram aos vencidos, ou os reduziram à servidão; daí a autoridade da força bruta, que foi a segunda aristocracia.

Os fortes, com seus bens, transmitiram, muito naturalmente, sua autoridade aos seus filhos, e os fracos sob compressão, não ousando nada dizer, se habituaram, pouco a pouco, a considerar estes como os herdeiros dos direitos conquistados pelos seus pais, e como seus superiores; daí a divisão da sociedade em duas classes: os superiores e os inferiores, aqueles que mandam e aqueles que obedecem; daí, por consequência, a aristocracia de nascimento, que se torna tão poderosa e tão preponderante quanto a da força, porque ela não tinha força por si mesma, como nos primeiros tempos em que era preciso pagar por sua pessoa, ela dispunha de uma força mercenária. Tendo todo o poder, se dava, naturalmente, privilégios.

Para a conservação desses privilégios, era preciso lhes dar o prestígio da legalidade, e ela fez as leis em seu proveito, o que lhe era fácil, uma vez que só ela as fazia. Isso não era sempre suficiente; deu-se o prestígio do direito divino, para torná-las respeitáveis e invioláveis. Para assegurar o respeito da parte da classe submissa que se tornava mais numerosa, e mais difícil de contentar, mesmo pela força, não havia senão um meio, impedi-la de ver claro, quer dizer, mantê-la na ignorância.

Se a classe superior tivesse podido nutrir a classe inferior sem nada fazer, a teria facilmente dominado por muito tempo ainda; mas como esta era obrigada a trabalhar para viver, e trabalhar tanto mais quanto era oprimida, disso resultou que a necessidade de encontrar, sem cessar, novos recursos, de lutar contra uma concorrência invasora, de procurar novos mercados para os produtos, desenvolveu a sua inteligência, e ela se esclareceu pelas mesmas causas das quais se serviu para sujeitá-la. Não se vê aí o dedo da Providência?

A classe submissa, portanto, viu claro; viu a pouca consistência do prestígio que se lhe opunha e, sentindo-se forte pelo número, aboliu os privilégios e proclamou a igualdade diante da lei. Esse princípio marcou, em certos povos, o fim do reino da aristocracia de nascimento, que não é mais do que nominal e honorífica, uma vez que ela não confere mais direitos legais.

Então, se levantou um novo poder, o do dinheiro, porque com dinheiro se dispõe de homens e de coisas. Era um sol diante do qual se inclinava, como outrora se inclinava diante de um brasão, e mais baixo ainda. O que não se concedia mais ao título, se concedia à fortuna, e a fortuna teve os seus privilégios iguais. Mas, então, percebeu-se que, se para fazer fortuna é preciso uma dose de inteligência, não era preciso tanto para herdá-la, e que os filhos são, frequentemente, mais hábeis para comer do que para ganhar, que os próprios meios de se enriquecer nem sempre são irrepreensíveis; disso resultou que o dinheiro perdeu, pouco a pouco, seu prestígio moral, e que essa força tende a se substituir por um outro poder, uma outra aristocracia mais justa: a da inteligência, diante da qual todos podem se inclinar sem se aviltar, porque ela pertence ao pobre como ao rico.

Será essa a última? Ela é a alta expressão da Humanidade civilizada? Não.

A inteligência nem sempre é uma garantia de moralidade, e o homem mais inteligente pode fazer um emprego muito mau de suas faculdades. Por outro lado, só a moralidade pode, a miúdo, ser incapaz. A união dessas duas faculdades, *inteligência e moralidade*, é, pois, necessária para criar uma preponderância legitima, e à qual a massa se submeterá cegamente, porque lhe inspirará toda a confiança por suas luzes e por sua justiça. Será última aristocracia, a que será a consequência, ou antes, o sinal do advento do reino do bem sobre a Terra. Chegará muito naturalmente pela força das coisas; quando os homens dessa categoria forem bastante numerosos, para formarem uma maioria imponente, será a eles que a massa confiará os seus interesses.

Como vimos, todas as aristocracias têm a sua razão de ser; nascem do estado da Humanidade; ocorrerá o mesmo com aquela que se tornar uma necessidade; todas fizeram, ou farão, o seu tempo segundo o país, porque nenhuma teve por base o princípio moral; só esse princípio pode constituir uma supremacia durável, porque será animado dos sentimentos de justiça e de caridade; supremacia que chamaremos: *aristocracia intelecto-moral*.

Um tal estado de coisas é possível com o egoísmo, o orgulho, a cupidez que reinam soberanos sobre a Terra? A isso responderemos com firmeza: sim, não somente é possível, mas chegará, porque é inevitável.

Hoje, a inteligência domina; é soberana, ninguém poderia contestá-lo; e isso é tão verdadeiro que vedes o homem do povo chegar aos primeiros cargos. Essa aristocracia não é mais justa, mais lógica, mais racional do que a da força brutal, de nascimento ou do dinheiro? Por que, pois, seria impossível juntar-lhe a moralidade? – Porque, dizem os pessimistas, o mal domina sobre a Terra. – Está dito que o bem não o dominará jamais? Os costumes e, por consequência, as instituições sociais, não valem cem vezes mais hoje do que na Idade Média? Cada século não foi marcado por um progresso? Por que, pois, a Humanidade se deteria quando tem ainda tanto a fazer? Os homens, por um instinto natural, procuram seu bem-estar; se não o encontram completo no reino da inteligência, procurá-lo-ão alhures; e onde poderão encontrá-lo se não for no reino da moralidade? Para isso, é preciso que a moralidade domine numericamente. Há muito a fazer, é incontestável, mas, ainda uma vez, haveria tola presunção em dizer que a Humanidade chegou ao seu apogeu, quando é vista a marchar, sem cessar, no caminho do progresso.

Dizemos primeiro que os bons, sobre a Terra, não são inteiramente tão raros quanto se crê; os maus são numerosos, isto infelizmente é verdade; mas o que os faz parecer ainda mais numerosos, é que são mais audazes, e sentem que essa audácia mesma lhes é necessária para triunfarem; e, todavia, compreendem de tal modo a preponderância do bem que, não podendo praticá-lo, dele tomam a máscara.

Os bons, ao contrário, não exibem as suas boas qualidades; não se colocam em evidência e eis porque parecem tão pouco numerosos; mas sondai os atos íntimos, realizados sem ostentação, e, em todas as classes da sociedade, encontrareis ainda bastante boas e louváveis naturezas para vos tranquilizar o coração e não desesperar da Humanidade. E, depois, é preciso dizer também, entre os maus há muitos que não o são senão por arrastamento, e que se tornariam bons se fossem submetidos a uma boa influência. Coloquemos em fato que, sobre 100 indivíduos, há 25 bons e 75 maus; sobre estes últimos, há deles 50 que o são por fraqueza, e que seriam bons se tivessem bons exemplos sob os olhos, e se, sobretudo, tivessem tido uma boa direção desde a infância; e que sobre os 25 francamente maus, nem todos são incorrigíveis.

No estado atual das coisas, os maus estão em maioria e fazem a lei para os bons; suponhamos que uma circunstância leve à conversão dos 50 medianos, os bons estarão em maioria e farão a lei por seu turno; sobre os 25 outros francamente maus, vários sofrerão a influência, e não ficarão senão alguns incorrigíveis sem preponderância.

Tomemos um exemplo para comparação: Há povos entre os quais o assassínio e o roubo são o estado normal; o bem ali é exceção. Entre os povos mais avançados e os melhores governados da Europa, o crime é exceção; perseguido pelas leis, e sem influência sobre a sociedade. O que ali ainda domina são os vícios de caráter: o orgulho, o egoísmo, a cupidez e seu cortejo.

Por que, pois, esses povos progredindo, os vícios ali não se tornariam a exceção, como o são hoje os crimes, ao passo que os povos inferiores alcançariam novo nível? Negar a possibilidade dessa marcha ascendente seria negar o progresso.

Seguramente, tal estado de coisas não poderia ser a obra de um dia, mas se há uma causa que deve apressar-lhe o advento, sem nenhuma dúvida, é o Espiritismo. Agente por excelência da solidariedade humana, mostrando as provas da vida atual como a consequência lógica e racional das ações realizadas nas existências anteriores, fazendo de cada homem o artífice voluntário de sua própria felicidade, de sua vulgarização universal resultará, necessariamente, uma elevação sensível do nível moral atual.

Os princípios gerais de nossa filosofia estão apenas elaborados e coordenados, e já reuniram , numa imponente comunhão de pensamentos, milhões de adeptos disseminados sobre toda a Terra. Os progressos realizados sob a sua influência, as transformações individuais e locais que provocaram, em menos de quinze anos, nos permitem apreciar as imensas modificações fundamentais que são chamados a determinar no futuro.

Mas se, graças ao desenvolvimento e à aceitação geral dos ensinos dos Espíritos, o nível moral da Humanidade tende constantemente a se elevar, enganar-se-ia estranhamente supondo-se que a moralidade se tornará preponderante com relação à inteligência. O Espiritismo, com efeito, não pede para ser aceito cegamente. Ele apela para a discussão e a luz.

"Em lugar da fé cega, que anula a liberdade de pensar, ele disse: *Não há fé inabalável senão aquela que pode encarar a razão face a face, em todas as épocas da Humanidade. À fé, é necessária uma base, e essa base é a inteligência perfeita do que se deve crer; para crer, não basta ver, é preciso sobretudo compreender.*" (*O Evangelho Segundo o Espiritismo.*) É, pois, com justiça que podemos considerar o Espiritismo como um dos mais poderosos precursores da aristocracia do futuro, quer dizer, da *aristocracia intelecto-moral.*

– 24 –

Os desertores

Se todas as grandes ideias têm seus apóstolos fervorosos e devotados, mesmo as melhores têm os seus desertores. O Espiritismo não podia escapar às consequências da fraqueza humana; teve os seus, e a esse respeito algumas notas não serão inúteis.

No início, muitos menosprezaram a natureza e o objetivo do Espiritismo, e não lhe entreviram a importância. No começo, excitou a curiosidade; muitos não viram, nas manifestações, senão um assunto de distração; divertiram-se com os Espíritos, enquanto estes quiseram diverti-los; era um passatempo, frequentemente, um acessório da noite.

Essa maneira de apresentar a coisa no início, era um jeito tático da parte dos Espíritos; sob a forma de divertimento, a ideia penetrou por toda parte e semeou germes sem assustar as consciências timoratas; jogou-se com a criança, mas a criança deveria crescer.

Quando, aos Espíritos engraçados, sucederam os Espíritos sérios, moralizadores; quando o Espiritismo se tornou ciência, filosofia, as pessoas superficiais não o acharam mais divertido; para aqueles que estimam, antes de tudo, a vida material, era um sensor inoportuno e incômodo, que mais de um pôs de lado. Não há a lamentar nesses desertores, porque as pessoas frívolas são, por toda parte, pobres auxiliares. Entretanto, essa primeira fase não foi tempo perdido, bem longe disso. Graças a esse disfarce, a ideia foi cem vezes mais popularizada do que se tivesse revestido, desde a origem, uma forma severa; mas desses meios levianos e negligentes saíram pensadores sérios.

Esses fenômenos, colocados em moda pelo atrativo da curiosidade, tornados uma admiração, tentaram a cupidez de pessoas à espreita do que é novo, na esperança de aí encontrar uma porta aberta. As manifestações pareciam uma matéria maravilhosamente explorável, e mais de um sonhou em dela fazer um auxiliar de sua indústria; outros nela viram uma variante da arte da adivinhação, talvez um meio mais seguro do que a cartomancia, a marca de café, etc, etc, para conhecer o futuro e descobrir as coisas ocultas, porque, segundo a opinião de então, os Espíritos deveriam tudo saber.

Desde que essas pessoas viram que a especulação escapava de suas mãos e voltava à mistificação, e os Espíritos não vinham ajudá-las a fazer fortuna, lhes dar bons números para a loteria lhes dizer a boa aventura verdadeira, lhes fazer descobrir tesouros ou recolher heranças, lhes dar uma boa invenção frutífera e patenteável, suprir sua ignorância e lhes dispensar do trabalho material e intelectual, os Espíritos não eram bons para nada, e suas manifestações não eram senão ilusões. Tanto enalteceram o Espiritismo enquanto tiveram a esperança de dele tirar um proveito qualquer, tanto o denegriram quando veio o desapontamento. Mais de um crítico que o ridicularizou, o levaria às nuvens se lhe houvesse feito descobrir um tio na América, ou ganhar na Bolsa. É a mais numerosa categoria dos desertores, mas se concebe que não se pode, conscientemente, qualificá-los de espíritas.

Essa fase teve igualmente a sua utilidade; mostrando o que não se devia esperar do concurso dos Espíritos, fez conhecer o objetivo sério do Espiritismo, ela depurou a Doutrina. Os Espíritos sabem que as lições da experiência são as mais proveitosas; se, desde o princípio, houvessem dito: Não pergunteis tal ou tal coisa porque não a obtereis, talvez não os teriam acreditado; foi porque deixaram fazer, a fim de que a verdade saísse da observação. Essas decepções desencorajaram os exploradores e contribuíram para lhes diminuir o número; foram parasitas que elas retiraram do Espiritismo, e não adeptos sinceros.

Certas pessoas, mais perspicazes do que outras, entreviram o homem na criança que vinha de nascer e dela tiveram medo, como Herodes teve medo do menino Jesus. Não ousando atacar o Espiritismo de frente, tiveram agentes que o abraçaram para abafá-lo; que dele tomam a máscara, a fim de se introduzirem por toda a parte, soprar astuciosamente a desafeição nos centros, e difundir sub-repticiamente o veneno da calúnia, e lançar os fachos da discórdia, impelir aos atos comprometedores, tentar fazer desencaminhar a doutrina para fazê-la ridícula ou odiosa, e simular em seguida as defecções. Outros são ainda mais hábeis; pregando a união, semeiam a divisão; lançam habilmente sobre o tapete questões irritantes e contundentes; excitam um ciúme de preponderância entre os diferentes centros; ficariam encantados por verem se lançarem pedras e levantarem bandeira contra bandeira, a propósito de quaisquer divergências de opiniões sobre certas questões de forma e de fundo, o mais frequentemente provocadas. Todas as doutrinas têm o seu Judas; o Espiritismo não poderia deixar de ter os seus, e não lhe faltaram.

São os espíritas de contrabando, mas que tiveram também a sua utilidade; ensinaram o verdadeiro espírita a ser prudente, circunspecto, e a não se fiar nas aparências.

Em princípio, é necessário desconfiar dos ardores muito fervorosos que, quase sempre, são fogos de palha, ou simulacros, entusiasmos de circunstâncias que suprem os atos pela abundância de palavras. A verdadeira convicção é calma, refletida, motivada; ela se revela, como a verdadeira coragem, pelos fatos, quer dizer, pela firmeza, perseverança, e sobretudo pela abnegação. O desinteresse moral e material é a verdadeira pedra de toque da sinceridade.

A sinceridade tem uma marca *sui generis*; reflete-se por nuanças frequentemente mais fáceis de compreender do que de definir; é sentida por esse efeito da transmissão do pensamento, da qual o Espiritismo vem nos revelar a lei, e que a falsidade não consegue jamais simular completamente, tendo em vista que ela não pode mudar a natureza das correntes fluídicas que projeta. Ela crê erradamente enganar por uma baixa e servil bajulação, que não pode seduzir senão as almas orgulhosas, mas é por essa mesma bajulação que se trai junto às almas elevadas.

Jamais o gelo pôde imitar o calor.

Se passamos à categoria de espíritas propriamente ditos, ainda aí nos encontramos combatendo com certas fraquezas humanas, das quais a doutrina nem sempre triunfa imediatamente. As mais difíceis de vencer são o egoísmo e o orgulho, essas duas paixões originais do homem. Entre os adeptos convencidos, não há deserções na acepção da palavra, porque aquele que desertaria por um motivo de interesse, ou qualquer outro, jamais teria sido espírita sincero; mas aí pode haver desfalecimentos. A coragem e a perseverança podem dobrar-se diante de uma decepção, uma ambição desiludida, uma superioridade não obtida, um amor-próprio ferido, uma prova difícil. Recua-se diante do sacrifício do bem-estar, do temor de comprometer seus interesses materiais, do medo do que disso se dirá; sente-se desconcertado por uma mistificação; não renuncia, mas se esfria; vive-se para si e não para os outros; quer muito beneficiar-se da crença, mas com a condição de que isso não custe nada. Certamente, aqueles que assim agem podem ser crentes, mas infalivelmente são crentes egoístas, nos quais a fé não colocou o fogo sagrado do devotamento e da abnegação; sua alma tem dificuldade para se libertar da matéria. Fazem número nominalmente, mas não se pode contar com eles.

Todos os outros são espíritas que merecem verdadeiramente este nome: aceitam, por si mesmos, todas as consequências da doutrina; e são reconhecidos pelos esforços que fazem para se melhorarem. Sem negligenciarem, senão com razão, os interesses materiais são, para eles, o acessório e não o principal; a vida terrestre não é senão uma travessia mais ou menos penosa; de seu emprego útil ou inútil depende o futuro; suas alegrias são mesquinhas perto do objetivo esplêndido que entreveem além; não se desgostam nunca com os obstáculos que encontrem no caminho, as vicissitudes, as decepções são provas diante das quais não se desencorajam nunca, porque o repouso é o preço do trabalho; por isso, é que não se veem, entre eles, nem deserções, nem desfalecimentos.

Também os bons Espíritos protegem visivelmente aqueles que lutam com coragem e perseverança, cujo devotamento é sincero e sem dissimulação; ajudam-nos a triunfar sobre os obstáculos e aliviam as provas que não podem evitar-lhes, ao passo que abandonam, não menos visivelmente, aqueles que os abandonam e sacrificam a causa da verdade à sua ambição pessoal.

Devemos alinhar entre os desertores do Espiritismo aqueles que se retiram porque a nossa maneira de ver não os satisfaça; aqueles que, achando o nosso método muito lento ou muito rápido, pretendem atingir mais cedo, e em melhores condições, o objetivo que nos propusemos? Não, certamente, se a sinceridade e o desejo de propagar a verdade são seus verdadeiros guias. – Sim, se seus esforços tendem unicamente a se porem em evidência e captar a atenção pública para satisfazer ao seu amor-próprio e ao seu interesse pessoal!

Tendes um modo de ver que não é o nosso; não simpatizais com os princípios que admitimos! Nada prova que estais na verdade mais do que nós. Pode-se diferir de opinião em matéria de ciência; procurais do vosso lado como procuramos do nosso; o futuro fará bem ver quem de nós está errado ou com razão. Não pretendemos ser os únicos em condições sem as quais não se podem fazer estudos sérios e úteis; o que fizemos, seguramente, outros poderão fazê-lo. Que os homens inteligentes se reúnam conosco, ou fora de nós, que importa!... Que os centros de estudos se multipliquem, tanto melhor, porque será um sinal de progresso incontestável, ao qual aplaudiremos com todas as nossas forças.

Quanto às rivalidades, às tentativas para nos suplantar, temos um meio infalível para não temê-las. Trabalhemos para compreender, para engrandecer a nossa inteligência e o nosso coração; lutemos com os outros, mas lutemos com a caridade e a abnegação. Que o amor ao próximo, inscrito sobre a nossa bandeira, seja a nossa divisa; a procura da verdade, de qualquer parte que venha, o nosso único objetivo! Com tais sentimentos, afrontaremos a zombaria de nossos adversários, e as tentativas de nossos competidores. Se nos enganamos, não teremos o tolo amor-próprio de nos atordoar nas ideias falsas; mas há princípios sobre os quais se está certo de jamais se enganar: é o amor ao bem, a abnegação, a abjuração de todo sentimento de inveja e de ciúme. Estes princípios são os nossos; vemos neles o laço que deve unir todos os homens de bem, qualquer que seja a divergência de sua opinião; só o egoísmo e a má fé colocam entre eles barreiras intransponíveis.

Mas, qual será a consequência desse estado de coisas? Sem contradita, as intrigas dos falsos irmãos poderão trazer, momentaneamente, algumas perturbações parciais. Por isso, é preciso fazer todos os seus esforços para frustrá-las tanto quanto possível; elas, porém, não terão, necessariamente, senão um tempo e não poderão ser prejudiciais para o futuro: primeiro, porque são manobra da oposição, que cairá pela força das coisas; além disso, o que se diga ou o que se faça, não se poderia tirar, à Doutrina, o seu caráter distintivo, a sua filosofia racional e lógica, a sua moral consoladora e regeneradora. Hoje, as bases do Espiritismo estão colocadas de maneira inabalável; os livros escritos sem equívoco e colocados ao alcance de todas as inteligências, serão sempre a expressão clara e exata do ensino dos Espíritos, e o transmitis intacto àqueles que virão depois de nós.

Não é preciso perder de vista que estamos num momento de transição, e que nenhuma transição se opera sem conflito. Não é preciso, pois, se admirar ao ver se agitarem certas paixões: as ambições comprometidas, os interesses confundidos, as pretensões iludidas; mas, pouco a pouco, tudo isso se extinguirá, a febre se acalma, os homens passam e as ideias novas ficam. Espíritas, se quereis ser invencíveis, sede benevolentes e caridosos; o bem é uma couraça contra a qual virão sempre se quebrar as manobras do malevolência!...

Sede, pois, sem temor: o futuro está para nós; deixemos, os nossos adversários se debaterem sob a opressão da verdade que os ofusca; toda oposição é impotente contra a evidência, que triunfa inevitavelmente pela própria força das coisas. A vulgarização universal do Espiritismo é uma questão de tempo, e neste século, o tempo caminha a passos de gigante sob o impulso do progresso.

ALLAN KARDEC.

Nota. Publicamos, como complemento deste artigo, uma instrução dada sobre o mesmo assunto por Allan Kardec, depois de sua entrada no mundo dos Espíritos. Pareceu-nos interessante, para os nossos leitores, juntar às páginas eloquentes e viris que precedem, a opinião atual do organizador por excelência de nossa filosofia.

(Paris, novembro de 1869.)

Quando estava corporalmente entre vós, frequentemente, eu dizia que havia de fazer uma história do Espiritismo, à qual não faltaria interesse; é ainda a minha opinião hoje, e os elementos que juntara, com esse objetivo, poderão servir, um dia, para realizar o meu pensamento. É que, com efeito, eu estava colocado melhor que qualquer outro para apreciar o curioso espetáculo provocado pela descoberta e a vulgarização de uma grande verdade. Pressentia outrora, sei hoje, que ordem maravilhosa, que harmonia inconcebível, presidem à concentração de todos os documentos destinados a produzir a obra nova. A benevolência, a boa vontade, o devotamento absoluto de uns; a má fé, a hipocrisia, as manobras malévolas de outros, tudo isso concorre para assegurar a estabilidade do edifício que se eleva. Entre as mãos das forças superiores, que presidem a todos os progressos, as resistências inconscientes ou simuladas, os ataques tendo por objeto semear o descrédito e o ridículo, tornam-se instrumentos de elaboração.

Que não se faz! Que móveis não foram postos em movimento para sufocar a criança no berço!

O charlatanismo e a superstição quiseram, alternadamente, se apoderar de nossos princípios para explorá-los em seu proveito; todas as cóleras da imprensa clamaram contra nós; tornaram em zombaria as coisas mais respeitáveis; atribuíram ao Espírito do mal os ensinos dos Espíritos mais dignos da admiração e da veneração universais; e, entretanto, todos esses esforços acumulados, essa coalizão de todos os interesses melindrados, não conseguiram senão proclamar a impotência de nossos adversários.

É no meio dessa luta incessante contra os preconceitos estabelecidos, contra os erros acreditados, que se aprende a conhecer os homens. Eu sabia, consagrando-me à minha obra predileta, que me expunha ao ódio, à inveja e ao ciúme dos outros. O caminho estava semeado de dificuldades, sem cessar renascentes. Nada podendo contra a Doutrina, atacava-se o homem; mas, desse lado, eu era forte, porque fizera abnegação de minha personalidade. Que me importavam todas as tentativas da calúnia; a minha consciência e a grandeza do objetivo, me faziam de boa vontade esquecer as sarças e os espinhos do caminho. Os testemunhos de simpatia e de estima que recebi, daqueles que me souberam apreciar, foram a mais doce recompensa que jamais ambicionei; mas, ai de mim! quantas vezes teria sucumbido sob o peso de minha tarefa, se a afeição e o reconhecimento da maioria não tivessem feito esquecer a ingratidão e a injustiça de alguns; porque, se os ataques dirigidos contra mim foram sempre achados insensíveis, devo dizer que fui penosamente afetado todas as vezes que neles encontrei os falsos amigos entre aqueles dos quais mais esperava.

Se é justo lançar uma censura sobre aqueles que tentaram explorar o Espiritismo, ou desnaturá-lo em seus escritos, sem dele fazer um estudo preliminar, o quanto são culpados aqueles que, depois de assimilar-lhe todos os princípios, não contentes em se retirarem à parte, voltaram os seus esforços contra ele! É sobretudo sobre os desertores dessa categoria que é preciso chamar a misericórdia divina, porque voluntariamente extinguiram a chama que lhes esclarecia, com a ajuda da qual poderiam esclarecer os outros. Não tardaram a perder a proteção dos bons Espíritos, e, nos fazendo a triste experiência, se viram logo caídos, de queda em queda, nas situações mais críticas!

Depois de meu retorno ao mundo dos Espíritos, revi um certo número desses infelizes! Arrependem-se agora; lamentam a sua inação e a sua má vontade, mas não podem reparar o tempo perdido!... Cedo retornarão sobre a Terra, com a firme resolução de concorrerem ativamente para o progresso, e estarão ainda em luta com as suas antigas tendências, até que hajam triunfado definitivamente.

Poder-se-ia crer que os espíritas de hoje, esclarecidos por esses exemplos, evitarão cair nos mesmos erros. Isto não é assim. Por muito tempo ainda, haverá falsos irmãos e amigos desajeitados; mas não mais do que seus mais velhos, não triunfarão em fazer o Espiritismo sair de seu caminho. Se causam algumas perturbações momentâneas e puramente locais, a Doutrina não periclita por isso; cedo, ao contrário, os espíritas extraviados reconhecerão os seus erros; virão concorrer, com um novo ardor, à obra um instante menosprezada, e, agindo de acordo com os Espíritos superiores que dirigem as transformações humanitárias, avançarão, a passos rápidos, para os tempos felizes prometidos à Humanidade regenerada.

– 25 –

Curta resposta aos detratores do Espiritismo

O direito de exame e de crítica é um direito imprescritível, ao qual o Espiritismo não tem a pretensão de se subtrair, como não tem a de satisfazer todo o mundo. Cada um, pois, está livre para aprová-lo ou rejeitá-lo; mas ainda seria necessário discuti-lo com conhecimento de causa; ora, a crítica não tem senão, muito frequentemente, provado a sua ignorância de seus princípios mais elementares, fazendo-lhe dizer precisamente ao contrário do que ele diz, atribuindo-lhe o que nega, confundindo-o com as imitações grosseiras e burlescas do charlatanismo, dando, enfim, como a regra de todos, as excentricidades de alguns indivíduos. Muito frequentemente, também, a malevolência quis torná-lo responsável por atos repreensíveis ou ridículos, onde seu nome foi misturado incidentemente, e disso faz uma arma contra ele.

Antes de imputar a uma doutrina a incitação a um ato repreensível qualquer, a razão e a equidade querem que se examine se essa doutrina contém as máximas próprias para justificarem esse ato.

Para conhecer a parte de responsabilidade que incumbe ao Espiritismo numa dada circunstância, há um meio muito simples, que é o de inquirir *de boa fé*, não entre os adversários, mas na própria fonte, o que ele aprova e o que ele condena. A coisa é tanto mais fácil que nada tem de secreto; seus ensinos são públicos, e cada um pode controlá-los.

Se, pois, os livros da Doutrina Espírita condenam de maneira explícita e formal um ato justamente reprovado; se não encerram, ao contrário, senão instruções de natureza a levar ao bem, é que o indivíduo culpado da má ação nele não hauriu suas inspirações, tivesse mesmo esses livros em seu poder.

O Espiritismo não é mais solidário com aqueles que se comprazem em dizer-se espíritas, do que a medicina não o é com os charlatães que a exploram, nem a sã religião com os abusos, ou mesmo crimes, cometidos em seu nome. Não reconhece por seus adeptos senão aqueles que colocam em prática os seus ensinos, quer dizer, que trabalham para o seu próprio adiantamento moral, esforçando-se por vencer as suas más inclinações, serem menos egoístas e menos orgulhosos, mais dóceis, mais humildes, mais pacientes, mais benevolentes, mais caridosos para com o próximo, mais moderados em todas as coisas, porque são os sinais característicos do verdadeiro espírita.

O objeto desta curta notícia não é o de refutar todas as falsas alegações dirigidas contra o Espiritismo, nem de desenvolvê-lo ou provar-lhe todos os princípios, e ainda menos procurar converter, às suas ideias, aqueles que professam opiniões contrárias, mas de dizer, em algumas palavras, o que é e o que não é, o que admite e o que reprova.

Suas crenças, suas tendências e seu objetivo se resumem nas proposições seguintes:

1º *O elemento espiritual* e *o elemento material* são os dois princípios, as duas forças vivas da Natureza se completando uma pela outra, e reagindo incessantemente uma sobre a outra, ambas indispensáveis ao funcionamento do mecanismo do Universo.

Da ação recíproca desses dois princípios nascem fenômenos que, cada um deles, isoladamente é incapaz de se explicar.

A ciência, propriamente dita, tem por missão especial o estudo das leis da matéria.

O Espiritismo tem por objeto o estudo do *elemento espiritual* em suas relações com o elemento material, e encontra, na união desses dois princípios, a razão de uma multidão de fatos até então inexplicados.

O Espiritismo caminha de acordo com a ciência no terreno da matéria: admite todas as verdades que ela constata; mas onde se detêm as investigações desta, prossegue as suas no terreno da espiritualidade.

2º Sendo o elemento espiritual um estado ativo da Natureza, os fenômenos que se ligam a ele estão submetido a leis, e, por isso mesmo, tão naturais quanto aqueles que têm sua fonte na matéria neutra.

Certos fenômenos foram reputados *sobrenaturais* pela ignorância das leis que os regem. Em consequência desse princípio, o Espiritismo não admite o caráter maravilhoso atribuído a certos fatos, de tudo constatando a realidade ou a possibilidade. Para ele não há *milagre*, enquanto derrogação das leis naturais; de onde se segue que os espíritas não fazem, milagres, e que a qualificação de taumaturgos, que alguns lhe dão, é imprópria.

O conhecimento das leis que regem o princípio espiritual, se liga, de maneira direta, à questão do passado e do futuro do homem. Sua vida é limitada à existência atual? Entrando neste mundo, saiu do nada, e em que se torna deixando-o? Já viveu e viverá ainda? *Como viverá e em que condições*? Em uma palavra, de onde vem e para onde vai? Por que está sobre a Terra e por que nela sofre? Tais são as perguntas que cada um se coloca, porque são para todos de um interesse capital, e que nenhuma doutrina não lhe deu ainda solução racional. A que o Espiritismo lhe dá, se apoia sobre fatos, satisfazendo às exigências da lógica e da justiça mais rigorosa, é uma das principais causas da rapidez de sua propagação.

O Espiritismo não é nem uma concepção pessoal, nem o resultado de um sistema preconcebido. É a resultante de milhares de observações feitas em todos os pontos do globo, e que convergiram para o centro que as coligiu e coordenou. Todos esses princípios constituintes, sem exceção, são deduzidos da experiência. A experiência sempre precedeu a teoria.

O Espiritismo encontrou, assim, desde o início, raízes por toda a parte; a história não oferece nenhum exemplo de uma doutrina filosófica ou religiosa que haja, em dez anos, reunido um tão grande número de adeptos; entretanto não empregou, para se fazer conhecer, nenhum dos meios vulgarmente em uso; propaga-se por si mesmo, pelas simpatias que encontrou.

Um fato não menos constante é que, em nenhum país, a Doutrina não nasceu na camada baixa da sociedade; por toda a parte, ela se propagou de alto a baixo da escala social; é nas classes esclarecidas que está ainda quase exclusivamente difundida, e as pessoas iletradas nela estão em ínfima minoria.

Está ainda averiguado que a propagação do Espiritismo seguiu, desde a origem, uma marcha constantemente ascendente, apesar de tudo o que se fez para entravá-la e desnaturar-lhe o caráter, tendo em vista desacreditá-lo na opinião pública. Há mesmo a se anotar que, tudo o que se fez com esse objetivo, favoreceu-lhe a difusão; o ruído que se fez a seu propósito levou-o ao conhecimento de pessoas que dele jamais ouviram falar; quanto mais o difamaram ou ridicularizaram, mais as invectivas foram violentas, mais estimulou a curiosidade; e como não pode senão ganhar ao exame, disso resultou que os seus adversários dele se fizeram, sem o querer, os ardentes propagadores; se as diatribes não lhe trouxeram nenhum prejuízo, foi porque estudando-o em sua fonte verdadeira, o encontraram diferente do que havia sido representado.

Nas lutas que teve de sustentar, as pessoas imparciais se deram conta de sua moderação; jamais usou de represálias contra os seus adversários, nem restituiu injúria por injúria.

O Espiritismo é uma doutrina filosófica que tem consequências religiosas, como toda doutrina espiritualista; por isso mesmo toca forçosamente às bases fundamentais de todas as religiões: Deus, a alma e a vida futura; mas não é, uma religião constituída, tendo em vista que não tem nem culto, nem rito, nem templo, e que, entre os seus adeptos, nenhum tomou ou recebeu o título de sacerdote ou de sumo sacerdote. Essas qualificações são pura invenção da crítica.

É-se espírita somente porque se simpatiza com os princípios da doutrina, e que com ela se conforma a sua conduta. É uma opinião como uma outra, que cada um deve ter o direito de professar, como se tem o de ser judeu, católico, protestante, fourieísta, sansimonista, voltairiano, cartesiano, deísta e mesmo materialista.

O Espiritismo proclama a liberdade de consciência como um direito natural: reclama-a para os seus, como para todo o mundo. Respeita todas as convicções sinceras, e pede para si a reciprocidade.

Da liberdade de consciência decorre o direito de *livre exame* em matéria de fé. O Espiritismo combate o princípio da fé cega, como impondo ao homem a abdicação de seu próprio julgamento; diz que toda fé imposta é sem fundamento. Por isso inscreveu, entre as suas máximas: "*Não há fé inabalável senão aquela que pode encarar a razão face a face em todas as épocas da Humanidade.*"

Consequente com os seus princípios, o Espiritismo não se impõe a ninguém; quer ser aceito livremente e por convicção. Expõe suas doutrinas e recebe aqueles que vêm a ele voluntariamente.

Não procura desviar ninguém de suas convicções religiosas; não se dirige àqueles que têm uma fé, e a quem essa fé basta, mas àqueles que, não estando satisfeitos com aquilo que se lhe deu, procuram alguma coisa melhor.

Segunda Parte

– 26 –

Extratos *in extenso,* tirados do livro das *previsões concernentes ao Espiritismo.*

Manuscrito composto com um cuidado todo especial por Allan Kardec e do qual nenhum capítulo foi até este dia publicado.

– 27 –

Minha primeira iniciação no Espiritismo

Foi em 1854 que ouvi falar, pela primeira vez, das mesas girantes. Um dia, encontrei o Sr. Fortier, o magnetizador, que conhecia há muito tempo; ele me disse: Sabeis a singular propriedade que se acaba de descobrir no magnetismo? Parece que não são somente os indivíduos que se magnetizam, mas as mesas que se fazem girar e caminhar à vontade. – "É muito singular, com efeito, respondi; mas, a rigor, isso não me parece radicalmente impossível. O fluido magnético, que é uma espécie de eletricidade, pode muito bem agir sobre os corpos inertes e fazê-los mover." Os relatos, que os jornais publicaram, de experiências feitas em Nantes e Marselha, e em algumas outras cidades, não podiam deixar dúvida sobre a realidade do fenômeno.

Algum tempo depois revi o Sr. Fortier, e ele me disse: "Eis que é muito mais extraordinário; não só se faz a mesa girar magnetizando-a, mas a faz falar; interrogada ela responde. – Isto, repliquei, é uma outra questão; crerei nisso quando o vir, e quando se me tiver provado que uma mesa tem um cérebro para pensar, nervos para sentir, e que possa se tornar sonâmbula; até lá, permiti-me nisso não ver senão uma história de fazer dormir."

Este raciocínio era lógico; eu concebia a possibilidade do movimento por uma força mecânica, mas, ignorando a causa e a lei do fenômeno, parecia-me absurdo atribuir inteligência a uma coisa puramente material. Estava na posição dos incrédulos de nossos dias que negam porque não veem senão um fato do qual não se dão conta. Há 50 anos, se se tivesse dito, pura e simplesmente, a alguém que se podia transmitir um despacho a 500 léguas, e receber-lhe a resposta em uma hora, se vos riria na cara, não teriam faltado excelentes razões científicas para provar que a coisa era materialmente impossível. Hoje, quando a lei da eletricidade é conhecida, isto não espanta ninguém, mesmo os camponeses. Ocorre o mesmo com todos os fenômenos espíritas; para quem não conhece as leis que o regem, parecem sobrenaturais, maravilhosos, e, por consequência, impossíveis e ridículos; uma vez conhecida a lei, o maravilhoso desaparece; a coisa nada mais tem que repugne à razão, porque se lhe compreende a possibilidade.

Disso estava, pois, no período de um fato inexplicado, em aparência contrário às leis da Natureza, e que a minha razão repelia. Ainda nada tinha visto, nem nada observado; as experiências, feitas na presença de pessoas honradas e dignas de fé, me confirmaram na possibilidade do efeito puramente material, mas a ideia de uma mesa *falante* não entrava ainda no meu cérebro.

No ano seguinte, era no começo de 1855, encontrei o Sr. Carlotti, um amigo de vinte e cinco anos, que me entreteve com esses fenômenos durante quase uma hora, com o entusiasmo que punha em todas as ideias novas. O Sr. Carlotti era Corso, de uma natureza ardente e enérgica; sempre estimara nele as qualidades que distinguem uma grande e bela alma, mas desconfiava de sua exaltação. Foi primeiro que me falou da intervenção dos Espíritos, e me contou tantas coisas surpreendentes que, longe de me convencer, aumentou as minhas dúvidas. Sereis um dia dos nossos, disse-me. Não digo não, respondi-lhe; veremos isso mais tarde.

Algum tempo depois, pelo mês de maio de 1855, me encontrei na casa da sonâmbula, Sra. Roger, com o Sr. Fortier, seu magnetizador; encontrei o Sr. Pâtier e a Sra. de Plainemaison que me falaram desses fenômenos no mesmo sentido do Sr. Carlotti, mas num outro tom. O Sr. Pâtier era um funcionário público, de uma certa idade, homem muito instruído, de um caráter sério, frio e calmo; sua linguagem firme, isenta de todo entusiasmo, fez sobre mim uma viva impressão, e, quando me ofereceu para assistir às experiências, que ocorriam na casa da Sra. de Plainemaison, rua Grange-Batelière, nº 18, aceitei prontamente. O encontro foi marcado para a terça-feira, mas, às oito horas da noite.

Foi lá, pela primeira vez, que fui testemunha do fenômeno das mesas girantes, e isso em condições tais que não me era mais possível a dúvida. Vi também algumas tentativas, muito imperfeitas, de escrita medianímica, sobre uma ardósia, com a ajuda de uma cesta. As minhas ideias estavam longe de ser detidas, mas havia ali um fato que deveria ter uma causa. Entrevi, sob essas futilidades aparentes e a espécie de jogo que se fazia desses fenômenos, alguma coisa de séria, e como a revelação de uma nova lei, que me prometia aprofundar.

Logo se ofereceu a ocasião de observar mais atentamente do que não o havia feito ainda. Num dos saraus da Sra. de Plainemaison, conheci a família Baudin, que morava então na rua Rochechouart. O Sr. Baudin ofereceu-me para assistir às sessões semanais que ocorriam em sua casa, e para as quais fui, desde esse momento, muito assíduo.

Essas reuniões eram bastante numerosas; além dos habituais, ali se admitia, sem dificuldade, a quem pedisse. As duas médiuns eram as Srtas. Baudin, que escreviam sobre uma ardósia com a ajuda de uma cesta, dita *pião*, descrita em *O Livro dos Médiuns*. Esse modo, que exige o concurso de duas pessoas, excluía toda possibilidade de participação das ideias do médium. Ali, vi comunicações seguidas, e respostas dadas às perguntas propostas, algumas vezes mesmo a perguntas mentais que acusavam, de maneira evidente, a intervenção de uma inteligência estranha.

Os assuntos tratados eram geralmente frívolos; ocupava-se ali sobretudo de todas as coisas ligadas à vida material, ao futuro, em uma palavra, a nada de verdadeiramente sério; a curiosidade e o divertimento eram os principais móveis dos assistentes. O Espírito que se manifestava habitualmente, tomava o nome de *Zéfiro*, nome perfeitamente em relação com o seu caráter e o da reunião; todavia, era muito bom, e se declarara o protetor da família; frequentemente, se ele tinha a palavra para rir, sabia também, em caso de necessidade, dar sábios conselhos, e manejar, sendo o caso, o epigrama mordaz e espirituoso. Logo travamos conhecimento, e ele me deu, constantemente, provas de uma grande simpatia. Não era um Espírito muito avançado, mas, mais tarde, assistido pelos Espírito superiores, me ajudou nos meus primeiros trabalhos. Disse depois que deveria se reencarnar, e dele não ouvi mais falar.

Foi lá que fiz os meus primeiros estudos sérios em Espiritismo, menos ainda pela revelação do que pela observação. Apliquei a essa nova ciência, como o fizera até então, o método da experimentação; jamais ocasionei teorias preconcebidas: observava atentamente, comparava, deduzia as consequências; dos efeitos procurava remontar às causas, pela dedução e o encadeamento lógico dos fatos, não admitindo uma explicação como válida senão quando podia resolver todas as dificuldades da questão. Foi assim que sempre procedi em meus trabalhos anteriores, desde a idade de 15 a 16 anos. Compreendi, desde logo, a seriedade da exploração que iria empreender; entrevi, nesses fenômenos, a chave do problema, tão obscuro e tão controverso, do passado e do futuro da Humanidade, a solução do que havia procurado em toda a minha vida; era, em uma palavra, toda uma revelação nas ideias e nas crenças; seria preciso, pois, agir com circunspecção, e não levianamente; ser positivo e não idealista, para não se deixar iludir.

Um dos primeiros resultados de minhas observações foi que os Espíritos, não sendo outros senão as almas dos homens, não tinham a soberana sabedoria, nem a soberana ciência; que o seu saber estava limitado ao grau de seu adiantamento, e que a sua opinião não tinha senão o valor de uma opinião pessoal. Essa verdade, reconhecida desde o princípio, me preservou do grande escolho de crer em sua infalibilidade, e me impediu de formular teorias prematuras sobre o dizer de um só ou de alguns.

Só o fato da comunicação com os Espíritos, seja o que for que se possa dizer, provava a existência do mundo invisível ambiente; era já um ponto capital, um campo imenso aberto à nossa exploração, a chave de uma multidão de fenômenos inexplicados; o segundo ponto, não menos importante, era o de conhecer o estado desse mundo, seus costumes, podendo-se assim se exprimir; vi logo que, cada Espírito, em razão de sua posição pessoal e de seus conhecimentos, dele me desvendava uma fase, absolutamente como se chega a conhecer o estado de um país interrogando os habitantes de todas as classes e de todas as condições, cada um podendo nos ensinar alguma coisa, e nenhum, individualmente, não podendo nos ensinar tudo; cabe ao observador formar o conjunto com a ajuda de documentos recolhidos de diferentes lados, colecionados, coordenados e controlados uns pelos outros. Agi, pois, com os Espíritos, como o teria feito com os homens; foram para mim, desde o menor ao maior, meios de me informar, e não *reveladores predestinados*.

Tais foram as disposições com as quais empreendi, e sempre persegui os meus estudos espíritas; observar, comparar e julgar, tal foi a regra constante que segui.

Até as sessões na casa do Sr. Baudin, não tivera nenhum objetivo determinado; comecei ali a procurar resolver os problemas que me interessavam do ponto de vista da filosofia, da psicologia e da natureza do mundo invisível; chegava a cada sessão com uma série de perguntas preparadas, e metodicamente arrumadas; elas eram sempre respondidas com precisão, profundidade, e de maneira lógica. Desde esse momento as reuniões tiveram um outro caráter; entre os assistentes se encontravam pessoas sérias que por elas tomaram um vivo interesse, e se me ocorria de ali faltar, estava-se como inativo; as perguntas fúteis perderam seu atrativo para a maioria. De início, não tivera em vista senão a minha própria instrução; mais tarde, quando vi que isso formava um conjunto e tomava as proporções de uma doutrina, tive o pensamento de publicá-las para a instrução de todo o mundo. Foram as mesmas perguntas que, sucessivamente desenvolvidas e completadas, fizeram a base de *O Livro dos Espíritos*.

No ano seguinte, em 1856, segui ao mesmo tempo as reuniões

espíritas que se tinham na rua Tiquetone, na casa do Sr. Roustan e Srta. Japhet, sonâmbula. Essas reuniões eram sérias e mantidas com ordem. As comunicações ocorriam por intermédio da Srta. Japhet, médium, com a ajuda de uma cesta de bico.

Meu trabalho estava em grande parte terminado, e tomava as proporções de um livro, mas pretendia fazê-lo controlado por outros Espíritos, com a ajuda de diferentes médiuns. Tive o pensamento de fazê-lo um motivo de estudos para as reuniões do Sr. Roustan; ao cabo de algumas sessões, os Espíritos disseram que preferiam revê-lo na intimidade, e me assinalaram, para esse efeito, certos dias para trabalhar, em particular, com a Srta. Japhet, a fim de fazê-lo com mais calma e também para evitar as indiscrições e os comentários prematuros do público.

Não me contentava com essa verificação; os Espíritos dela me fizeram a recomendação. As circunstâncias, tendo me colocado em relação com outros médiuns, cada vez que a ocasião se apresentava, disso aproveitava para propor algumas das questões que me pareciam as mais espinhosas. Foi assim que mais de dez médiuns prestaram a sua assistência para esse trabalho. Foi da comparação e da fusão de todas essas respostas coordenadas, classificadas, e muitas vezes refundidas no silêncio da meditação, que formei a primeira edição de *O Livro dos Espíritos*, que apareceu a 18 de abril de 1857.

Até o fim desse mesmo ano, as duas senhoritas Baudin se casaram; as reuniões não mais ocorreram, e a família se dispersou. Mas, então, as minhas relações começaram a se estender, e os Espíritos multiplicaram, para mim, os meios de instrução para os meus trabalhos ulteriores.

– 28 –

Meu Espírito protetor,
11 de dezembro de 1855

(Em casa do sr. Baudin, méd. srta. Baudin.)

Pergunta ao *Espírito* Z. – No mundo dos Espíritos, há um deles que seja para mim um bom gênio? – *Resposta. Sim;* **– Perg. É o Espírito de um parente ou de um amigo?** *Resp. Nem um nem outro.* – ***Perg.* Quem foi sobre a Terra?** – *Resp. Um homem justo e sábio.* – **Perg. Que devo fazer para**

granjear a sua benevolência? – *Resp. O mais de bem possível.* – **Perg. Por quais sinais poderei reconhecer a sua intervenção?** – *Resp. Pela satisfação que sentirás.* – **Perg. Há um meio de evocá-lo, e qual?** – *Resp. Ter uma fé viva e pedir com empenho.* – **Perg. Depois de minha morte o reconhecerei no mundo dos Espíritos?** – *Resp. Isso não é duvidoso; será ele que virá te felicitar, se cumprires bem a tua tarefa.*

Nota. – Vê-se, por essas perguntas, que eu estava ainda bem novato sobre as coisas do mundo espiritual.

Perg. – O Espírito de minha mãe vem algumas vezes me visitar? – *Resp. Sim, e ela te protege tanto quanto isso seja possível.* – **Perg. Frequentemente eu a vejo em sonho; é isso uma lembrança e um efeito de minha imaginação?** *Resp. – Não; é bem ela que te aparece, tu deves compreendê-lo pela emoção que sentes.*

Nota. – Isto é perfeitamente exato; quando minha mãe me aparecia em sonho, eu sentia uma emoção indescritível, o que o médium não poderia saber.

Perg. Quando, há algum tempo, evocamos S, e lhe perguntamos se poderia ser o gênio protetor de um de nós, ele respondeu: "Que um de vós se mostre digno e eu estarei com ele: Z. vos dirá;" crês-me capaz desse favor? – *Resp. Se tu o queres.* – **Perg. Que é preciso fazer para isso?** *Resp. Fazer todo o bem que encontrares por fazer e suportar as penas da vida com coragem.*

Perg. – Estou apto, pela natureza de minha inteligência, para penetrar, tanto quanto é permitido ao homem fazê-lo, as grandes verdades de nossa destinação futura? – *Resp. Sim, tens a aptidão necessária, mas o resultado dependerá da perseverança no trabalho.* **– Perg. Posso concorrer para a propagação dessas verdades?** – *Resp. Sem dúvida.* – **Perg. Por quais meios?** – *Resp. Sabê-lo-ás mais tarde; à espera, trabalha.*

– 29 –

Meu guia espiritual,
25 de março de 1856

(Em casa do sr. Baudin, méd. srta. Baudin).

Eu morava, nessa época, na rua dos Mártyrs, nº 8, no segundo andar, no fundo do corredor. Uma noite, estando em meu gabinete de trabalho, pequenos golpes reiterados se fizeram ouvir contra a divisória que me separava do quarto vizinho. De início, não lhe prestei nenhuma atenção; mas, como esses golpes persistiam com mais força, mudando de lugar, fiz uma exploração minuciosa dos dois lados da divisória, escutei se provinham de um outro andar, e não descobri nada. O que havia de particular é que, cada vez que eu fazia procuras, o ruído cessava, e recomeçava logo que me repunha a trabalhar. Minha mulher entrou pelas dez horas; veio em meu gabinete e, ouvindo esses golpes, me perguntou o que era isso. Deles nada sei, respondi, faz uma hora que isso dura. Procuramos juntos, sem mais sucesso, e o ruído continuou até à meia-noite, hora na qual ia me deitar.

No dia seguinte, sendo um dia de sessão na casa do Sr. Baudin, contei o fato, e pedi a sua explicação.

Perg. – Sem dúvida, ouvistes o fato que acabo de citar; poderíeis dizer-me a causa dessas pancadas que se fizeram ouvir com tanta persistência? – *Resp. Era teu Espírito familiar.* – **Perg. Com que objetivo vinha bater assim?** – *Resp. Queria se comunicar contigo.* – **Perg. Poderíeis dizer-me o que é que ele queria de mim?** – *Resp. Podes perguntar a ele mesmo, porque está aqui.*

Nota. Nessa época não se fazia distinção entre as diversas categorias de Espíritos simpáticos; eram confundidos sob a denominação geral de Espíritos familiares.

Perg. – Meu Espírito familiar, quem quer que sejais, vos agradeço por ter vindo me visitar; quereríeis me dizer quem sois? – *Resp. Para ti, me chamarei* A Verdade, *e todos os meses, aqui, durante um quarto de hora, estarei à tua disposição.*

Perg. – Ontem, quando batestes, enquanto eu trabalhava, tínheis alguma coisa em particular para me dizer? – *Resp. O que tinha a dizer-te era sobre o trabalho que fazias, o que escrevias me desagradava, e queria te fazer cessar.*

Nota. O que escrevia era precisamente relativo aos estudos que fazia sobre os Espíritos, e suas manifestações.

Perg. – A vossa desaprovação era sobre o capítulo que escrevia, ou sobre o conjunto do trabalho? – *Resp. Sobre o capítulo de ontem; eu te fiz julgá-lo; torna a lê-lo esta noite, encontrarás as faltas e as corrigirás.* – **Perg. Eu mesmo não estava muito satisfeito com esse capítulo e o refiz hoje; está melhor?** – *Resp. Está melhor, mas não bastante bem. Lê da 3a. à 30a. linha e reconhecerás um grave erro.* – **Perg. Rasguei o que fiz ontem.**

– *Resp. Não importa! Essa dilaceração não impede a falta de subsistir; relê e verás.*

Perg. – O nome de Verdade, que tomastes, é uma alusão à verdade que procuro? – *Resp. Talvez; ou, pelo menos, é um guia que te protegerá e te ajudará.* – **Perg. Depois posso vos evocar em minha casa?** – *Resp. Sim, para te assistir pelo pensamento; mas, para respostas escritas em tua casa, não será senão em muito tempo que poderás obtê-las.*

Nota. Com efeito, durante mais ou menos um ano, não pude obter, em minha casa, nenhuma comunicação escrita, e cada vez que ali se encontrava um médium do qual esperava obter alguma coisa, uma circunstância imprevista vinha a isso se opor. Eu não obtinha comunicações senão fora de minha casa.

Perg. Poderíeis vir com mais frequência do que todos os meses? – *Resp. Sim, mas não prometo senão uma vez por mês, até nova ordem.* – **Perg. Animastes algum personagem conhecido sobre a Terra?** – *Resp. Eu te disse que, para ti, era a* Verdade; esse para ti *queria dizer discrição: disso não saberás mais.*

Nota. À noite, reentrando em minha casa, apressei-me em ler o que escrevera, e, seja na cópia lançada ao cesto, seja na nova, na 30a. linha, reconheci um erro grave que me admirava de haver cometido. Desde esse momento, nenhuma manifestação do mesmo gênero ocorreu; as relações com o meu Espírito protetor se achavam estabelecidas, essas manifestações não eram mais necessárias, por isso elas cessaram. O prazo de um mês que ele assinalara, para as suas comunicações, não foi senão raramente observado no princípio; mais tarde, não o foi de todo, era, sem dúvida, uma advertência de ter que trabalhar por mim mesmo, e de não estar, sem cessar, recorrendo a ele para a menor dificuldade.

9 de abril de 1856

(Na casa do sr. Baudin, méd. srta. Baudin.)

Pergunta. – (*À Verdade.*) Criticastes o trabalho que fiz outro dia, e tivestes razão. Eu o reli, e reconheci, na 30a. linha, um erro contra o qual as vossas pancadas eram um protesto. Isso me conduziu a reconhecer outros erros e a refazer o trabalho. Estais mais satisfeito agora?

Resp. – Acho-o melhor, mas te convido a esperar um mês antes de publicá-lo. **– Perg. Certamente, não tenho a intenção de publicá-lo ainda, se nunca devo fazê-lo.** – *Resp. Entendo mostrá-lo a estranhos. Encontra um pretexto para recusá-lo àqueles que o pedirão; daqui até lá, melhorarás* *esse trabalho. Faço-te esta recomendação para evitar a crítica; é do teu amor-próprio que eu cuido.*

Perg. – Dissestes que seríeis para mim um guia, que me ajudaria e me protegeria; concebo essa proteção e o seu objetivo numa certa ordem de coisas, mas gostaríeis de me dizer se essa proteção se estende também às coisas materiais da vida? – *Resp. Neste mundo, a vida material importa muito; não te ajudar a viver, seria não te amar.*

Nota. A proteção desse Espírito, do qual estava longe de supor a superioridade, com efeito, jamais me faltou. Sua solicitude, e a dos bons Espíritos sob as suas ordens, se estende sobre todas as circunstâncias de minha vida, seja para me aplainar as dificuldades materiais, seja para me facilitar o cumprimento de meus trabalhos, seja, enfim, para me preservar dos efeitos da malevolência de meus antagonistas, sempre reduzidos à impossibilidade. Se as atribulações inerentes à missão que tinha que cumprir não puderam me ser poupadas, têm sempre sido abrandadas e largamente compensadas pelas bem doces satisfações morais.

– 30 –

Primeira revelação de minha missão, 30 de abril de 1856

(Na casa do sr. Roustan, méd. srta. Japhet.)

Eu seguia, há algum tempo, as sessões que tinham lugar na casa do Sr. Roustan, e ali começara a verificação de meu trabalho que deveria, mais tarde, formar *O Livro dos Espíritos*. Numa sessão íntima, à qual não assistiam senão sete ou oito pessoas, conversava-se sobre diferentes coisas, relativas aos acontecimentos que poderiam provocar uma transformação social, quando o médium, agarrando a cesta, escreveu espontaneamente o que se segue:

"Quando o grande sino soar, vós o deixareis; somente aliviareis o vosso semelhante; individualmente, o magnetizareis, a fim de curá-lo. Depois, cada um preparado no seu posto, porque será necessário de tudo, uma vez que tudo será destruído, sobretudo por um instante. Não haverá mais religião, e dela será necessária uma, mais verdadeira, grande, bela e digna do Criador... Os seus primeiros fundamentos já estão colocados... Tu, Rivail, a tua missão aí está. (Livre, o cesta retornou para o meu lado, como o faria uma pessoa que quisesse me designar com o dedo.) A ti, Sr... a espada que não fere, mas que mata; contra tudo o que é, serás tu que virás primeiro. Ele, Rivail, virá em segundo: é o obreiro que reconstrói o que foi demolido."

Nota. Esta foi a primeira revelação positiva sobre a minha missão, e confesso que, quando vi a cesta se dirigir bruscamente para mim, e me designar nominalmente, não pude me defender de uma certa emoção.

O Sr. M..., que assistia a essa reunião, era um jovem homem de opiniões as mais radicais, comprometido nos assuntos políticos, e que era obrigado a não se colocar muito em evidência. Crendo num transtorno próximo, se preparava para nele tomar parte, e combinava os seus planos de reforma; era, de resto, um homem agradável e inofensivo.

– 31 –

Minha missão, 7 de maio de 1856

(Na casa do sr. Roustan, méd. srta. Japhet.

Perg. (*A Hahnemann*) – Outro dia, os Espíritos me disseram que eu tinha uma missão importante a cumprir, e me indicaram o seu objeto; desejaria saber se a confirmais.

Resp. Sim, e se interrogares as tuas aspirações, as tuas tendências, e o objeto quase constante de tuas meditações, isso não deverá te surpreender. Deves cumprir o que sonhaste há muito tempo; é necessário que nisso trabalhes ativamente para estar pronto, porque o dia está mais próximo do que pensais.

Perg. – Para cumprir essa missão, tal como a concebo, são necessários meios de execução que estão ainda longe de mim.

Resp. – Deixa a Providência fazer a sua obra e estarás satisfeito.

Acontecimentos

Perg. – A comunicação dada outro dia parece fazer presumir acontecimentos muito graves: poderíeis nos dar algumas explicações a esse respeito?

Resp. – Não podemos precisar os fatos; o que podemos dizer é que haverá muitas ruínas e desolações, porque os tempos preditos, para uma renovação da Humanidade, estão chegados.

Perg. – O que causará essas ruínas? Será um cataclismo?

Resp. – Não haverá cataclismo material, como o entendeis, mas flagelos de todas as espécies desolarão as nações; a guerra dizimará os povos; as instituições antiquadas submergirão em ondas de sangue. É preciso que o velho mundo se desabe para se abrir uma nova era ao progresso.

Perg. A guerra não estaria, pois, circunscrita a um país?

Resp. – Não, ela abraçará a Terra.

Perg. – Nada, no entanto, neste momento, parece pressagiar uma tempestade próxima.

Resp. – As coisas prendem-se por um fio de aranha, parcialmente cortado.

Perg. – Pode-se, sem indiscrição, perguntar de onde partirá a primeira faísca?

Resp. – Da Itália.

– 32 –

Acontecimentos, 12 de maio de 1856

(Sessão pessoal na casa do sr. Baudin.)

Pergunta – (*À Verdade*). – Que pensais do Sr. M.? É um homem que terá influência nos acontecimentos?

Resposta. – De muito ruído. Ele tem boas ideias; é um homem de ação, mas não é uma inteligência.

Perg. – É preciso tomar ao pé da letra o que foi dito, que lhe cabia o papel de destruir o que existe?

Resp. – Não, quis personificar nele o partido do qual representa as ideias.

Perg. – Posso manter relações de intimidade com ele?

Resp. – Não para o momento; correrias perigos inúteis.

Perg. – O Sr. M..., que tem um médium, disse que se lhe precisou a data da marcha dos acontecimentos, por assim dizer, com dia fixo; isso é verdade?

Resp. – Sim, foram-lhe fixadas épocas, mas foram os Espíritos levianos, que não sabem mais do que ele, e que exploram a sua exaltação. Sabes que não devemos nunca precisar as coisas futuras. Os acontecimentos pressentidos, certamente, ocorrerão num tempo próximo, mas que não pode ser precisado.

Perg. – Os Espíritos disseram que os tempos estão chegados, em que essas coisas devem se cumprir; que sentido é preciso ligar a essas palavras?

Resp. – Para coisas dessa gravidade, o que são alguns anos a mais ou a menos? Elas nunca chegam bruscamente e como um raio, mas estão, de há muito, preparadas por acontecimentos parciais, que lhe são como os precursores e como os ruídos surdos que precedem a erupção de um vulcão. Pode-se, pois, vos dizer que os tempos estão chegados, sem que isso signifique que as coisas chegam amanhã. Isso quer dizer que estais no período em que ocorrerão.

Perg. Confirmais o que foi dito, de que não haverá cataclismos?

Resp. – Certamente, não tendes a temer nem dilúvio, nem abrasamento de vosso planeta, nem outras coisas desse gênero, porque não se pode dar o nome de cataclismo a perturbações locais que não se produziram em todas as épocas. Não haverá senão um cataclismo moral, de que os homens serão os instrumentos.

– 33 –

O Livro dos Espíritos,
10 de junho de 1856

(Na casa do sr. Roustan. Méd. srta. Japhet.)

Pergunta. *(A Hahnemann)* – Pensei que, uma vez que logo acabaremos a primeira parte do livro, para ir mais depressa, poderia pedir ao Sr. B... para me ajudar como médium; que pensais disso?

Resposta. – Penso que seria melhor não se servir dele. – Por quê? – Porque a verdade não pode ser interpretada pela mentira.

Perg. – Se o Espírito familiar de B... é a mentira, isso não impediria, a um bom Espírito, se comunicar pelo médium, do momento que não se evocasse o outro Espírito.

Resp. – Sim, mas aqui o médium ajuda o Espírito, e, quando o Espírito é falso, a isso se presta. Aristo, seu intérprete, e B... acabarão mal.

Nota. B... era um jovem, médium escrevente muito fácil, mas assistido por um Espírito orgulhoso, déspota e arrogante, que tomava o nome de Aristo; bajulava nele uma tendência natural ao amor-próprio. As previsões de Hahnemann se realizaram. Esse jovem, tendo acreditado encontrar, em sua faculdade, uma fonte de fortuna, seja pelas consultas médicas, seja pelas invenções e descobertas rendosas, disso não recolheu senão decepções e mistificações. Algum tempo depois, dele não se ouvia mais falar.

– 34 –

Minha missão, 12 de junho de 1856

(Na casa do sr. C... Méd. srta. Aline C...)

Pergunta – *(À Verdade)* – Bom Espírito, desejaria saber o que pensais da missão que me foi assinada apor alguns Espíritos; quereis dizer-me, eu vos peço, se é uma prova para o meu amor-próprio. Sem dúvida, vós o sabeis, tenho o maior desejo de contribuir para a propagação da verdade, mas, do papel de simples trabalhador ao de missionário como chefe, a distância é grande, e eu não compreenderia o que poderia justificar, em mim, um tal favor, de preferência a tantos outros que possuem talentos e qualidades que não tenho.

Resposta. – Confirmo o que te foi dito, mas convido-te a muita discrição, se quiseres vencer. Saberás, mais tarde, coisas que te explicarão o que te surpreende hoje. Não olvideis que podeis vencer, como podeis falir; neste último caso, um outro te substituiria, porque os desígnios do Senhor não repousam sobre a cabeça de um homem. Não fales, pois, jamais da tua missão: esse seria o meio de fazê-la fracassar. Ela não pode ser justificada senão pela obra realizada, e ainda nada fizeste. Se a cumprires, os homens te reconhecerão, cedo ou tarde, eles mesmos, porque é pelos frutos que se reconhece a qualidade da árvore.

Pergunta. – Certamente, não tenho nenhuma vontade de me gabar de uma missão na qual creio apenas eu mesmo. Se estou destinado a servir de instrumento para os objetivos da Providência, que ela disponha de mim; mas, nesse caso, reclamo a vossa assistência e a dos bons Espíritos para me ajudarem e me sustentarem na tarefa.

Resp. – A nossa assistência não te faltará, mas será inútil se, de tua parte, não fizeres o que é necessário. Tens o teu livre-arbítrio; cabe a ti usá-lo como entendes; nenhum homem está constrangido a fazer fatalmente uma coisa.

Perg. – Quais são as causas que poderiam me fazer fracassar? Seria a insuficiência de minhas capacidades?

Resp. – Não; mas a missão dos reformadores está cheia de escolhos e de perigos; a tua é rude, disso te previno, porque é o mundo inteiro que se trata de agitar e de transformar. Não creias que te baste publicar um livro, dois livros, dez livros, e permaneceres tranquilamente em tua casa; não, ser-te-á preciso expor-te ao perigo; levantarás contra ti ódios terríveis; inimigos obstinados conjurarão a tua perda; estarás em luta contra a malevolência, a calúnia, a traição mesmo daqueles que te parecerão os mais devotados; tuas melhores instruções serão desconhecidas e desnaturadas; mais de uma vez, sucumbirás sob o peso da fadiga; em uma palavra, será uma luta quase constante que terás que sustentar, e o sacrifício de teu repouso, de tua tranquilidade, de tua saúde, e mesmo de tua vida, porque sem isso viverias por muito mais tempo. Pois bem! mais de um recua quando, em lugar de um caminho florido, não encontra sob os seus passos senão espinheiros, pedras agudas e serpentes. Para tal missão, a inteligência não basta. É necessário primeiro, para agradar a Deus, a humildade, a modéstia, o desinteresse, porque ele abate os orgulhosos, os presunçosos e os ambiciosos. Para lutar contra os homens é necessário coragem, perseverança, e uma firmeza inabalável; é preciso também da prudência e do tato, para conduzir as coisas a propósito, e não comprometer-lhe o sucesso por medidas, ou por palavras, intempestivas; é preciso, enfim, do devotamento, da abnegação, e estar pronto para todos os sacrifícios.

Vês que a tua missão está subordinada a coisas que dependem de ti.

ESPÍRITO VERDADE.

Eu. – Espírito Verdade, eu vos agradeço pelos vossos sábios conselhos. Aceito tudo sem restrição e sem dissimulação.

Senhor! Se vos dignastes lançar os olhos sobre mim para o cumprimento de vossos desígnios, que seja feita a vossa vontade! A minha vida está em vossas mãos, disponde do vosso servidor. Em presença de uma tão grande tarefa, reconheço a minha fraqueza; minha boa vontade não faltará, mas, talvez, as minhas forças me trairão. Supri a minha insuficiência; dai-me as forças físicas e morais que me forem necessárias. Sustentai-me nos momentos difíceis, e com a vossa ajuda, e a de vossos celestes mensageiros, esforçar-me-ei para corresponder aos vossos objetivos.

Nota. Escrevi esta nota em 1º de janeiro de 1867, dez anos e meio depois que esta comunicação me foi dada, e constato que ela se realizou em todos os pontos, porque sofri todas as vicissitudes que me foram anunciadas. Fui alvo do ódio de inimigos obstinados, da injúria, da calúnia, da inveja e do ciúme; libelos infames foram publicados contra mim; as minhas melhores instruções foram desnaturadas; fui traído por aqueles em quem coloquei a minha confiança, pago com a ingratidão por aqueles a quem prestei serviço. A Sociedade de Paris foi um foco contínuo de intrigas urdidas por aqueles mesmos que se diziam por mim, e que, fazendo cara boa diante de mim, me dilaceravam por detrás. Disseram que aqueles que tomavam o meu partido eram assalariados por mim com o dinheiro que eu recolhia do Espiritismo. Não mais conheci o repouso; mais de uma vez sucumbi sob o excesso de trabalho, a minha saúde foi alterada e a minha vida comprometida.

No entanto, graças à proteção e à assistência dos bons Espíritos que me deram, sem cessar, provas manifestas de sua solicitude, estou feliz em reconhecer que não senti, um só instante, o desfalecimento nem o desencorajamento, e que constantemente persegui a minha tarefa com o mesmo ardor, sem me preocupar com a malevolência de que era objeto. Segundo a comunicação do Espírito Verdade, deveria esperar tudo isso, e tudo se verificou.

Mas também, ao lado dessas vicissitudes, que satisfação senti vendo a obra crescer de modo tão prodigioso! Com quantas doces consolações as minhas tribulações foram pagas! Quantas bênçãos, quantos testemunhos de real simpatia, não recebi da parte dos numerosos aflitos que a Doutrina consolou! Esse resultado não me fora anunciado pelo Espírito Verdade que, sem dúvida, desejou não me mostrar senão as dificuldades do caminho. Quanto não seria, pois, a minha ingratidão se eu me queixasse! Se dissesse que há uma compensação entre o bem e o mal, não estaria com a verdade, porquanto o bem, entendo as satisfações morais, superaram muito sobre o mal. Quando me chegava uma decepção, uma contrariedade qualquer, elevava-me, pelo pensamento, acima da Humanidade; colocava-me, por antecipação, na região dos Espíritos e, desse ponto culminante, de onde descobria o meu ponto de atraso, as misérias da vida deslizavam sobre mim sem me atingir. Fizera-me disso um tal hábito que os gritos dos maus jamais me perturbaram.

– 35 –

O Livro dos Espíritos,
17 de junho de 1856

(Em casa do Dr. Baudin. Médium srta. Baudin.)

Pergunta. (*À Verdade*). – Uma parte da obra foi revista, seríeis bastante bom para me dizer o que pensais disso?

Resposta. – O que foi revisto está bem; mas, quando tudo acabar, será preciso revê-la ainda, a fim de estendê-la sobre certos pontos, e abreviá-la em outros.

Pergunta. – Pensais que deva ser publicada antes que os acontecimentos anunciados se tenham cumprido?

Resposta. Uma parte, sim; mas tudo, não; porque te asseguro que teremos capítulos muito espinhosos. Por importante que seja este primeiro trabalho, não é, de alguma sorte, senão uma introdução; *tomará proporções que estás longe de supor hoje, e tu mesmo compreenderás que certas partes não poderão ser publicadas senão muito mais tarde, e gradualmente, à medida que as ideias novas se desenvolverem e tomarem raízes. Dar tudo de uma vez seria uma imprudência, é necessário deixar, à opinião, o tempo de se formar. Encontrarás impacientes que te empurrarão para a frente: não os escuteis; vê, observa, sonda o terreno, sabe esperar, e faze como o general prudente que não ataca senão quando o momento favorável chegou.*

Nota. (escrita em janeiro de 1867). – Na época em que foi dada essa comunicação, eu não tinha em vista senão *O Livro dos Espíritos*, e estava longe, como disse o Espírito, de suspeitar das proporções que o conjunto do trabalho tomaria. Os acontecimentos anunciados não deveriam se cumprir antes de vários anos, uma vez que não o foram ainda neste momento. As obras aparecidas até este dia, não foram publicadas senão sucessivamente, e me encontrei levado a fazê-las, *à medida que as ideias novas se desenvolviam*. Daqueles que restam a fazer, o mais importante, aquele que pode ser considerado como o coroamento do edifício, e contém, com efeito, os capítulos *mais espinhosos*, não poderia ser publicado sem prejuízo antes do período dos desastres. Eu não via então senão um livro, e não compreendia que pudesse ser fracionado, ao passo que o Espírito fazia alusão àqueles que deveriam seguir, e que haveria inconveniente em publicar prematuramente.

"Saiba esperar, disse o Espírito; não escutes os impacientes que te empurrarão para frente." Os impacientes não faltaram, e se os houvesse escutado, conduziria, em cheio, o navio sobre os escolhos. Coisa bizarra! Ao passo que uns me gritavam para ir mais depressa, outros me acusavam de não ir mais devagar. Não escutei nem uns e nem os outros, constantemente tomo por bússola a marcha das ideias.

De que confiança no futuro não devia estar animado, à medida que via se realizarem as coisas previstas, e que reconhecia a profundidade da sabedoria das instruções de meus protetores invisíveis.

– 36 –

O Livro dos Espíritos, 11 de setembro de 1856

(Em casa do sr. Baudin. Méd. srta. Baudin.)

Depois de ler alguns capítulos de *O LIVRO DOS ESPÍRITOS*, concernentes às leis morais, o médium escreveu espontaneamente:

"Compreendestes bem o objetivo de teu trabalho; o plano está bem concebido; estamos contentes contigo. Continue; mas, sobretudo, quando a obra estiver terminada, lembra-te de que nós te recomendaremos fazê-la imprimir e propagá-la: é de uma utilidade geral. Estamos satisfeitos, e não te deixaremos jamais. Crê em Deus e caminha."

VÁRIOS ESPÍRITOS.

– 37 –

A tiara espiritual, 6 de maio de 1857

(Em casa da senhora de Cardone.)

Tive ocasião de ver, nas sessões do Sr. Roustan, a Senhora de Cardone. Alguém me disse, creio que foi o Sr. Carlotti, que ela possuía um talento notável para ler na mão. Jamais acreditei no significado das linhas da mão, mas sempre pensei que isso poderia ser, para certas pessoas dotadas de uma espécie de segunda vista, um meio de estabelecer uma relação que lhe permitisse, como aos sonâmbulos, às vezes, dizer coisas verdadeiras. Os sinais da mão não são senão um pretexto, um meio de fixar a atenção, desenvolver a lucidez, como o são as cartas, a marca de café, os espelhos ditos mágicos, para os indivíduos que gozam dessa faculdade. A experiência, mais de uma vez, me confirmou a verdade dessa opinião. Seja como for, essa senhora, tendo me convidado para ir vê-la, cedi ao seu convite, e eis um resumo do que ela me disse:

"Sois nascido com uma grande abundância de recursos e de meios intelectuais... força extraordinária de julgamento... Vosso gosto está formado; governado pela cabeça, moderais a inspiração pelo julgamento; sujeitais o instinto, a paixão, a intuição ao método, à teoria. Tivestes sempre o gosto das ciências morais... Amor ao verdadeiro absoluto... Amor da arte definida.

"Vosso estilo tem do número, da medida, da cadência; mas, às vezes, trocais um pouco da vossa precisão pela da poesia.

"Como filósofo idealista, vos sujeitastes às opiniões alheias; como filósofo crente, sentis agora a necessidade de fazer seita.

"Benevolência judiciosa; necessidade imperiosa de aliviar, de socorrer, de consolar; necessidade de independência.

"Corrigi-vos muito lentamente da prontidão de vosso temperamento.

"Sois singularmente apropriado para a missão que vos está confiada, porque estais mais feito para vos tornar o centro de desenvolvimentos imensos, do que capaz de trabalhos isolados... os vossos olhos têm o olhar do pensamento.

"Vejo aqui o sinal da *tiara espiritual*... está muito pronunciado, olhai..." (Olhei e nada vi de particular.)

Que entendeis, disse eu, por *tiara espiritual*? Quereis dizer que serei papa? Se isso devesse ser, certamente não seria nesta existência.

Resposta. – "Notai que disse tiara *espiritual*, o que quer dizer *autoridade moral e religiosa*, e não poder supremo efetivo".

Relatei pura e simplesmente as palavras dessa senhora, que ela mesma me transcreveu; não me cabe julgar se são, em todos os pontos, exatas; deles reconheço alguns por verdadeiros, porque estão em relação com o meu caráter e as disposições do meu espírito; mas há uma passagem evidentemente errada, aquela onde disse, a propósito do estilo, que eu trocaria, às vezes, um pouco da minha precisão pela poesia. Não tenho nenhum instinto poético; o que procuro, acima de tudo, o que me agrada, o que estimo, nos outros, é a clareza, a limpidez, a precisão, e longe de sacrificar esta à poesia, poder-se-ia antes me censurar por sacrificar o sentimento poético à secura da forma positiva. Tenho preferido o que fala à inteligência, ao que não fala senão à imaginação.

Quanto à *tiara espiritual*, O Livro dos Espíritos acabava de aparecer: a Doutrina estava em seu início, e não se poderia, ainda, julgar os seus resultados ulteriores; não ligava senão pouca importância a essa revelação, e limitei-me a tomar-lhe nota a título de informação.

Essa senhora deixou Paris no ano seguinte, e não a revi senão oito anos mais tarde, em 1866; as coisas tinham caminhado muito nesse intervalo. Ela me disse: Lembrai-vos de minha predição da *tiara espiritual*? Ei-la realizada. – Como realizada? Não estou, que o saiba, sobre o trono de São Pedro. – Não, também não foi isso o que vos anunciei. Mas, não sois, de fato, o chefe da Doutrina, reconhecido pelos espíritas do mundo inteiro? Não são os vossos escritos que fazem lei? Vossos adeptos não se contam aos milhões? Há um homem cujo nome tenha mais autoridade do que o vosso pelo que respeita ao Espiritismo? Os títulos de sumo sacerdote, de pontífice, de papa mesmo não vos são espontaneamente dados? Sobretudo pelos vossos adversários e por ironia, eu o sei, mas não deixam de ser o indício do gênero de influência que vos reconhecem: pressentem o vosso papel e esses títulos vos ficarão.

Em suma, conquistastes, sem procurá-la, uma posição moral que ninguém pode vos retirar, porque, quaisquer trabalhos que se possam fazer depois de vós, ou concorrentemente convosco, não sereis menos o fundador reconhecido da Doutrina. Desde esse momento, possuis, pois, em realidade, a *tiara espiritual*, quer dizer, a supremacia moral. Vede, pois, que eu disse a verdade.

Credes agora um pouco mais nos sinais da mão? – Menos do que nunca, e estou convencido de que, se vistes alguma coisa, não foi na mão, mas em vosso próprio espírito, e vou prová-lo.

Admito na mão, como no pé, nos braços e nas outras partes do corpo, certos sinais fisiognomônicos; mas cada órgão apresenta sinais especiais segundo o uso que lhe está destinado e sobre as suas relações com o pensamento; os sinais da mão não podem ser os mesmos que os dos pés, dos braços, da boca, dos olhos, etc.

Quanto às dobras interiores da mão, sua maior ou menor acentuação prende-se à natureza da pele e a mais ou menos abundância do tecido celular, e como essas partes não têm nenhuma correlação fisiológica com os órgãos das faculdades intelectuais e morais, não lhes podem ser a expressão. Admitindo mesmo essa correlação, poderiam fornecer indícios sobre o estado presente do indivíduo, mas não poderiam ser sinais de presságios de coisas futuras, nem de acontecimentos passados, independentes de sua vontade. Na primeira hipótese, compreendia rigorosamente que, com a ajuda desses traços, podia-se dizer que uma pessoa possui tal ou tal aptidão, tal ou tal tendência, mas o mais vulgar bom senso repele a ideia de que se possa ali ver se ela é casada ou não, quantas vezes, e quantos filhos teve, se é viúva ou não, e outras coisas semelhantes, como o pretende a maioria dos quiromantes.

Entre as pregas da mão, há uma bem conhecida de todo o mundo, e que parece, bastante bem, um M; se está fortemente marcado, é, diz-se, o presságio de uma vida infeliz; mas a palavra *malheur* é francesa, e se esquece que o termo equivalente não começa, em todas as línguas, pela mesma letra: de onde se segue que essa prega deveria tomar uma forma diferente segundo a língua dos povos.

Quanto à *tiara espiritual*, evidentemente é uma coisa especial, excepcional, e de alguma sorte individual, e estou convencido de que não encontrastes essa palavra num tratado de quiromancia. Como vos veio, pois, ao pensamento? Por intuição, por inspiração, ou por essa espécie de presciência inerente à dupla vista que muitas pessoas possuem sem disso desconfiar. A vossa intuição estava concentrada sobre os lineamentos da mão, aplicastes a ideia a um sinal no qual uma outra pessoa teria visto coisa diferente, ou ao qual teríeis atribuído um significado diferente num outro indivíduo.

– 38 –

Primeiro anúncio de uma nova encarnação,

17 de janeiro de 1857

(Em casa do sr. Baudin, méd. srta. Baudin.)

O Espírito me prometera escrever uma carta por ocasião do novo ano; tinha, dizia, alguma coisa em particular para me dizer. Lá, lhe tendo sido pedida, em uma das reuniões ordinárias, disse que a daria na intimidade do médium, que ma transmitiria. Eis a carta.

Caro amigo, não quis te escrever, na última terça-feira, diante de todo o mundo, porque há certas coisas que não se podem dizer senão entre nós.

Queria primeiro te falar de tua obra, a que fazes imprimir (*O Livro dos Espíritos* estava no prelo.) Não te canses tanto noite e dia; terás mais resultado, e a obra não perderá por esperar.

Segundo o que vejo, és muito capaz de conduzir teu empreendimento a bom fim, e chamado a fazer grandes coisas; mas não exageres nada; vê e aprecia tudo sadia e friamente; mas não te deixes arrastar pelos entusiastas e os muito apressados; calcula todos os teus passos e todas as providências a fim de chegarem infalivelmente. Não creias mais do que não vês: não vires a cabeça para o que te pareça incompreensível; disso saberás mais do que um outro, porque se te colocarão os assuntos de estudo sob os olhos.

Mas, ai! a verdade não será ainda conhecida, nem acreditada, por todos, antes de muito tempo! Não verás, nesta existência, senão a aurora do sucesso de tua obra; será necessário que retornes, *reencarnado num outro corpo*, para completar o que tiveres começado, e, então, terás a satisfação de ver, em plena frutificação, a semente que tiveres difundido sobre a Terra.

Terás invejosos e ciumentos que procurarão te denegrir e contrariar; não te desencorajes; não te inquietes com o que se dirá ou se fará contra ti; prossegue tua obra; trabalha sempre pelo progresso da Humanidade, e serás sustentado pelos bons Espíritos, enquanto perseverares no bom caminho.

Lembra-te de que, há um ano, prometi a minha amizade àqueles que, durante o ano, fossem convenientes em toda a sua conduta? Pois bem! anuncio-te que és um daqueles que escolhi entre todos.

Teu amigo que te ama e te protege, Z

Nota. Eu disse que Z não era um Espírito superior, mas muito bom e benevolente. Talvez era mais avançado do que o nome que tomou poderia fazer supor; pode-se supô-lo a julgar pelo caráter sério e a sabedoria de suas comunicações, segundo as circunstâncias. Em favor de seu nome, poderia se permitir uma linguagem familiar, própria ao meio onde se manifestava, e dizer, o que lhe acontecia frequentemente, duras verdades sob a forma alegórica do epigrama. Seja como for, sempre conservei dele uma boa lembrança e o reconhecimento pelos bons conselhos que me deu e a amizade que me testemunhou. Desapareceu com a dispersão da família Baudin, e dissera que logo deveria se reencarnar.

– 39 –

A Revista Espírita, 15 de novembro de 1857

(Em casa do sr. Dufaux, méd. senhora E. Dufaux.)

Pergunta. – Tenho a intenção de publicar um jornal espírita, pensais que chegarei a fazê-lo, e mo aconselhais? A pessoa à qual me dirigi, o Sr. Tiedeman, parece-me decidido a dar o seu concurso pecuniário.

Resp. – Sim, isso conseguirás com a perseverança. A ideia é boa, é preciso amadurecê-la antes.

Perg. – Temo que outros me antecedam.

Resp. – É necessário apressar-se.

Perg. – É o meu desejo, mas o tempo me falta. Tenho dois empregos que me são necessários, vós o sabeis; gostaria de poder a isso renunciar, a fim de consagrar-me inteiramente à coisa, sem preocupações estranhas.

Resp. – Não é preciso nada abandonar no momento; sempre se acha tempo para tudo; movimenta-te e conseguirás.

Perg. – Devo agir sem o concurso do Sr. Tiedeman.

Resp. – Agi com ou sem seu concurso; não te inquietes com ele, podes por isso passar.

Perg. – Tinha a intenção de fazer um primeiro número de experiência, a fim de colocar o jornal e fixar-lhe data, salvo continuar mais tarde, se for o caso; que pensais disso?

Resp. – A ideia é boa, mas um primeiro número não bastará; no entanto, é útil e mesmo necessário naquilo que abrirá o caminho ao resto. Nisso será preciso levar muito cuidado, de maneira a lançar as bases de um sucesso durável; se for defeituoso, mais valeria nada, porque a primeira impressão pode decidir seu futuro. É necessário se ligar, começando, sobretudo a satisfazer à curiosidade; deve encerrar, ao mesmo tempo, o sério e o agradável; o sério que ligará os homens de ciência, e o agradável que divertirá o vulgo; esta parte é essencial, mas a outra é a mais importante, porque sem ela o jornal não teria fundamento sólido. Em uma palavra, é preciso evitar a monotonia pela variedade, reunir a instrução sólida ao interesse, e isso será, para todos os trabalhos ulteriores, um poderoso auxiliar.

Nota. – Apressei-me em redigir o primeiro número, e fi-lo aparecer em janeiro de 1858, sem disso nada ter dito a ninguém. Não tinha um único assinante e nenhum sócio capitalista. Fi-lo, pois, inteiramente aos meus riscos e perigos, e não ocorreu de me arrepender disso, porque o sucesso excedeu a minha expectativa. A partir de 1º de janeiro, os números se sucederam sem interrupção, e, como o Espírito previra, esse jornal se me tornou um poderoso auxiliar. Reconheci mais tarde que estava feliz por não ter um sócio capitalista, porque estava mais livre, ao passo que um estranho teria podido querer me impor suas ideias e sua vontade, e entravar a minha caminhada; só, não tinha que dar contas a ninguém, por pesada que fosse a minha tarefa como trabalho.

– 40 –

Fundação da Sociedade Espírita de Paris,

1º de abril de 1858

Se bem que não haja aqui nenhum fato de previsão, menciono, para memória, a fundação da Sociedade, por causa do papel que desempenhou na marcha do Espiritismo, e das comunicações ulteriores às quais deu lugar.

Em torno de seis meses depois, tinha em minha casa, rua dos Martyrs, uma reunião de alguns adeptos, todas as terças-feiras. O principal médium era a Srta. Dufaux. Se bem que o local não pudesse conter senão 15 a 20 pessoas, às vezes nele se encontravam até 30. Essas reuniões ofereciam um grande interesse pelo seu caráter sério, e a alta importância das questões que ali eram tratadas; frequentemente, viam-se ali príncipes estrangeiros e outras personagens de distinção.

O local, pouco cômodo pela sua disposição, evidentemente, tornou-se muito exíguo. Alguns, dos frequentadores, propuseram se cotizar para alugar um mais conveniente. Mas, então, tornava-se necessário ter uma autorização legal, para evitar de ser atormentado pela autoridade. O Sr. Dufaux, que conhecia pessoalmente o Prefeito de polícia, se encarregou de pedi-la. A autorização dependia também do Ministro do Interior, que era então o general X... que era, sem que o soubéssemos, simpático às nossas ideias, sem conhecê-las completamente, e com a influência do qual a autorização que, seguindo uma fieira comum, teria exigido três meses, foi obtida em quinze dias.

A Sociedade foi, então, regularmente constituída e se reunia todas as terças-feiras, no local que alugara no Palais Royal, galeria de Valois. Ali permaneceu um ano, de 1º de abril de 1858 a 1º de abril de 1859. Não podendo ali permanecer por mais tempo, se reunia, todas as quartas-feiras, num dos salões do restaurante Douix, no Palais Royal, galeria Montpensier, de 1º de abril de 1859 a 1º de abril de 1860, época em que ela se instalou num local próprio, rua e passagem Sainte Anne, 59.

A Sociedade, formada, no princípio, de elementos pouco homogêneos e de pessoas de boa vontade que eram aceitas com relativa facilidade, teve que sofrer numerosas vicissitudes, que não foram um dos menos penosos embaraços de minha tarefa.

– 41 –

Duração de meus trabalhos, 24 de aneiro de 1860

(Em casa da sra. Forbes, méd. sra. Forbes.)

Segundo minha apreciação, estimava que me seriam necessários ainda em torno de dez anos para terminar os meus trabalhos, mas não tinha dado conhecimento dessa ideia a ninguém. Fiquei, pois, muito surpreso ao receber, de meus correspondentes de Limoges, uma comunicação obtida espontaneamente, na qual o Espírito, falando de meus trabalhos, dizia que o teria ainda por dez anos antes de terminá-lo.

Perg. – *(À Verdade)* – Como ocorre que um Espírito, se comunicando em Limoges, onde nunca fui, haja dito precisamente o que eu pensava sobre a duração de meus trabalhos.

Resp. – Sabemos o que te resta a fazer e, consequentemente, o tempo aproximado que te é necessário para acabá-lo. É, pois, muito natural que os Espíritos hajam dito em Limoges, e alhures, para dar ideia da importância da coisa e o trabalho que ela exige.

No entanto, o prazo de dez anos não é absoluto; pode ser prolongado em alguns anos por circunstâncias imprevistas e independentes de tua vontade.

Nota. (Escrita em dezembro de 1866). – Publiquei quatro volumes de fundo para falar de coisas acessórias. Os Espíritos me prensam para publicar a Gênese em 1867, antes das perturbações. Durante o período de grande perturbação, deverei trabalhar nos livros complementares da Doutrina, que não poderão aparecer senão depois da grande tormenta, e para os quais me são necessários de três a quatro anos. Isso nos leva, o mais cedo, em 1870, quer dizer, em torno de dez anos.

– 42 –

Acontecimentos. Papado,
28 de janeiro de 1860

(Em casa do sr. Solichon, méd. srta. Solichon.)

Pergunta. – *(Ao Espírito Ch.)* Fostes embaixador em Roma e, naquele tempo, predissestes a queda do governo papal; que pensais hoje a esse respeito?

Resposta. – Creio que se aproxima o tempo em que a minha profecia vai se cumprir: mas isso não será sem tumultos. Tudo se complica; as paixões se esquentam e, de uma coisa que se poderia fazer sem comoção, tomam-na de tal modo que toda a cristandade será com ela abalada.

Perg. – Poderíeis nos dizer a vossa opinião sobre o poder temporal do Papa?

Resp. – Penso que o poder temporal do Papa não é necessário para a sua grandeza, nem para o seu poder moral, ao contrário, menos súditos terá, mais será venerado. Aquele que é o representante de Deus sobre a Terra está colocado bem alto para não ter necessidade do relevo do seu poder terrestre. A Terra a dirigir espiritualmente, eis a missão do pai dos cristãos.

Perg. – Pensais que o Papa e o sacro colégio, melhor esclarecidos, não façam o necessário para evitar o cisma e a guerra intestina, não fosse ela senão moral?

Resp. – Não o creio; todos esses homens são teimosos, ignorantes, habituados a todos os gozos profanos; têm necessidade do dinheiro para satisfazê-los, e têm medo de que a nova ordem de coisas não lhes deixe o bastante. Também eles levam tudo ao extremo, pouco se inquietando com o que acontecerá, sendo muito cegos para compreenderem a consequência de sua maneira de agir.

Perg. – Nesse conflito não há a temer que a infeliz Itália sucumba, e não seja reconduzida sob o cetro da Áustria?

Resp. – Não, é impossível; a Itália sairá vitoriosa da luta, e a liber-

dade raiará sobre essa terra gloriosa. A Itália nos salvou da barbárie, foi nossa mestra em tudo o que a inteligência tem de mais nobre e de mais elevado. Ela não cairá nunca sob o jugo daqueles que a rebaixaram.

– 43 –

Minha missão, 12 de abril de 1860

(Em casa do sr. Dehau, méd. sr. Crozet.)
(Comunicação espontânea obtida em minha ausência)

Pela sua firmeza e sua perseverança, o vosso Presidente frustrou os planos daqueles que procuravam destruir seu crédito e arruinar a Sociedade, na esperança de assentar um golpe fatal na Doutrina. Honra a ele! que bem sabe que estamos com ele, e que os Espíritos sábios estarão felizes em poder assisti-lo em sua missão. Quantos há que gostariam de cumprir parte dessa missão, porque receberiam a parte dos benefícios que ela causa!

Mas essa missão é perigosa, e para cumpri-la é preciso uma fé e uma vontade inquebrantáveis: é preciso também da abnegação e da coragem para afrontar as injúrias, os sarcasmos, as decepções, e não se comover com a lama lançada pela inveja e pela calúnia. Nessa posição, o menos que pode acontecer, é ser tratado de louco e de charlatão. Deixai dizer, deixai pensar à vontade: tudo não tem senão um tempo, exceto a felicidade eterna. Tudo vos será contado, e sabei bem que é necessário, para ser feliz, ter contribuído para a felicidade dos pobres seres com os quais Deus povoou a vossa Terra. Que a vossa consciência fique, pois, no repouso e na serenidade: é o prenúncio da felicidade celeste.

– 44 –

Futuro do espiritismo, 15 de abril de 1860

(Marselha, méd. sr. Georges Genouillat.)
(Comunicação, transmitida pelo sr. Briom Dorgeval.)

O Espiritismo está chamado a desempenhar um papel imenso sobre a Terra; será ele que reformará a legislação tão frequentemente contrária às leis divinas; será ele que retificará os erros da história; será ele que reconduzirá a religião do Cristo que, nas mãos dos sacerdotes, se tornou um comércio e um vil tráfico; instituirá a verdadeira religião, a religião natural, a que parte do coração e vai direto a Deus, sem se deter nas franjas de uma batina, ou no escadote de um altar. Extinguirá para sempre o ateísmo e o materialismo, aos quais certos homens foram levados pelos abusos daqueles que se dizem os ministros de Deus, pregam a caridade com uma espada na mão, sacrificam à sua ambição, e ao espírito de dominação, os direitos mais sagrados da Humanidade.

UM ESPÍRITO.

– 45 –

Meu retorno, 10 de junho de 1860

(Em minha casa, médium, sra. Schmidt.)

Perg. (*À Verdade*). Acabo de receber uma carta de Marselha, na qual se me diz que, num seminário dessa cidade, se ocupou seriamente do estudo do Espiritismo e de *O Livro dos Espíritos*. O que é preciso disso augurar? É que o clero tomou a coisa com interesse?

Resp. – Não podes disso duvidar: ele toma as coisas muito a sério, porque nelas prevê as consequências para ele, e as suas apreensões são grandes. O clero, sobretudo a parte esclarecida do clero, estuda o Espiritismo mais do que não o crês: mas não pensa que seja por simpatia; ao contrário, nisso procura os meios para combatê-lo, e assegura-te que lhe fará uma rude guerra. Não te inquietes com isso; continue a agir com prudência e circunspecção; tenha-te em guarda contra as armadilhas que te serão estendidas; evita cuidadosamente, em tuas palavras e em teus escritos, tudo o que poderia fornecer armas contra ti.

Prossegui o caminho sem medo, e se ele está semeado de espinhos, asseguro-te que terás grandes satisfações antes de retornares "por um pouco" entre nós.

Perg. – Que entendeis por essas palavras "por um pouco"?

Resp. – Não ficarás muito tempo entre nós; é necessário que retornes para terminar a tua missão, que não pode ser rematada nesta existência. Se isso fosse possível, não te irias daí de modo algum, mas é preciso suportar a lei da Natureza. Estarás ausente durante alguns anos e, quando voltares, isso será em condições que te permitirão trabalhar cedo. No entanto, há trabalhos que é útil que termines antes de partir; é porque te deixaremos o tempo necessário para acabá-los.

Nota. – Supondo aproximadamente a duração dos trabalhos que me restam a fazer, e tendo em conta o tempo de minha ausência e os anos da infância e da juventude, até a idade que um homem pode desempenhar um papel no mundo, isso nos leva, forçosamente, ao fim deste século ou ao começo do outro.

– 46 –

Auto de fé de Barcelona. Sequestro dos livros,

21 de setembro de 1861

(Em minha casa. Méd. sr. d'A...)

A pedido do Sr. Lachâtre, então estabelecido em Barcelona, eu lhe expedira uma quantidade de *O Livro dos Espíritos*, *O Livro dos Médiuns*, as coleções da *Revista Espírita* e diversas obras e brochuras espíritas, formando um total em torno de 300 volumes. A expedição fora feita regularmente pelo seu correspondente em Paris, numa caixa contendo outras mercadorias, e sem a menor infração à legalidade. Na chegada dos livros, se fez o destinatário pagar os direitos de entrada, mas, antes de liberá-los, deveu-se submetê-los à apreciação do Bispo, a autoridade eclesiástica sendo, nesse país, a polícia das livrarias. Este estava então em Madri; em seu retorno, sobre o relatório que disso lhe foi feito, ordenou que as ditas obras fossem apreendidas e queimadas em praça pública, pela mão do carrasco. A execução da sentença foi fixada para 9 de outubro de 1861.

Se se tivesse procurado introduzir essas obras por contrabando, a autoridade espanhola estaria em seu direito de dispor delas à sua maneira; mas, desde o instante que não houve fraude nem surpresa, o que provam os direitos voluntariamente pagos, era de rigorosa justiça que se lhes ordenasse a reexportação, se não lhe conviesse admiti-los. As reclamações feitas junto ao consul francês, em Barcelona, foram sem resultado. O Sr. Lachâtre me perguntou se era preciso submetê-los à autoridade superior; o meu conselho foi o de deixar consumar-se esse ato arbitrário; todavia, acreditei dever tomar o do meu guia espiritual.

Pergunta. (*À Verdade*). – Não ignorais, sem dúvida, o que vem de se passar em Barcelona a respeito das obras espíritas; teríeis a bondade de me dizer se convém perseguir a sua restituição?

Resposta. – Em direito podes reclamar essas obras, e delas, certamente, obtereis a restituição, dirigindo-se ao Ministro dos assuntos estrangeiros da França. Mas a minha opinião é que resultará desse auto de fé um bem maior que não produziria a leitura de alguns volumes. A perda material não é nada em comparação com a repercussão que semelhante fato dará à Doutrina. Compreendes o quanto uma perseguição tão ridícula e tão atrasada poderá fazer o Espiritismo progredir na Espanha. As ideias se difundirão com tanto mais rapidez, e as obras serão procuradas com tanto mais diligência, quanto as tiver queimado. Tudo está bem.

Pergunta. – Convém fazer, a esse respeito, um artigo no próximo número da Revista?

Resposta. – Espera o auto de fé.

– 47 –

Auto de fé de Barcelona, 9 de outubro de 1861

Esta data marcará, nos anais do Espiritismo, pelo auto de fé dos livros espíritas em Barcelona. Eis o extrato da ata da execução:

"Neste dia, nove de outubro, de mil oitocentos e sessenta e um, às dez horas e meia da manhã, na esplanada da cidade de Barcelona, no lugar onde são executados os criminosos condenados ao último suplício, e por ordem do Bispo desta cidade, foram queimados trezentos volumes de brochuras sobre o Espiritismo, a saber: *O Livro dos Espíritos,* por Allan Kardec... etc."

Os principais jornais da Espanha deram conta detalhada desse fato, que os órgãos da imprensa liberal desse país, justamente estigmatizaram. Há a se notar que, na França, os jornais liberais se limitaram a mencioná-lo sem comentários. O próprio *Siècle*, tão ardente em estigmatizar os abusos de poder e os menores atos de intolerância do clero, não encontrou uma palavra de reprovação para esse ato digno da Idade Média. Alguns jornais, da pequena imprensa, nisso encontraram mesmo o dito espirituoso para rir. Toda crença à parte, havia ali uma questão de princípio, de direito internacional interessando a todo o mundo, sobre a qual não teriam passado tão levianamente se se tratasse de certas outras obras. Não calam a censura quando se trata de uma simples recusa de estampilha para a venda de um livro materialista; ora, a inquisição erguendo as suas fogueiras com a antiga solenidade, à porta da França, tinha bem maior gravidade. Por que, pois, essa indiferença? É que se tratava de uma doutrina cuja incredulidade via com terror os progressos; reivindicar a justiça em seu favor, era consagrar o seu direito à proteção da autoridade, e aumentar o seu crédito. Seja como for, o auto de fé de Barcelona com isso não produziu menos o efeito esperado, pela ressonância que teve na Espanha, onde contribuiu poderosamente para propagar as ideias espíritas. (Ver a *Revista Espírita* de novembro de 1861, página 321.)

Esse acontecimento deu lugar a numerosas comunicações da parte dos Espíritos. A que se segue foi obtida espontaneamente na Sociedade de Paris, em 19 de outubro, em meu retorno de Bordeaux.

“Faltava alguma coisa que castigasse com um golpe violento certos Espíritos encarnados para que se decidissem a se ocupar dessa grande Doutrina que deve regenerar o mundo. Nada está inutilmente feito sobre a vossa Terra para isso, e, nós que inspiramos o auto de fé de Barcelona, sabíamos bem que, assim agindo, faríamos dar um passo imenso à frente. Esse fato brutal, inaudito nos tempos atuais, foi consumado para o efeito de atrair a atenção dos jornalistas que estavam indiferentes diante da agitação profunda que movimentava as cidades e os centros espíritas; deixavam dizer e deixavam fazer; mas se obstinavam em fazer ouvidos de mercador, e respondiam pelo mutismo ao desejo de propaganda dos adeptos do Espiritismo. Quer queiram quer não, é preciso que dele falem hoje; uns constatando o histórico do fato Barcelona, os outros desmentindo-o, deram lugar a uma polêmica que fará volta ao mundo, e da qual só o Espiritismo aproveitará. Eis porque, hoje, a retaguarda da inquisição fez o seu último auto de fé, assim como o quisemos.”

UM ESPÍRITO.

Nota. – Foi-me enviado de Barcelona um desenho de aquarela feito sobre os lugares por um artista distinto, e representando a cena do auto de fé. Dele fiz uma fotografia reduzida. Possuo, igualmente, cinzas recolhidas da fogueira, entre as quais se encontram fragmentos ainda legíveis de folhas queimadas. Conservo-as numa urna de cristal. (1)

– 48 –

Meu sucessor, 22 de dezembro de 1861

(Em minha casa; comunicação particular, méd. sr. D'A...)

Tendo uma conversa com os Espíritos levado a falar de meu sucessor na direção do Espiritismo, coloquei a pergunta seguinte:

Pergunta. – Muitos entre os adeptos se inquietam quanto ao que se tornará o Espiritismo depois de mim, e se perguntam quem me substituirá quando eu partir, tendo em vista que não se vê ninguém se mostrar, de maneira notória, para tomar-lhe as rédeas.

Respondo que não tenho a pretensão de ser o único ser indispensável; que Deus é muito sábio para fazer repousar o futuro de uma doutrina, que deve regenerar o mundo, sobre a vida de um homem; que, aliás, sempre me foi dito que a minha tarefa era constituir a Doutrina, e que me será dado o tempo necessário. A de meu sucessor será, pois, mais fácil, uma vez que o caminho estará todo traçado, e bastar-lhe-á segui-lo. No entanto, se os Espíritos julgam o momento oportuno para me dizerem alguma coisa, de mais positiva, a esse respeito, por isso lhes seria reconhecido.

Resposta. – Tudo isso está rigorosamente verdadeiro; eis o que nos é permitido te dizer a mais.

Tens razão em dizer que não és indispensável: só és aos olhos dos homens porque era necessário que o trabalho de organização fosse concentrado nas mãos de um só, para que houvesse unidade; mas não o és aos olhos de Deus. Foste escolhido, eis porque estás só; mas não és, como de resto sabes, o único capaz de cumprir essa missão; se ela fosse interrompia por uma causa qualquer, a Deus não faltariam pessoas para te substituir. Assim, seja o que aconteça, o Espiritismo não pode periclitar.

Até que o trabalho de elaboração esteja terminado, é, pois, necessário que sejas o único em evidência, porque seria preciso uma bandeira

(1) A Livraria espírita as possui sempre.

ao redor da qual pudesse se unir; seria preciso que se te considerasse como indispensável, para que a obra, saída de tuas mãos, tenha mais autoridade no presente e no futuro; seria mesmo preciso que se concebesse medo pelas consequências de tua partida.

Se aquele que deve te substituir fosse designado antes, a obra, não acabada, poderia ser entravada; formar-se-iam, contra ele, oposições suscitadas pelo ciúme; discutir-se-ia antes que tivesse dado suas provas; os inimigos da Doutrina procurariam barrar-lhe o caminho, e disso resultariam cismas e divisões. Ele se revelará, pois, quando o momento chegar.

Sua tarefa será tornada mais fácil, porque, como o dizes, o caminho estará todo traçado; se dele se desviasse, ele mesmo se perderia, como já se perderam aqueles que quiseram se colocar de permeio; mas será mais penosa num outro sentido, porque haverá lutas mais duras a sustentar. A ti incumbe a responsabilidade da concepção, a ele a da execução; por isso, esse deverá ser um homem de energia e de ação. Admire aqui a sabedoria de Deus na escolha de seus mandatários: tens as qualidades que são necessárias para o trabalho que deves realizar, mas não tens as que serão necessárias ao teu sucessor; a ti é preciso a calma, a tranquilidade do escritor que amadurece as ideias no silêncio da meditação; a ele, será preciso a força do capitão que comanda um navio segundo as regras traçadas pela ciência. Desincumbido do trabalho da criação da obra, sob o peso do qual o teu corpo sucumbirá, estará mais livre para aplicar todas as suas faculdades no desenvolvimento e na consolidação do edifício.

Pergunta. – Poderíeis me dizer se a escolha de meu sucessor está fixada desde este momento?

Resposta. – Está sem sê-lo, tendo em vista que, tendo o homem o seu livre-arbítrio, pode recuar no último momento diante da tarefa que ele mesmo escolheu. É preciso, também, que ele dê provas de capacidade, de devotamento, de desinteresse e de abnegação. Se não estiver movido senão pela ambição e o desejo de evidenciar-se, certamente, será posto de lado.

Perg. – Sempre foi dito que vários Espíritos superiores devem se reencarnar para ajudar o movimento.

Resp. – Sem dúvida, vários Espíritos terão essa missão, mas cada um terá a sua especialidade, e agirá, pela sua posição, sobre tal ou tal parte da sociedade. Todos se revelarão pelas suas obras, e nenhum por uma pretensão qualquer à supremacia.

– 49 –

Imitação do Evangelho

(Ségur, 9 de agosto de 1863, médium sr. D'A...)

Nota. – Eu não tinha comunicado a ninguém o assunto do livro no qual trabalhava; tivera-lhe o título de tal modo em segredo que o editor, Sr. Didier, não o conheceu senão quando da impressão. Esse título foi de início, para a primeira edição: *Imitação do Evangelho*. Mais tarde, sobre as observações reiteradas do Sr. Didier, e de algumas outras pessoas, foi mudado para o de: *O Evangelho segundo o Espiritismo*. As reflexões contidas nas comunicações seguintes não poderiam ser o resultado de ideias preconcebidas do médium.

Perg. – Que pensais da nova obra em que trabalho neste momento?

Resp. – Esse livro das doutrinas terá uma influência considerável; nele abordas questões capitais, e não só o mundo religioso nele encontrará as máximas que lhe são necessárias, mas a vida prática das nações nele haurirão excelentes instruções. Fizeste bem em abordar questões de alta moral prática do ponto de vista dos interesses gerais, dos interesses sociais e dos interesses religiosos. A dúvida deve ser destruída; a Terra e as suas populações civilizadas estão preparadas; já faz bastante tempo que os teus amigos de além-túmulo a desbravaram; lança, pois, a semente que te confiamos, porque é tempo de que a Terra gravite na ordem irradiante das esferas, e que saia, enfim, da penumbra e dos nevoeiros intelectuais. Acaba a tua obra, e contem com a proteção de teu guia, nosso guia de todos, e com o concurso devotado de teus mais fiéis Espíritos, no número dos quais queira muito sempre me contar.

Perg. – Que dirá disso o clero?

Resp. – O clero clamará à heresia, porque verá que nele atacas firmemente as penas eternas e outros pontos sobre os quais apoia a sua influência e o seu crédito, clamará tanto mais que se sentirá muito mais ferido do que pela publicação de O Livro dos Espíritos, do qual a rigor, podia aceitar os princípios dados; mas, no presente, vais entrar num novo caminho onde ele não poderá te seguir. O anátema secreto tornar-se-á oficial, e os Espíritas serão rejeitados junto aos Judeus e aos Pagãos pela Igreja romana. Em compensação, os Espíritas verão seu número aumentar, em razão dessa espécie de perseguição, sobretudo vendo os padres acusarem de obra absolutamente demoníaca uma Doutrina cuja moralidade brilhará como um raio de Sol pela publicação mesma de teu novo livro, e daqueles que o seguirão.

Eis que a hora se aproxima em que será preciso declarar abertamente o Espiritismo por aquilo que ele é, e mostrar a todos onde se encontra a verdadeira doutrina ensinada pelo Cristo; a hora se aproxima em que, diante do céu e da Terra, deverás proclamar o Espiritismo como a única tradição realmente cristã, a única instituição verdadeiramente divina e humana. Escolhendo-te, os Espíritos sabiam da solidez de tuas convicções, e que a tua fé, como uma muralha de bronze, resistiria a todos os ataques.

No entanto, amigo, se a tua coragem ainda não faliu na tarefa tão pesada que aceitaste, fica sabendo bem que comeste o teu pão branco principal, e que eis chegada a hora das dificuldades. Sim, caro Mestre, a grande batalha se prepara; o fanatismo e a intolerância, levantados pelo sucesso de tua propaganda, vão disparar, sobre ti e os teus, com armas envenenadas. Prepara-te para a luta. Mas tenho fé em ti, como tens fé em nós, e porque a tua fé é daquelas que transporta as montanhas e faz caminhar as águas sobre elas. Coragem, pois, e que a tua obra se realize. Conta conosco, e conta sobretudo com a grande alma do nosso Mestre de todos, que te protege de um modo tão particular.

Paris,14 de setembro de 1863.

Nota. – Tinha solicitado para mim uma comunicação, sobre um assunto qualquer, e pedi que me fosse enviada para o meu retiro de Sainte-Adresse.

"Quero muito te falar de Paris, embora a utilidade disso não me pareça demonstrada, tendo em vista que as minhas vozes íntimas se fazem ouvir ao teu redor, e que o teu cérebro percebe as nossas inspirações com uma facilidade da qual tu mesmo não desconfias. Nossa ação, sobretudo a do *Espírito de Verdade*, é constante ao teu redor, e tal que não podes recusá-la. É por que não entrarei em detalhes ociosos a respeito do plano de tua obra que tens, segundo os meus conselhos ocultos, tão largamente e tão completamente modificado. Compreendes agora porque tínhamos necessidade de tê-lo sob a mão, livre de toda outra preocupação senão daquela da Doutrina. Uma obra como a que elaboramos juntos, tem necessidade de recolhimento e de isolamento sagrado. Sigo com um vivo interesse os progressos de teu trabalho, que são um passo considerável para a frente, e abrem, enfim, ao Espiritismo, o largo caminho das aplicações úteis para o bem da sociedade. Com essa obra, o edifício começa a se livrar de seus alicerces, e já se pode entrever a sua cúpula se desenhar no horizonte. Continua, pois, sem impaciência, como sem cansaço; o monumento estará acabado na hora fixada.

Já nos entretivemos com questões incidentes do momento, quer dizer, com questões religiosas. O Espírito de Verdade falou-te das revolta que ocorrem nesta hora; essas hostilidades previstas são necessárias para manter desperta a atenção dos homens, tão fáceis em se deixar desviar de um assunto sério. Aos soldados que combatem pela causa vão se juntar, incessantemente, novos combatentes, cujas palavras e cujos escritos farão sensação, e levarão a perturbação e a confusão às fileiras de nossos adversários.

Adeus, caro companheiro de outros tempos, discípulo fiel da verdade, que continua, através da vida, a obra à qual juramos outrora, nas mãos do grande Espírito que te ama e que te venera, consagrar as nossas forças e as nossas existências até que ela esteja acabada. Saudação a ti."

Nota. – O plano da obra fora, com efeito, completamente modificado, o que, seguramente, o médium não poderia saber, uma vez que estava em Paris e eu em Sainte-Adresse; também não poderia saber que o Espírito de Verdade me falara a respeito da revolta do Bispo de Alger e outros. Todas essas circunstâncias estavam bem feitas para me confirmarem a parte que os Espíritos tomavam em meus trabalhos.

– 50 –

A Igreja, Paris, 30 de setembro de 1863.

(Méd. sr. d'A...)

Eis-te de retorno, meu amigo, e não perdeste o teu tempo; à obra ainda, porque não é preciso queimar a bigorna. Forja, forja armas bem temperadas; repousa de teus trabalhos por trabalhos mais difíceis; todos os elementos ser-te-ão colocados nas mãos, na medida da necessidade.

É chegada a hora em que a Igreja deverá prestar conta do depósito que lhe foi confiado, da maneira pela qual praticou os ensinamentos do Cristo, do uso que fez de sua autoridade, enfim, do estado de incredulidade ao qual conduziu os espíritos; é chegada a hora em que ela deverá dar a César o que é de César e incorrer na responsabilidade de todos os seus atos. Deus a julgou, e a reconheceu imprópria, doravante, para a missão de progresso que incumbe a toda autoridade espiritual. Não seria senão por uma transformação absoluta que poderia viver; ela, porém se resignará a essa transformação? Não, porque então não seria mais a Igreja; para se assimilar as verdades e as descobertas da ciência, seria necessário renunciar aos dogmas que lhe servem de fundamento; para retornar à prática rigorosa dos preceitos do Evangelho, ser-lhe-ia necessário renunciar ao poder, à dominação, trocar o fausto e a púrpura pela simplicidade e a humildade apostólicas. Está entre duas alternativas; se ela se transforma, se suicida; se permanece estacionária, sucumbe sob a opressão do progresso.

De resto, já Roma está na ansiedade, e sabe-se, na Vida Eterna, pelas revelações irrecusáveis, que a Doutrina Espírita está chamada a causar uma viva dor ao papado, porque o Cisma se prepara rigorosamente na Itália. Não é preciso, pois, admirar-se da obstinação que o clero põe para combater o Espiritismo, sendo a isso levado pelo instinto de conservação; mas já viu as suas armas se enfraquecerem contra esse poder nascente; os seus argumentos não puderam ter a inflexível lógica; não lhe resta senão o demônio; é um pobre auxiliar no século XIX.

De resto, a luta está aberta entre a Igreja e o progresso, mais do que entre ela e o Espiritismo; é o progresso geral das ideias que lhe rebate os argumentos de todos os lados, e sob o qual sucumbirá, como tudo o que não se coloca em seu nível. A marcha rápida das coisas deve vos fazer pressentir que o desfecho não se fará esperar por muito tempo; a própria Igreja parece impelida fatalmente para o precipício. (Espírito d'E.)

– 51 –

Vida de Jeus, por Renan,

Paris, 14 de outubro de 1863.

(MÉD. SR. d'A...)

(Sobre o futuro de diferentes publicações.)

Pergunta. (*a Erasto*). – Que efeito produzirá A vida de Jesus, por Renan?

Resp. – *O efeito será imenso; o rumor será grande no clero, porque esse livro transtorna os próprios fundamentos do edifício sob o qual se abriga há dezoito séculos. Esse livro não é irrepreensível, longe disso, porque é o reflexo de uma opinião exclusiva que circunscreve sua visão no círculo estreito da vida material. O Sr. Renan, no entanto, não é materialista, mas é dessa escola que, se não nega o princípio espiritual, não lhe atribui nenhum papel efetivo e direto na condução das coisas do mundo. É desses cegos inteligentes que explicam, à sua maneira, o que não podem ver; que, não compreendendo o mecanismo da visão à distância, pensam que não se pode conhecer uma coisa senão tocando-a. Também reduziu o Cristo às proporções do homem mais vulgar, negando-lhe todas as faculdades que são o atributo do Espírito livre e independente da matéria.*

Entretanto, ao lado de erros capitais, sobretudo no que toca à espiritualidade, esse livro contém observações muito justas, que escaparam até aqui aos comentaristas, e que lhe dão uma alta importância, de certo ponto de vista. O seu autor pertence a essa legião de Espíritos encarnados que se podem chamar os demolidores do velho mundo; têm por missão nivelar o terreno sobre o qual se edificará um mundo novo, mais racional. Deus quis que um escritor, justamente reputado diante dos homens, do ponto de vista do talento, viesse lançar luz sobre certas questões obscuras e maculadas por preconceitos seculares, a fim de predispor os Espíritos às novas crenças. Sem disso desconfiar, o Sr. Renan aplainou o caminho para o Espiritismo.

– 52 –

Precursores da tempestade,
30 de janeiro de 1866

(Paris. Grupo do sr. Golovine, méd. sr. L...)

Permiti, a um antigo dignatário de Táurida, bendizer os vossos dois filhos; possam eles, sob a égide de suas duas mães, tornarem-se inteligentes em tudo e serem, para vós, a fonte de satisfações reais! Desejo-lhes serem espíritas convencidos, quer dizer, de tal modo saturados de ideias de outras vidas, de princípios de fraternidade, de caridade e de solidariedade, que os acontecimentos que se precipitarão, em sua idade de consciência e de razão, não possam espantá-los, nem enfraquecer a sua confiança na justiça divina, no meio das provas que a Humanidade deve suportar.

Às vezes, espantais-vos com o azedume com o qual os vossos adversários vos atacam; segundo eles, sois loucos, visionários; tomais a ficção pela verdade; ressuscitais o diabo e todos os erros da Idade Média.

A todos esses ataques, sabeis que responder seria começar uma polêmica sem resultado. O vosso silêncio prova a vossa força, e, não lhes dando ocasião de resposta, acabarão por se calar.

O que há mais a temer é o imprevisto. Que uma mudança de governo ocorra no sentido ultramontano mais intolerante, e, certamente, seríeis acossados, conspurcados, combatidos, condenados, expatriados. Mas os acontecimentos, mais fortes dos que as mais surdas manobras, preparam, no horizonte político, uma tempestade bem negra, e, quando a tempestade explodir, tratai de estar bem abrigados, bem fortes, bem desinteressados. Haverá ruínas, invasões, delimitações de fronteiras, e, desse naufrágio imenso que nos virá da Europa, da Ásia, da América, o que sobreviverá, sabei-o, serão as almas bem temperadas, os espíritos esclarecidos, tudo o que for justiça, lealdade, honra, solidariedade.

As vossas sociedades, tais como estão organizadas, são perfeitas? Mas tendes párias aos milhões; a miséria enche, sem cessar, as vossas prisões, os vossos lupanares e abastece o patíbulo. A Alemanha vê, como em todos os tempos, emigrar os seus habitantes por centenas de milhares, o que não é a honra dos governantes; o Papa, príncipe temporal, derrama o erro no mundo, em lugar do Espírito de Verdade, do qual é artificial emblema. Por toda a parte, a inveja; vejo interesses que se combatem, e não esforços para levantar o ignorante. Os governos, minados por príncipes egoístas, pensam em se escorar contra a onda que sobe, e essa onda é a consciência humana que se insurge, enfim, depois de séculos de espera, contra a minoria que explora as forças vivas das nacionalidades.

Nacionalidades! Possa a Rússia não ter encontrado um escolho terrível, nessa palavra, um Cabo das Tormentas! Bem-amado país, possam os teus homens de Estado não esquecer que a grandeza de um país não consiste em ter fronteiras indefinidas, muitas províncias, e não aldeias, algumas grandes cidades num oceano de ignorância, de planícies imensas, desertas e estéreis, inclementes como a inveja, como tudo o que é falso e bate falso. O Sol achará bom não se deitar sobre as vossas conquistas, não haverá menos deserdados, rangeres de dentes, todo um inferno ameaçador e escancarado como a imensidade.

E, no entanto, as nações, como os governos, têm o seu livre- arbítrio; como as simples individualidades, sabem se dirigir para o amor, a união, a concórdia; fornecerão à tempestade anunciada, elementos elétricos próprios para melhor destruí-las e desagregá-las.

INNOCENT.

Em sua vida, arcebispo de Táurida.

– 53 –

A nova geração, 30 de janeiro de 1866

(Lyon. Grupo Villon. - Méd. sr. G.)

A Terra vibra de alegria; o dia do Senhor se aproxima; tudo o que é cabeça entre nós conspira para a inveja entrar na liça. Já o Espírito de algumas valentes almas encarnadas sacode o seu corpo para destruí-lo; a carne confusa não sabe o que pensar, um fogo desconhecido a devora; elas serão libertadas porque os tempos estão chegados: uma eternidade está no ponto de expirar, uma eternidade vai logo aparecer, e Deus conta os seus filhos.

O reino do ouro dará lugar a um reino mais puro; o pensamento será logo soberano, e os Espíritos de elite, que vieram, desde as épocas recuadas, iluminar o seu século, e servir de referência aos séculos futuros, vão se encarnar entre vós. A sua palavra sábia vai levar uma chama destruidora que fará devastações irreparáveis no seio dos velhos abusos. Que os preconceitos antigos vão desabar de uma só vez, quando o Espírito, como um machado duplamente afiado, virá miná-los em seus fundamentos.

Sim, os pais do progresso do espírito humano deixaram, uns as moradas radiosas, outros os grandes trabalhos onde a felicidade se junta ao prazer de se instruírem, para virem retomar o bastão de peregrino que não haviam senão depositado no limiar do templo da ciência, e, dos quatro cantos do globo, logo os sábios oficiais vão ouvir, com pavor, jovens pessoas imberbes, que virão, numa linguagem profunda, retorquir os seus argumentos, que acreditavam irrefutáveis. O sorriso zombador não poderá mais ter um escudo seguro, e, sob pena de queda, será preciso responder. Será, então, que o círculo vicioso, no qual se encerram os mestres da vã filosofia, será posto a descoberto, porque os novos combatentes levam consigo, não somente um archote, que é a inteligência desembaraçada dos véus grosseiros, mas ainda muitos dentre eles gozarão desse estado particular, privilégio das grandes almas, como Jesus, que dá o poder de curar e de fazer maravilhas, reputadas milagres. Diante dos fatos materiais, onde o espírito se mostra tão superior à matéria, como negar os Espíritos? O materialista será rechaçado em seus discursos, e pela palavra mais eloquente do que a sua, e pelo fato patente, positivo, e averiguado por todos, porque, grandes e pequenos, novos São Tomés, poderão tocar com o dedo.

Sim, o velho mundo carcomido estala em todos os sentidos; o velho mundo acaba, e com ele todos os seus velhos dogmas, que não reluzem ainda senão pela douradura com a qual são cobertos. Espíritos valentes, cabe a vós a tarefa de raspar esse ouro falso; para trás, vós que quereis em vão escorar esse ídolo; batido por toda a parte, ele vai desabar, e vos arrastará em sua queda.

Para trás, todos vós negadores do progresso; para trás, com as vossas crenças de uma outra época. Por que negais o progresso e quereis entravá-lo? É que, querendo vencer, vencer ainda e sempre, condensastes o vosso pensamento em artigos de fé, dizendo à Humanidade: "Serás sempre criança, e nós, que temos a iluminação do alto, estamos destinados a te conduzir."

Mas vistes as andadeiras da criança vos ficar nas mãos; e a criança saltar diante de vós, e negais ainda que possa caminhar sozinha! Será batendo-lhe com as andadeiras que devereis provar-lhe a autoridade de vossos argumentos? Não; e o reconheceis bem; mas é tão suave, quando se diz infalível, para crer que os outros têm ainda fé nessa infalibilidade, na qual vós mesmos não credes mais.

Ah! que gemidos não se produzem no santuário! É lá que, prestando-se atenção, ouvem-se cochichos dolorosos. Que dizeis, pois, pobres obstinados? Que a mão de Deus cai sobre sua Igreja? Que, por toda a parte, a imprensa livre rebate os vossos argumentos? Onde estará esse novo Chrisóstomo cuja palavra poderosa reduziria a nada esse dilúvio de faladores? Em vão o esperais; as vossas penas mais vigorosas, e as mais credenciadas, nada mais podem; obstinam-se em se aferrar ao passado que se lhe vai, quando a nova geração, em seu voo irresistível que a impele para a frente, exclama: Não, não mais de passado; a nós o futuro; uma nova aurora se eleva, e é para lá que tendem as nossas aspirações!

Em frente! disse ela; alargai o caminho, os nossos irmãos nos seguem; segui a onda que nos arrasta; temos necessidade do movimento que é a vida, ao passo que vós nos apresentais a imobilidade que é a morte.

Abri os vossos túmulos, as vossas catacumbas; saciai a vossa visão com os velhos restos de um passado que não é mais. Os vossos mártires não morreram para imobilizar o presente. Entreviram a nossa época e se lançaram na morte como sobre o caminho que a ela deveria conduzir. A cada época o seu gênio; queremos vos lançar na vida, porque os séculos futuros que nos aparecem têm horror da morte.

Eis, meus amigos, o que os valentes Espíritos que se encarnam presentemente vão fazer compreender. Este século não se acabará sem que muitos restos não cubram o solo. A guerra mortífera e fratricida se apagará logo diante da discussão; o espírito substituirá a força bruta. E, depois que todas essas almas generosas tiverem combatido, reentrarão no nosso mundo espiritual, para receberem a coroa do vencedor.

Eis o objetivo, meus amigos; os combatentes são muito aguerridos para que o sucesso seja duvidoso. Deus escolheu a elite de seus combatentes, e a vitória é aquisição da Humanidade.

Regozijai-vos, pois, todos vós que aspirais à felicidade, e que quereis que os vossos irmãos dela participem como vós, o dia é chegado! A Terra pula de alegria, porque vai ver começar o reino de paz prometido pelo Cristo, o divino messias, reino do qual veio colocar os fundamentos.

UM ESPÍRITO.

– 54 –

Instruções para a saúde do Sr. Allan Kardec,

23 de abril de 1866

(Paris. Comunicação particular. Méd. sr. D...)

A saúde do Sr. Allan Kardec se enfraquecendo dia a dia, em consequência de trabalhos excessivos, aos quais não pode bastar, vejo-me na necessidade de lhe repetir de novo o que já lhe disse muitas vezes: Tendes necessidade de repouso; as forças humanas têm limites que o vosso desejo de ver progredir o ensinamento vos leva, frequentemente, a transgredi-los; estais errado, porque, agindo assim, não apressareis a marcha da Doutrina, mas arruinareis a vossa saúde e vos colocais na impossibilidade material de acabar a tarefa que viestes cumprir nesse mundo. A vossa enfermidade atual não é senão o resultado de um dispêndio incessante de forças vitais que não deixa, à reparação, o tempo de se fazer, e de um aquecimento do sangue produzido pela falta absoluta de repouso. Nós vos sustentamos, sem dúvida, mas com a condição de que não desfaço o que nós fazemos. De que serve correr? Não vos foi dito muitas vezes que cada coisa virá a seu tempo, e que os Espíritos encarregados do movimento das ideias saberiam fazer surgir as circunstâncias favoráveis quando o momento de agir chegasse?

Quando cada espírita reúne as suas forças para a luta, pensais que seja do vosso dever esgotar as vossas? Não, em tudo deveis dar o exemplo e o vosso lugar estará em questão no momento do perigo. Que faríeis se o vosso corpo enfraquecido não permitisse mais ao vosso Espírito servir-se das armas que a experiência e a revelação vos colocaram nas mãos? – Crede-me, remetei para mais tarde as grandes obras destinadas a completar a obra esboçada nas vossas primeiras publicações; vossos trabalhos correntes, e algumas pequenas brochuras urgentes têm com que absorver o vosso tempo, e devem ser os únicos objetos de vossas preocupações atuais.

Não vos falo somente em meu nome, sou aqui o delegado de todos esses Espíritos que contribuíram tão poderosamente para a propagação do ensinamento, pelas suas sábias instruções. Eles vos dizem, por meu intermédio, que esse retardamento que pensais nocivo ao futuro da Doutrina, é uma medida necessária em mais de um ponto de vista, seja porque certas questões não estão ainda completamente elucidadas, seja para preparar os Espíritos para melhor assimilá-las. É necessário que outros tenham aplainado o terreno, que certas teorias tenham provado a sua insuficiência e feito um maior vazio. Em uma palavra, o momento não é oportuno; poupai-vos, pois, porque, quando chegar o vosso tempo, todo o vosso vigor, de corpo e de Espírito, vos será necessário. O Espiritismo foi, até aqui, o objeto de muitas diatribes, ele provocou muitas tempestades? Credes que todo movimento seja apaziguado, que todos os ódios sejam acalmados e reduzidos à impotência? Desenganai-vos, o cadinho depurador ainda não rejeitou todas as impurezas; o futuro vos guarda outras provas e as últimas crises não serão as menos penosas para suportar.

Sei que a vossa posição particular vos suscita uma multidão de trabalhos secundários que empregam a melhor parte de vosso tempo. Os pedidos de todas as espécies vos acabrunham e vos fazeis um dever satisfazê-los tanto quanto possível. Farei aqui o que, sem dúvida, não ousaríeis fazer, vós mesmo, e, dirigindo-me à generalidade dos Espíritas, pedir-lhes-ei, no interesse do próprio Espiritismo, vos poupar toda sobrecarga de trabalho de natureza a absorver os instantes que deveis consagrar quase exclusivamente ao acabamento da obra. Se a vossa correspondência nisso sofrer um pouco, o ensinamento aí ganhará.

Algumas vezes, é necessário sacrificar as satisfações particulares ao interesse geral. É uma medida urgente que todos os adeptos sinceros saberão compreender e aprovar.

A imensa correspondência que recebeis é para vós uma fonte preciosa de documentos e de ensinos; esclarece-vos sobre a marcha verdadeira e os progressos reais da Doutrina; é um termômetro imparcial; nela hauris, além disso, satisfações morais que, mais de uma vez, sustentaram a vossa coragem, vendo a adesão que as vossas ideias encontram em todos os pontos do globo; sob esse aspecto, a superabundância é um bem e não um inconveniente, mas com a condição de secundar os vossos trabalhos, e não de entravá-los, criando-vos um aumento de ocupações.

Doutor DEMEURE.

Bom senhor Demeure, eu vos agradeço pelos sábios conselhos. Graças à resolução que tomei de me fazer substituir, salvo os casos excepcionais, a correspondência corrente sofre pouco agora, e não sofrerá mais no futuro; mas, que fazer deste atraso de mais de quinhentas cartas que, apesar de toda a minha boa vontade, não pude chegar a colocar em dia?

Resp. – É preciso, como se diz em termo de comércio, passá-las em bloco para a conta de lucros e perdas. Anunciando essa medida na Revista, os vossos correspondentes terão a que se ligar; compreenderão a sua necessidade, e a acharão sobretudo justificada pelos conselhos precedentes. Eu o repito, seria impossível que as coisas caminhassem por muito tempo como está; todos a sofreriam, e a vossa saúde e a Doutrina. É preciso, há necessidade, de saber fazer os sacrifícios necessários. Tranquilo, doravante, sobre esse ponto, podereis vagar mais livremente em vossos trabalhos obrigatórios. Eis o que vos aconselha aquele que será sempre vosso amigo devotado.

DEMEURE.

Aceitando esse sábio conselho, pedimos aos nossos correspondentes, com os quais estávamos há muito tempo em atraso, para aceitarem as nossas desculpas e os nossos lamentos por não ter podido responder com detalhes, e como teríamos desejado, às suas benevolentes cartas, e de bem quererem aceitar, coletivamente, a expressão dos nossos sentimentos fraternais.

– 55 –

Regeneração da Humanidade, 25 de abril de 1866

(Paris, resumo das comunicações dadas pelos srs. M... e T... em sonambulismo.)

Os acontecimentos se precipitam com rapidez, também não dizemos mais, como outrora: "Os tempos estão próximos"; dizemo-vos agora: "Os tempos são chegados."

Por estas palavras não entendeis um novo dilúvio, nem um cataclismo, nem um transtorno geral. Convulsões parciais do globo ocorrem em todas as épocas, e se produzem ainda, porque se ligam à sua constituição, mas esses não são os sinais dos tempos.

No entanto, tudo o que está predito no Evangelho deve se cumprir e se cumpre neste momento, assim como o conhecereis mais tarde; mas não tomeis os sinais anunciados senão como figuras, das quais é preciso apreender o espírito e não a letra. Todas as *Escrituras* encerram grandes verdades sob o véu da alegoria, e é porque os comentaristas se ligam à letra que se extraviaram. Falta-lhes a chave para delas compreenderem o verdadeiro sentido. Essa chave está nas descobertas da ciência e nas leis do mundo invisível, que o Espiritismo vem nos revelar. Doravante, com a ajuda desses novos conhecimentos, o que era obscuro se tornará claro e inteligível.

Tudo segue a ordem natural das coisas, e as leis imutáveis de Deus não serão nunca invertidas. Não vereis, pois, nem milagres, nem prodígios, nem nada de sobrenatural no sentido vulgar ligado a essas palavras.

Não olheis para o céu para nele procurar os sinais precursores, porque nele nada vereis, e aqueles que vo-los anunciaram vos enganaram; mas olhai ao redor de vós, entre os homens, será aí que os encontrareis.

Não sentis como um vento que sopra sobre a Terra e agita todos os Espíritos? O mundo está numa espera e como tomado de um vago pressentimento da aproximação da tempestade.

Não credes, no entanto, no fim do mundo material; a Terra progrediu desde a sua transformação; deve progredir ainda, e não ser destruída.

Mas a Humanidade chegou a um de seus períodos de transformação, e a Terra vai se elevar na hierarquia dos mundos.

Não é, pois, o fim do mundo material que se prepara, mas o fim do mundo moral: é o velho mundo, o mundo dos preconceitos, do egoísmo, do orgulho e do fanatismo que desaba; cada dia leva-lhe alguns resíduos. Tudo acabará para ele com a geração que dele se vai, e a geração nova elevará o novo edifício que as gerações seguintes consolidarão e completarão.

De mundo de expiação, a Terra está chamada a se tornar, um dia, um mundo feliz, e sua habitação será uma recompensa, em lugar de ser uma punição. O reino do bem deve nela suceder ao reino do mal.

Para que os homens sejam felizes sobre a Terra, é necessário que ela não seja povoada senão por bons Espíritos, encarnados e desencarnados, que não quererão senão o bem. Tendo chegado esse tempo, uma grande emigração se cumprirá, nesse momento, entre aqueles que a habitam; aqueles que fazem o mal pelo mal, que o sentimento do bem *não toca*, não sendo mais dignos da Terra transformada, dela serão excluídos, porque nela levariam, de novo, a perturbação e seriam um obstáculo ao progresso. Irão expiar o seu endurecimento em mundos inferiores, onde levarão os seus conhecimentos adquiridos, e que terão por missão fazê-los avançar. Serão substituídos na Terra por Espíritos melhores, que farão reinar, entre eles, a justiça, a paz e a fraternidade.

A Terra, dissemos, não deve ser transformada por um cataclismo que aniquilaria subitamente uma geração. A geração atual desaparecerá, gradualmente, e a nova lhe sucederá igualmente sem que nada seja mudado na ordem natural das coisas. Tudo se passará, pois, exteriormente, como de hábito, com esta única diferença, mas essa diferença é capital, de que uma parte dos Espíritos que aí se encarnam nela não se encarnarão mais. Numa criança que nasça, em lugar de um Espírito atrasado e levado ao mal, que nela estaria encarnado, será um Espírito mais avançado e *levado ao bem*. Trata-se, pois, bem menos de uma nova geração corporal do que de uma nova geração de Espíritos. Assim, aqueles que esperam ver as transformações se operarem por efeitos sobrenaturais e maravilhosos, estarão decepcionados.

A época atual é de transição; os elementos das duas gerações se confundem. Colocados no ponto intermediário, assistis à partida de uma e à chegada da outra, e cada uma se assinala já no mundo pelos caracteres que lhe são próprios.

As duas gerações, que sucedem uma à outra, têm ideias e objetivos muito opostos. Pela natureza das disposições morais, mas sobretudo pelas disposições *intuitivas e inatas*, e fácil distinguir a qual das duas pertence cada indivíduo.

A nova geração, devendo fundar a era de progresso moral, se distingue por uma inteligência e uma razão geralmente precoces, unidas ao sentimento *inato* do bem e das crenças espiritualistas, o que é o sinal indubitável de um certo grau de adiantamento anterior. Ela não será composta exclusivamente de Espíritos eminentemente superiores, mas daqueles que, tendo já progredido, estão predispostos a assimilar todas as ideias progressistas e aptos a secundar o movimento regenerador.

O que distingue, ao contrário, os Espíritos atrasados, é primeiro a revolta contra Deus, pela negação da Providência e de todo poder superior à Humanidade; depois a propensão *instintiva* para as paixões degradantes, para os sentimentos antifraternais do orgulho, do ódio, do ciúme, da cupidez, enfim, a predominância do apego para tudo o que é material.

São esses vícios dos quais a Terra deve ser purgada, pelo afastamento daqueles que recusam se emendar, porque são incompatíveis com o reino da fraternidade e que os homens de bem sofrerão sempre pelo seu contato. A Terra deles será libertada, e os homens caminharão sem entraves para um futuro melhor, que lhes está reservado nesse mundo, como prêmio de seus esforços e de sua perseverança, esperando que uma depuração ainda mais completa lhes abra a entrada dos mundos superiores.

Por essa migração de Espíritos, não é preciso entender que todos os Espíritos retardatários serão expulsos da Terra, e relegados para mundos inferiores. Muitos cederam ao arrastamento das circunstâncias e do exemplo; a casca neles era pior do que o fundo. Uma vez subtraídos à influência da matéria, e dos preconceitos do mundo corporal, a maioria verá a coisa de maneira toda diferente do que quando vivos, assim como tendes disso numerosos exemplos. Nisso são ajudados pelos Espíritos benevolentes que se interessam por eles, e que se apressam em esclarecê-los e mostrar-lhes o falso caminho que seguiram. Pelas vossas preces e as vossas exortações, vós mesmos podeis contribuir para o seu adiantamento, porque há solidariedade perpétua entre os mortos e os viventes.

Aqueles poderão, pois, retornar, e nela serão felizes, porque isso será uma recompensa. Que importa o que foram e o que fizeram, se estão animados de melhores sentimentos! Longe de serem hostis à sociedade e ao progresso, serão auxiliares úteis, porque pertencerão à nova geração.

Não haverá, pois, exclusão definitiva senão para os Espíritos essencialmente rebeldes, aqueles que o orgulho e o egoísmo, mais do que a ignorância, tornaram surdos à voz do bem e da razão. Mas aqueles mesmos não estão votados a uma inferioridade perpétua, e um dia virá em que repudiarão o seu passado e abrirão os olhos à luz.

Pedi, pois, por esses endurecidos, a fim de que se emendem enquanto ainda têm tempo, porque o dia da expiação se aproxima.

Infelizmente, a maioria, desconhecendo a voz de Deus, persistirá em sua cegueira, e sua resistência marcará o fim de seu reino por lutas terríveis. Em seu desvio, eles mesmos correrão para a sua perda; levarão à destruição que engendrará uma multidão de flagelos e de calamidades, de sorte que, sem o querer, apressarão o advento da era da renovação.

E, como se a destruição não caminhasse bastante rápida, ver-se-ão os suicídios se multiplicarem, numa proporção inaudita, até entre as crianças. A loucura jamais terá ferido um maior número de homens que serão, antes da morte, riscados do número dos vivos. Estão aí os verdadeiros sinais dos tempos. E tudo isso se cumprirá pelo encadeamento das circunstâncias, assim como dissemos, sem que sejam em nada derrogadas as leis da Natureza.

No entanto, através da nuvem sombria que vos envolve, e no seio da qual ronca a tempestade, já vedes despontar os primeiros raios da era nova! A fraternidade põe os seus fundamentos sobre todos os pontos do globo e os povos se estendem as mãos; a barbárie se familiariza ao contato da civilização; os preconceitos de raça e de seitas, que fizeram verter ondas de sangue, se extinguem; o fanatismo, a intolerância, perdem terreno, ao passo que a liberdade de consciência se introduz nos costumes e se torna um direito. Por toda a parte as ideias fermentam; vê-se o mal e se tentam remédios, mas muitos caminham sem bússola e se desviam nas utopias. O mundo está num imenso trabalho de criação, que irá durar um século; nesse trabalho, ainda confuso, vê-se, entretanto, dominar uma tendência para um objetivo: o da unidade e da uniformidade que predispõem à fraternidade. (*)

Ainda aí estão os sinais dos tempos; mas, ao passo que os outros são os da agonia do passado, estes últimos são os primeiros vagidos da criança que nasce, os precursores da aurora que o século próximo verá erguer-se, porque então a nova geração estará em toda a sua força. Tanto a fisionomia do século XIX difere da do XVIII em certos pontos de vista, tanto a do vigésimo século será diferente do décimo nono em outros pontos de vista.

Um dos caracteres distintivos da nova geração será a fé *inata;* não a fé exclusiva e cega que divide os homens, mas a fé raciocinada que

(*) Vide Nota Explicativa da Editora no final do livro.

esclarece e fortalece, que os une e os confunde num comum sentimento de amor a Deus e ao próximo. Com a geração que se extingue desaparecerão os últimos vestígios da incredulidade e do fanatismo, igualmente contrários ao progresso moral e social.

O Espiritismo é o caminho que conduz à renovação, porque arruína os dois maiores obstáculos que a ele se opõe: a incredulidade e o fanatismo; desenvolve todos os sentimentos e todas as ideias que correspondem aos objetivos da nova geração; por isso é como inato e no estado de intuição no coração de seus representantes. A nova era vê-lo-á, pois, aumentar e prosperar pela própria força das coisas. Tornar-se-á a base de todas as crenças, o ponto de apoio de todas as instituições.

Mas daqui até lá, quantas lutas terá ainda que sustentar contra os seus dois maiores inimigos: a incredulidade e o fanatismo, coisa bizarra, se dão as mãos para abatê-lo! Pressentem seu futuro e sua ruína: é por isso que o temem porque o veem já plantar, sobre as ruínas do velho mundo egoísta, a bandeira que deve reunir todos os povos. Na divina máxima: *Fora da caridade não há salvação* leem a sua própria condenação, porque é o símbolo da nova aliança fraternal proclamada pelo Cristo. Mostra-se a eles como as palavras fatais do festim de Baltazar. E, todavia, essa máxima, deveriam bendizê-la, porque ela lhes garante de todas as represálias da parte daqueles que perseguem. Mas não, uma força cega os impele a rejeitar o que somente poderia salvá-los!

Que poderão contra o ascendente da opinião que os repudia? O Espiritismo sairá triunfante da luta, disso não duvideis, porque está nas leis da Natureza, e por isso mesmo é imperecível. Vede por qual multidão de meios a ideia se difunde e penetra por toda parte; crede bem que esses meios não são fortuitos, mas providenciais; o que, à primeira vista, pareceria dever lhe prejudicar, é precisamente o que ajuda a sua propagação.

Logo ver-se-á surgirem os lutadores altamente devotados entre os mais consideráveis e os mais reputados, que o apoiarão com a autoridade de seu nome e de seu exemplo, e imporão silêncio aos seus detratores, porque não se ousará mais tratá-los de loucos. Esses homens estudam no silêncio e se mostrarão quando o momento propício chegar. Até lá, é útil que se mantenham à parte.

Logo também vereis as artes nele haurir como numa mina fecunda, e traduzir seus pensamentos e os horizontes que descobrem pela pintura, pela música, pela poesia e pela literatura. Foi-vos dito que haveria um dia uma arte espírita, como houve a arte pagã e a arte cristã, e é uma grande verdade, porque os maiores gênios nele se inspirarão. Logo vereis os seus primeiros esboços, e mais tarde tomará o lugar que deve ter.

Espíritas, o futuro é vosso e de todos os homens de coração e de devotamento. Não temais os obstáculos, porque não há nenhum deles que possa entravar os desígnios da Providência. Trabalhai sem descanso, e agradecei a Deus por vos haver colocado na vanguarda da nova falange. É um posto de honra que vós mesmos pedistes, e do qual é preciso vos tornar dignos pela vossa coragem, vossa perseverança e vosso devotamento. Felizes aqueles que sucumbiram nessa luta contra a força; mas a vergonha será, no mundo dos Espíritos, para aqueles que sucumbirem por fraqueza ou pusilanimidade. As lutas, aliás, são necessárias para fortalecer a alma; o contato do mal faz apreciar melhor as vantagens do bem. Sem as lutas que estimulam as faculdades, o Espírito se deixaria ir para uma negligência funesta ao seu adiantamento. As lutas contra os elementos desenvolvem as forças físicas e a inteligência; as lutas contra o mal desenvolvem as forças morais.

– 56 –

Marcha gradual do Espiritismo. Dissidências e entraves,

27 de abril de 1866

(Paris, em casa do sr. Leymarie, méd. sr. L...)

Caros condiscípulos, o que é verdadeiro deve ser; nada pode se opor à irradiação de uma verdade; às vezes, pode-se velá-la, torturá-la, fazer nela o que fazem *os teredos* nos diques holandeses; mas uma verdade não é edificada sobre estaca: ela corta o espaço; está no ar ambiente, e se pôde deslumbrar uma geração, há sempre encarnações novas, de recrutamentos da erraticidade que vêm trazer germes fecundos, outros elementos, e que sabem atrair para eles todas as grandes coisas desconhecidas.

Não vos apresseis muito, amigos; muitos dentre vós gostariam de ir a vapor, e nesse tempo de eletricidade, correr como ela. Esqueceis as leis da Natureza, gostaríeis de ir mais depressa do que o tempo. Refleti, no entanto, o quanto Deus é sábio em tudo. Os elementos que constituem o vosso planeta sofreram uma longa e laboriosa criação; antes que pudésseis existir, foi necessário que tudo se constituísse segundo a aptidão de vossos órgãos. A matéria, os minerais, fundidos e refundidos, os gases, os vegetais, pouco a pouco harmonizados e condensados, a fim de permitir a vossa eclosão sobre a Terra. É a eterna lei do trabalho que não cessou de reger os seres inorgânicos, como os seres inteligentes.

O Espiritismo não pode escapar a essa lei, à lei da criação. Implantado sobre um solo ingrato, é preciso que haja suas más ervas, seus maus frutos. Mas também, cada dia se roçam, se arrancam, se cortam os maus ramos; o terreno se surriba insensivelmente, e quando o viajor, fatigado das lutas da vida, encontrar a abundância e a paz à sombra de um fresco oásis, virá estancar a sua sede, enxugar seus suores, nesse reino lenta e sabiamente preparado; ali o rei é Deus, esse dispensador generoso, esse igualitário judicioso, que sabe bem que o trajeto a seguir é doloroso, mas fecundo; penoso, mas necessário; o Espírito formado na escola do trabalho, dela sai mais forte e mais apto para as grandes coisas. Aos desfalecidos ele diz: coragem; e como esperança suprema, deixa entrever, mesmo aos mais ingratos, um ponto de atraso, ponto salutar, caminho demarcado pelas reencarnações.

Ride das vãs declamações: deixai falar os dissidentes, berrar aqueles que não podem se consolar por não serem os primeiros; todo esse pequeno ruído não impedirá o Espiritismo de fazer invariavelmente o seu caminho; é uma verdade, e, como um rio, toda verdade deve seguir o seu curso.

– 57 –

Publicações espíritas,
16 de agosto de 1867

SOCIEDADE DE PARIS.
(Médium sr. M... em sonambulismo.)

Nota. – O Sr. L... acabava de anunciar que se propunha a mandar fazer obras espíritas que venderia a preços fabulosamente reduzidos. Foi a esse respeito que o Sr. Morin disse o que se segue, durante o seu sono.

Os espíritas são numerosos hoje, mas muitos não compreendem ainda a importância eminentemente moralizadora e emancipadora do Espiritismo. O núcleo que sempre seguiu o bom caminho continua a sua caminhada lenta mas segura; afasta-se de todos os partidários, e se ocupa daqueles que deixa no caminho.

Infelizmente, mesmo entre os membros que formam o núcleo fiel, há os que veem tudo belo nos outros como nele, e, fácil e benevolentemente, se deixam prender pelas aparências e vão tolamente se ligar ao engodo de seus inimigos, de uma personalidade que diz se despojar, dar seu sangue, seu bem, sua inteligência para o triunfo da ideia. Pois bem! Relede a comunicação (comunicação que acabara de escrever), e vereis que entre certos indivíduos tais sacrifícios não podem ser feitos sem dissimulação.

É necessário desconfiar dos devotamentos e das generosidades sem utilidade, como da veracidade das pessoas que dizem não mentir jamais.

Pretender dar uma coisa a preços impossíveis, sem nisso perder, é uma astúcia de profissão; fazer mais ainda: dar por nada, supostamente pelo excesso de zelo a título de prêmio, todos os elementos de uma doutrina sublime, é o sublime da hipocrisia. Espíritas, guardai-vos!

– 58 –

Acontecimentos, 16 de agosto de 1867

(Sociedade de Paris, médium sr. D...)

– A sociedade em geral, dizendo melhor, a reunião de seres, tanto encarnados quanto desencarnados, que compõem a população flutuante de um mundo, em uma palavra, de uma Humanidade, não é outra coisa senão uma grande criança coletiva que, como todo ser dotado de vida, passa por todas as fases que se sucedem em cada um, desde o nascimento até a idade mais avançada; e, do mesmo modo que o desenvolvimento do indivíduo é acompanhado de certas perturbações físicas e intelectuais que incumbem mais particularmente a certos períodos da vida, a Humanidade tem as suas doenças de crescimento, seus transtornos morais e intelectuais. É a uma dessas grandes épocas, que termina um período e que começa outro, a que vos é dado assistir. Participando, ao mesmo tempo, das coisas do passado e das do futuro, sistemas que desmoronam e às verdades que se fundam, tende cuidado, meus amigos, de vos colocar do lado da solidez, do progresso e da lógica, se não quereis ser arrastados à deriva; e abandonar os palácios suntuosos quanto à aparência, mas vacilante pela base e que enterrarão logo sob as suas ruínas os infelizes, bastante insensatos para não quererem dele sair, apesar das advertências de toda natureza, que lhes são prodigalizadas.

Todas as frontes se ensombrecem, e calma aparente, da qual gozais, não serve senão para acumular maior número de elementos destruidores.

Algumas vezes, a tempestade que destrói o fruto dos suores de um ano está precedida de precursores que permitem tomar as precauções necessárias, para evitar, tanto quanto possível, a devastação. Desta vez, isso não será assim. O céu sombrio parecerá se iluminar; as nuvens fugirão, depois, de repente, todos os furores, por muito tempo comprimidos, se desencadearão com uma violência inaudita.

Infelizes aqueles que não terão se preparado um abrigo! Infelizes os fanfarrões que irão ao perigo com o braço desarmado e o peito descoberto! Infelizes aqueles que afrontarão o perigo com a taça na mão! Que decepção terrível os espera? A taça sustentada pela mão não irá alcançar seus lábios, que serão feridos!

À obra, pois, Espíritas, e não esqueçais que deveis ser todo prudência e todo providência. Tendes um escudo, sabei dele se servir; uma âncora de salvação, não a negligencieis.

– 59 –

Minha nova obra sobre a Gênese, 9 de setembro de 1867

(Ségur, sessão íntima. Médium sr. D...)
(Comunicação Espontânea.)

Duas palavras primeiro para a obra que está em trabalho. Como dissemos muitas vezes, é urgente pô-la em execução sem atraso e apressar, o mais possível, a sua publicação. É necessário que a primeira impressão seja produzida sobre os Espíritos quando o conflito europeu estourar; se ela tardasse, os acontecimentos brutais poderiam desviar a atenção das obras puramente filosóficas; e como esta obra está chamada a desempenhar o seu papel na elaboração que se prepara, não é preciso deixar de apresentá-la em tempo oportuno. Entretanto, não seria necessário, não mais para isso, restringir-lhe os desenvolvimentos. Dai-lhe toda amplitude desejável; cada pequena parte tem o seu peso na balança da ação, numa época tão decisiva quanto essa, e não é preciso nada negligenciar, não mais na ordem material do que na ordem moral.

Pessoalmente, estou satisfeito com o trabalho, mas a minha opinião é pouca coisa perto da satisfação daqueles a quem ela está chamada a transformar. O que me alegra, sobretudo, são suas consequências sobre as massas, tanto do espaço quanto da Terra.

Pergunta. – Se nada vier embaraçá-la, a obra poderá aparecer em dezembro. Prevedes obstáculos?

Resposta. – Não prevejo nada de dificuldades insuperáveis; a vossa saúde seria o principal, é por isso que vos aconselhamos, sem cessar, para não negligenciá-la. Quanto aos obstáculos exteriores, não pressinto nada de sério neles.

Dr. D.

– 60 –

A Gênese, 22 de fevereiro de 1868

(Comunicação particular. Médium sr. D...)

Em seguida a uma comunicação do Dr. Demeure, em que me dá sábios conselhos sobre as modificações a levar ao livro da Gênese, quando de sua reimpressão, da qual me convidou a me ocupar sem atraso, disse-lhe:

A venda tão rápida até aqui se acalmará, sem dúvida; é o efeito do primeiro momento. Creio, pois, que a quarta e a quinta edições terão mais tempo para se esgotarem. No entanto, como é necessário um certo tempo para a revisão e a reimpressão, importa não ser pego inesperadamente. Poderíeis me dizer, aproximadamente, quanto tenho de tempo diante de mim, para agir em consequência?

Resposta. – É um trabalho sério essa revisão, e vos convido a não esperar muito tempo para empreendê-la: é melhor que estejais pronto antes da hora do que se se devesse esperar depois de vós. Sobretudo, não vos apresseis. Apesar da contradição aparente de minhas palavras, me compreendeis sem dúvida. Colocai-vos prontamente à obra, mas não a tendes continua-

mente por muito tempo. Tomai vosso tempo: as ideias serão mais límpidas, e o corpo com isso ganhará, fatigando-se menos.

É necessário, no entanto, vos esperar um escoamento rápido. Quando vos dissemos que esse livro seria um sucesso, entre os vossos sucessos, entendíamos ao mesmo tempo um sucesso filosófico e material. Como vedes, nossas previsões eram justas. Ficai pronto a toda hora, isso será mais rápido do que o supondes.

Nota. – Numa comunicação de 18 de dezembro, foi dito: *Isto será, certamente, um sucesso entre os vossos sucessos.* É notável, que com dois meses de intervalo, um outro Espírito repita precisamente as mesmas palavras, dizendo: *Quando* nós *vos dissemos*, etc. Essa palavra nos prova que os Espíritos agem de acordo, e que, frequentemente, um só fala em nome de vários.

– 61 –

Acontecimentos,
Paris, 23 de fevereiro de 1868

(Comunicação íntima dada ao sr. C..., médium.)

Ocupai-vos, desde o presente, com o trabalho que tendes esboçado, sobre os meios de ser um dia útil aos vossos irmãos de crença, e de servir à causa da Doutrina, porque seria possível que os acontecimentos se desenrolassem não vos deixando lazeres suficientes para a eles se entregar.

Esses acontecimentos, eles mesmos, trarão fases durante as quais o pensamento humano poderá se produzir com uma liberdade absoluta. Naqueles momentos, os cérebros em delírio, desprovidos de toda direção sadia, criarão tais enormidades, que o anúncio do aparecimento próximo da besta do Apocalipse, não espantaria ninguém e passaria despercebido. As turbas vomitaram todas as loucuras humanas, até o esgotamento das paixões que terão engendrado.

Semelhante tempo será favorável aos espíritas. Eles se contarão; prepararão seus materiais e suas armas. Ninguém pensará em inquietá-los, porque não incomodarão a ninguém. Serão os únicos discípulos do Espírito, e os outros serão discípulos da matéria.

– 62 –

Meus trabalhos pessoais. Conselhos diversos,

Paris, 4 de julho de 1868.

(Médium sr. D).

Os vossos trabalhos pessoais estão num bom caminho; persegui a reimpressão da vossa última obra; façais o vosso quadro geral para o fim do ano, é uma coisa útil e recolocai o resto sobre nós.

O impulso produzido pela Gênese não está senão em seu início, e muitos dos elementos abalados pelo seu aparecimento se alinharão logo sob a vossa bandeira; outras obras sérias aparecerão ainda para acabar de esclarecer o pensamento humano sobre a nova doutrina.

Aplaudo igualmente a publicação das cartas de Lavater: é uma pequena coisa destinada a produzir grandes efeitos. Em suma o ano será frutífero, para todos os amigos do progresso racional e liberal.

Estou também inteiramente de acordo em que se publique o resumo que vos propusestes fazer sob forma de catecismo, ou manual, mas também de opinião de limpá-lo com cuidado. Quando estiverdes por fazê-lo aparecer, não esqueçais de me consultar sobre o título, terei talvez um bom conselho para vos dar, então, e do qual os termos dependerão dos acontecimentos realizados.

Quando vos aconselhamos recentemente para não esperar muito tempo, para vos ocupar do remanejamento da Gênese, dizíamos que haveria a acrescentar em diferentes lugares, a preencher algumas lacunas, e condensar alhures a matéria, a fim de não dar mais extensão ao volume.

As nossas observações não foram perdidas e estaremos felizes em colaborar no remanejamento dessa obra, como por ter contribuído para a sua execução.

Eu vos convidaria hoje a receber com cuidado sobretudo os primeiros capítulos, dos quais todas as ideias são excelentes, que não contêm nada que não seja verdadeiro, mas dos quais certas expressões poderiam se prestar para uma interpretação errônea. Salvo essas retificações, que vos aconselho a não negligenciá-las, porque não se rejeita sobre as palavras senão quando não se pode atacar as ideias, não tenho nada de outra coisa a vos indicar a esse respeito. Aconselho, por exemplo, a não perder o tempo; vale mais que os volumes esperem o público do que este por eles. Nada deprecia mais uma obra do que uma lacuna na sua venda. O editor impaciente por não poder responder aos pedidos que lhes são feitos, e que falta a ocasião de vender, se arrefece pelas obras de um autor imprevidente; o público se fatiga de esperar e a impressão produzida tem dificuldade de apagar-se.

De outra parte não é mau que tenhais alguma liberdade de espírito para evitar as eventualidade que podem nascer ao vosso redor, e dar os vossos cuidados aos estudos particulares que, segundo os acontecimentos, podem ser suscitados atualmente ou remetidos a tempos mais propícios.

Preparai-vos, pois, pronto para tudo; sede livre de todo entrave, seja para vos entregar a um trabalho especial, se a tranquilidade geral o permitir, seja para estar preparado para todo acontecimento, se complicações imprevistas vierem a necessitar, de vossa parte, uma determinação súbita. O ano próximo será logo esperado; é preciso, pois, no fim deste, dar a última demão à primeira parte da obra espírita, a fim de ter o campo livre para terminar a tarefa que concerne ao futuro.

– 63 –

Fora da caridade não há salvação

Estes princípios, para mim, não são apenas uma teoria, eu os coloco em prática; faço o bem tanto quanto o permite a minha posição; presto serviço quando posso; os pobres jamais foram rejeitados em minha casa, ou tratados com dureza; a todo momento não foram sempre recebidos com a mesma benevolência? Jamais lamentei meus passos e minhas diligências para prestar serviço; pais de família não saíram da prisão pelos meus cuidados? Certamente não me cabe fazer o inventário do bem que pude fazer; mas, num momento em que parece tudo esquecer-se, é-me muito permitido, creio, chamar à minha lembrança que a minha consciência me diz que não fiz mal a ninguém, que fiz todo o bem que pude, e isso o repito sem pedir conta da opinião; sob esse aspecto, a minha consciência está tranquila e de alguma ingratidão com a qual pude ser pago, em mais de uma ocasião, isso não poderia ser para mim um motivo para deixar de fazê-lo; a ingratidão é uma das imperfeições da Humanidade, e como nenhum de nós está isento de censuras, é preciso saber passar aos outros pelo que se nos passa a nós mesmos, a fim de que se possa dizer, como J. C.: "que aquele que está sem pecado, lhe atire a primeira pedra." Continuarei, pois, a fazer todo o bem que puder, mesmo aos meus inimigos, porque o ódio não me cega; e eu lhes estenderia sempre a mão para tirá-los de um precipício, se a ocasião disso se apresentasse.

Eis como entendo a caridade cristã; compreendo uma religião que nos ordena retribuir o mal com o bem, com mais forte razão restituir o bem pelo bem. Mas não compreenderia jamais a que nos prescrevesse retribuir o mal com o mal. (Pensamentos íntimos de Allan Kardec; documento encontrado em seus papéis.)

– 64 –

Projeto – 1868

Um dos maiores obstáculos que podem entravar a propagação da Doutrina, seria a falta de unidade; o único meio de evitá-la, senão para o presente, pelo menos para o futuro, é de formulá-la em todas as suas partes, e até nos mais minuciosos detalhes, com tanto de precisão e de clareza, que toda interpretação divergente seja impossível.

Se a doutrina do Cristo deu lugar a tantas controvérsias, se é ainda hoje tão mal compreendida e tão diversamente praticada, isso prende-se a que o Cristo se limitou a um ensinamento oral, e que os seus próprios apóstolos, não deram senão princípios gerais que cada um interpreta segundo as suas ideias ou seus interesses. Se tivesse formulado a organização da Igreja cristã com a precisão de uma lei ou de um regulamento, é incontestável que isso teria prevenido a maior parte dos cismas e das querelas religiosas, assim como a exploração, que foi feita, da religião em proveito das ambições pessoais. Disso resultou que, se o Cristianismo foi para alguns homens esclarecidos uma causa de reforma moral séria, não o foi e não o é ainda para muitos senão o objeto de uma crença cega e fanática, resultado que, num grande número, engendrou a dúvida e a incredulidade absoluta.

Só o Espiritismo, bem entendido e bem compreendido, pode remediar esse estado de coisas, e se tornar, assim como disseram os Espíritos, a grande alavanca da transformação da Humanidade. A experiência deve nos esclarecer sobre a marcha a seguir; mostrando-nos os inconvenientes do passado, diz-nos claramente que o único meio de evitá-los para o futuro, é assentar o Espiritismo sobre as bases sólidas de uma doutrina positiva, nada deixando ao arbítrio das interpretações. As dissidências que poderiam se levantar se fundirão, por si mesmas, na unidade principal que será estabelecida sobre as bases mais racionais, se essas bases são claramente definidas e não deixadas no vago. Ressalta, ainda, dessas considerações que esta marcha, dirigida com prudência, é o mais poderoso meio de lutar contra os antagonistas da Doutrina Espírita. Todos os sofismas virão se quebrar contra os princípios aos quais a sã razão não poderia nada encontrar para censurar.

Dois elementos devem concorrer para o progresso do Espiritismo; estes são: o estabelecimento teórico da Doutrina e os meios de popularizá-la. O desenvolvimento que ela toma, cada dia, multiplica as nossas relações que não podem senão aumentar pelo impulso que dará a nova edição de *O Livro dos Espíritos*, e a publicidade que será feita a esse respeito. Para poder utilizar essas relações de maneira mais proveitável, se, depois de ter constituído a teoria, devo concorrer para a sua instalação, seria necessário que, não somente a publicação de minhas obras, tivesse meios de ação mais diretos; ora, creio que seria útil que aquele que fundou a teoria pudesse dar-lhe, ao mesmo tempo, o impulso, porque teria mais unidade. Sob esse aspecto, a sociedade deve necessariamente exercer uma grande influência, assim como disseram os próprios Espíritos, mas sua ação não será realmente eficaz senão quando ela servir de centro e de ponto de reunião de onde partirá um ensinamento preponderante sobre a opinião pública. Para isso lhe é necessária uma organização mais forte e elementos que ela não possui. No século em que estamos e tendo em vista o estado dos nossos costumes, os recursos financeiros são o grande motor de todas coisas, quando eles são empregadas com discernimento. Na hipótese em que esses recursos não viriam por um caminho qualquer, eis o plano que me proporia seguir, e cuja execução seria proporcional à importância dos meios e subordinada aos conselhos dos Espíritos.

– 65 –

Estabelecimento central

A fase mais urgente seria de se prover de um local convenientemente situado e disposto para as relações e as recepções. Sem nele colocar um luxo inútil, que estaria deslocado, seria necessário que nada ali acusasse a penúria, e que representasse suficientemente para que as pessoas de distinção pudessem nele vir sem crer muito derrogar. Além do meu alojamento particular da habitação, deveria compreender:

1º Uma grande sala para as sessões da Sociedade e as grandes reuniões;

2º Um salão de recepção;

3º Uma peça consagrada às evocações íntimas, espécie de santuário que não seria profanado por nenhuma ocupação estranha;

4º Um escritório para Revista, os arquivos e os negócios da Sociedade.

Tudo isso disposto e arranjado de maneira cômoda e conveniente para a sua destinação.

Seria criada uma biblioteca composta de todas as obras e escritos periódicos, franceses e estrangeiros, antigos e modernos, tendo relação com o Espiritismo.

O salão de recepção seria aberto todos os dias, a certas horas, aos membros da Sociedade que poderiam ali vir conferenciar livremente, ler os jornais, consultar os arquivos e a biblioteca. Os adeptos estrangeiros, de passagem por Paris, e apresentados por um membro, nele seriam admitidos.

Uma correspondência regular seria estabelecida com os diferentes centros da França e do estrangeiro.

Um empregado secretário e um moço de escritório seriam ligados ao estabelecimento.

– 66 –

Ensinamento espírita

Um curso regular de Espiritismo seria professado com o objetivo de desenvolver os princípios da ciência e de propagar o gosto pelos estudos sérios. Esse curso teria a vantagem de fundar a unidade de princípios, de fazer adeptos esclarecidos capazes de difundir as ideias espíritas, e desenvolver um grande número de médiuns. Eu olho esse curso como podendo exercer uma influência capital sobre o futuro do Espiritismo, e sobre as suas consequências.

– 67 –

Publicidade

Seria dado mais desenvolvimento à Revista, seja pelo aumento, seja por uma periodicidade mais aproximada. Um redator remunerado para ela seria requisitado.

Uma publicidade, numa larga escala, feita nos jornais mais divulgados, levaria ao mundo inteiro, e até aos lugares mais recuados, o conhecimento das ideias espíritas, faria nascer o desejo de aprofundá-los, e, multiplicando os adeptos, imporia silêncio aos detratores que logo deveriam ceder diante do ascendente da opinião.

– 68 –

Viagens

Dois ou três meses do ano seriam consagrados a fazer viagens para visitar os diferentes centros e lhes imprimir uma boa direção.

Se os recursos o permitissem, um fundo seria instituído para remunerar um certo número de viajantes missionários, esclarecidos e de talento, que estariam encarregados de difundir a Doutrina.

Uma organização completa e a assistência de ajudantes remunerados, com os quais eu poderia contar, me isentando de uma multidão de ocupações e de preocupações materiais, me deixariam o lazer necessário para ativar os trabalhos que me restam a fazer, e aos quais o estado atual das coisas não me permite entregar-me, tão assiduamente quanto o seria preciso, o tempo material me faltando, e as forças físicas para isso não podendo bastar.

Se jamais me tivesse reservado cumprir esse projeto, na execução do qual seria necessário levar a mesma prudência que para o passado, é indubitável que alguns anos bastariam para fazer a Doutrina avançar de alguns séculos.

A constituição do Espiritismo foi inserida por Allan Kardec na Revista de dezembro de 1868, mas sem os comentários que lhe ajuntara antes de morrer, e que reproduzimos textualmente; a morte corpórea deteve-o quando se preparava para traçar os *Princípios fundamentais da Doutrina Espírita reconhecidos como verdades adquiridas*, o que os nossos leitores lamentarão conosco, porque teriam completado sua constituição com a ajuda de resumos lógicos e judiciosos; foi o único manuscrito do Mestre, e o lemos com respeito.

– 69 –

Constituição do Espiritismo

Exposição de motivos

I. Considerações preliminares

O Espiritismo teve, como todas as coisas, seu o período de criação, e até que todas as questões, principais e acessórias que a ele se ligam, tenham sido resolvidas, ele não pôde dar senão resultados incompletos; pôde-se entrever-lhe o objetivo: pressentir-lhe as consequências, mas somente de maneira vaga. Da incerteza sobre os pontos ainda não determinados deveriam forçosamente nascer divergências sobre a maneira de considerá-los; a unificação não poderia ser senão a obra do tempo; fez-se à medida que os princípios foram elucidados. Não será senão quando a Doutrina tiver abarcado todas as partes que ela comporta, que formará um todo harmonioso, e será só então que se poderá julgar o que é verdadeiramente o Espiritismo.

Enquanto o Espiritismo não foi senão uma opinião filosófica, não poderia ter, entre os adeptos, senão a simpatia natural produzida pela comunidade das ideias, mas nenhum laço sério poderia existir por falta de um programa nitidamente definido. Tal é, evidentemente, a principal causa da pouca coesão e da estabilidade dos grupos e sociedades que se formaram.

Também, constantemente, desviamos os Espíritas de fundarem prematuramente alguma instituição especial apoiada sobre a Doutrina, antes que esta não estivesse assentada sobre bases sólidas; expor-se-ia a fracassos inevitáveis, cujos efeitos teriam sido desastrosos, pela impressão que teriam produzido sobre o público e o desencorajamento que disso resultaria entre os adeptos. Esse fracassos teriam, talvez, retardado de um século o progresso definitivo da Doutrina, na impossibilidade da qual se poderia imputar um insucesso que, em realidade, não teria sido senão o resultado da imprevidência. Por falta de saberem esperar para chegarem ao ponto, os muito apressados, e os impacientes, comprometeram em todos os tempos as melhores causas (1).

Não é preciso perguntar às coisas o que elas podem dar, à medida que estejam em estado de produzirem; não se pode exigir de uma criança o que se pode esperar de um adulto, nem de uma jovem árvore plantada o que produzirá quando estiver com toda a sua força. O Espiritismo, em vias de elaboração, não poderia dar senão os resultados individuais; os resultados coletivos e gerais serão o fruto do Espiritismo completo, que se desenvolverá sucessivamente.

Se bem que o Espiritismo não haja dito a sua última palavra sobre todos os pontos, ele se aproxima de seu complemento e o momento é chegado de lhe dar uma base forte e durável, suscetível, no entanto, de receber todos os desenvolvimentos que comportarão as circunstâncias ulteriores, e dando toda segurança àqueles que se perguntam quem lhe tomará as rédeas, depois daquele que lhe dirigiu os primeiros passos.

A Doutrina é imperecível, sem dúvida, porque ela repousa sobre as leis da Natureza, e que, melhor que qualquer outra, responde às legítimas aspirações do homem; entretanto, sua difusão e a sua instalação definitiva podem ser avançadas ou retardadas pelas circunstâncias, das quais algumas estão subordinadas à marcha geral das coisas, mas outras são inerentes à própria Doutrina, à sua constituição e à sua organização.

Se bem que a questão de fundo seja em tudo preponderante, e acaba sempre prevalecendo, a questão da forma tem aqui uma importância capital; poderia mesmo superá-la momentaneamente e suscitar entraves e atrasos segundo a maneira pela qual será resolvida.

Teríamos feito uma coisa incompleta e deixado grande embaraço para o futuro, se não tivéssemos previsto as dificuldades que podem surgir. Foi tendo em vista evitar isso, que elaboramos um plano de organização,

---

(1) Ver, para maior desenvolvimento da questão das instituições espíritas, a Revista Espírita de julho de 1866, página 193.

para o qual aproveitamos a experiência do passado, a fim de evitar os escolhos contra os quais tropeçaram a maioria das doutrinas que apareceram no mundo.

O plano adiante foi concebido há muito tempo, porque sempre estivemos preocupados com o futuro do Espiritismo; fizemo-lo pressentir em diversas circunstâncias, vagamente é verdade, mas suficientemente para mostrar que não é hoje uma concepção nova, e que, trabalhando na parte teórica da obra, não negligenciamos o seu lado prático.

II. Dos cismas

Uma questão que se apresenta em primeiro lugar no pensamento é a dos Cismas que poderão nascer no seio da Doutrina; o Espiritismo deles será preservado?

Não, seguramente, porque terá, no começo sobretudo, que lutar contra as ideias pessoais, sempre absolutas, tenazes, lentas em se harmonizarem com as ideias de outrem, e contra a ambição daqueles que querem ligar, mesmo assim, o seu nome a uma inovação qualquer; que criam novidades unicamente para poderem dizer que não pensam e não fazem como os outros; ou porque o seu amor-próprio sofre por não ocupar senão uma posição secundária.

Se o Espiritismo não pode escapar das fraquezas humanas, com as quais é preciso sempre contar, pode paralisar-lhes as consequências, e é o essencial.

Há a se notar que os numerosos sistemas divergentes, eclodidos na origem do Espiritismo, sobre a maneira de explicar os fatos, desapareceram à medida que a Doutrina foi completada pela observação e por uma teoria racional; é com dificuldade, hoje, se esses primeiros sistemas encontram alguns raros partidários. Aí está um fato notório de onde se pode concluir que as últimas divergências se apagarão com a completa elucidação de todas as partes da Doutrina; mas haverá sempre dissidentes de caso pensado, interessados, por uma causa ou por outra, em constituir bando à parte: é contra essa pretensão que é preciso se premunir.

Para se assegurar da unidade no futuro, uma condição é indispensável, é que todas as partes do conjunto da Doutrina sejam determinadas com precisão e clareza, sem nada deixar no vago; para isso fizemos de modo que os nossos escritos não possam dar lugar a nenhuma interpretação contraditória, e trataremos que isso seja sempre assim. Quando se tiver dito, com firmeza e sem ambiguidade, que dois e dois são quatro, ninguém poderá pretender que se quis dizer que dois e dois fazem cinco. Poderão, pois, se formar, ao lado da Doutrina, seitas que não lhe adotem os princípios, ou todos os princípios, mas não na Doutrina pela interpretação do texto, como se formaram tão numerosas sobre o sentido das próprias palavras do Evangelho. Aí está um primeiro ponto de uma importância capital.

O segundo ponto é o de não sair do círculo das ideias práticas. Se é verdade que a utopia da véspera, frequentemente, seja a verdade do dia seguinte, deixemos ao dia seguinte o cuidado de realizar a utopia da véspera, mas não embaracemos a Doutrina com princípios que seriam considerados quimeras e a fariam rejeitar pelos homens positivos.

O terceiro ponto, enfim, é inerente ao caráter essencialmente progressivo da Doutrina. Do fato de que ela não embala sonhos irrealizáveis para o presente, não se segue que se imobiliza no presente. Exclusivamente apoiada sobre as leis da Natureza, não pode mais variar do que essas leis, mas se uma nova lei é descoberta, deve a ela ligar-se; não deve fechar a porta a nenhum progresso, sob pena de se suicidar: assimilando todas as ideias reconhecidas justas, de qualquer ordem que sejam, físicas ou metafísicas, não será jamais ultrapassada, e aí está uma das principais garantias de sua perpetuidade.

Se, pois, uma seita se forma ao seu lado, fundada ou não sobre os princípios do Espiritismo, ocorrerá de duas coisas uma: ou essa seita estará na verdade ou ela não o estará; se não estiver, cairá por si mesma sob o ascendente da razão e do senso comum, como já tantas outras caíram há séculos; se as suas ideias forem justas, não fosse senão sobre um ponto, a Doutrina, que procura o bem e a verdade por toda parte onde se encontrem, as assimilará, de sorte que, em lugar de ser absorvida, é ela que absorve.

Se alguns de seus membros venham a dela se separar, é porque creem poder fazer coisa melhor; se fazem realmente algo melhor, ela os imitará; se fazem melhor ainda, ela se esforçará para fazê-lo igualmente, e mais se isso se pode; se fazem mais mal, ela os deixará fazer, certa de que, cedo ou tarde, o bem dominará sobre o mal, e o verdadeiro sobre o falso. Eis a única luta que ela estabelecerá.

Acrescentamos que a tolerância, consequência da caridade, que é a base da moral espírita, lhe faz um dever respeitar todas as crenças. Querendo ser aceita livremente, por convicção e não por constrangimento, proclamando a liberdade de consciência como um direito natural imprescritível, diz: *Se tenho razão, os outros acabarão por pensar como eu; se estou errado, acabarei por pensar como os outros.* Em virtude desses princípios, não lançando a pedra em ninguém, não dará nenhum pretexto para represálias, e deixará aos dissidentes toda a responsabilidade de suas palavras e de seus atos.

O programa da Doutrina não será, pois, invariável senão sobre os princípios passados ao estado de verdades constatadas; para os outros, não os admitirá, como sempre fez, senão a título de hipóteses, até a sua confirmação. Se lhe for demonstrado que está em erro sobre um ponto, modificar-se-á nesse ponto.

A verdade absoluta é eterna, e, por isso mesmo, invariável; mas quem pode se gabar de possuí-la inteiramente? No estado de imperfeição de nossos conhecimentos, o que nos parece falso hoje, pode ser reconhecido verdadeiro amanhã, em consequência da descoberta de novas leis; assim o é na ordem moral como na ordem física. É contra essa eventualidade que a Doutrina não deve jamais se encontrar desguarnecida. O princípio progressivo, que ela inscreveu em seu código, será a salvaguarda de sua perpetuidade, e sua unidade será mantida precisamente porque ela não repousa sobre o princípio da imobilidade.

A imobilidade, em lugar de ser uma força, se torna uma causa de fraqueza e de ruína, para quem não segue o movimento geral; rompe a unidade porque aqueles que querem ir adiante se separam daqueles que se obstinam em permanecer atrasados. Mas, seguindo em tudo o movimento progressivo, é necessário fazê-lo com prudência e se guardar de dar-se, temerariamente, aos sonhos das utopias e dos sistemas; é preciso fazê-lo a tempo, nem muito cedo e nem muito tarde, e com conhecimento de causa.

Compreende-se que uma doutrina, assentada sobre tais bases, deva ser realmente forte; desconfia de toda concorrência e neutraliza a pretensão de seus competidores.

A experiência, aliás, já justificou essa previsão. Tendo a Doutrina caminhado sem cessar nesse caminho, desde a sua origem, constantemente avançou, mas sem precipitação, olhando sempre se o terreno, onde ela põe o pé, está sólido, e medindo seus passos sobre o estado da opinião. Ela faz como o navegador que não segue senão com a sonda na mão e consultando os ventos.

III. O chefe do Espiritismo

Mas quem estará encarregado de manter o Espiritismo nesse caminho? Quem terá o lazer e a perseverança para se entregar ao trabalho incessante que exige semelhante tarefa? Se o Espiritismo estiver entregue a si mesmo, sem guia, não é de se temer que se desvie de sua rota? Que a malevolência, com a qual estará em luta por muito tempo ainda, não se esforce em desnaturar-lhe o espírito? Aí está, com efeito, uma questão vital, e cuja solução é de um interesse maior para o futuro da Doutrina.

A necessidade de uma direção central superior, guardiã vigilante da unidade progressiva, e dos interesses gerais da Doutrina, é de tal modo evidente, que se inquieta por não ver ainda o condutor despontar no horizonte. Compreende-se que, sem uma autoridade moral capaz de centralizar os trabalhos, os estudos e as observações, de dar impulso, de estimular o zelo, de defender o fraco, de sustentar as coragens vacilantes, de concorrer com os conselhos da experiência, de fixar a opinião sobre os pontos incertos, o Espiritismo correria o risco de caminhar à deriva. Não somente essa direção é necessária, mas é preciso que ela esteja nas condições de força e de estabilidade suficientes para desafiar as tempestades.

Aqueles que não querem nenhuma autoridade não compreendem os verdadeiros interesses da Doutrina; se alguns pensam poder se passar de toda direção, a maioria, aqueles que não creem em sua infalibilidade e não têm uma confiança absoluta em suas próprias luzes, sente a necessidade de um ponto de apoio, de um guia, não fosse senão para ajudá-los a caminhar com mais firmeza e segurança. (Ver a *Revista* de abril de 1866, p. 111: *O Espiritismo independente*.)

Estando estabelecida a necessidade de uma direção, de quem o chefe terá os seus poderes? Será aclamado pela universalidade dos adeptos? É uma coisa impraticável. Se se impõe com a sua autoridade privada, será aceito por uns, rejeitado pelos outros, e vinte pretendentes podem surgir que levantarão bandeira contra bandeira; isso seria, ao mesmo tempo, o despotismo e a anarquia. Semelhante ato seria o fato de um ambicioso, por isso mesmo orgulhoso, a dirigir uma doutrina baseada sobre a abnegação, o devotamento, o desinteresse e a humildade; colocado fora do princípio fundamental da doutrina, não poderia senão falsear-lhe o espírito. É o que ocorreria inevitavelmente, se não se tomassem, de antemão, medidas eficazes para evitar esse inconveniente.

Admitamos, no entanto, que um homem reunisse todas as qualidades requeridas para o cumprimento de seu mandato, e que chegue à direção superior por uma caminho qualquer: os homens se sucedem e não se assemelham; depois de um bom, pode vir um mau; com o indivíduo, pode mudar o espírito da direção; sem ter maus desígnios, pode ele ter objetivos mais ou menos justos; se quiser fazer prevalecer as suas ideias pessoais, pode fazer a Doutrina desencaminhar, suscitar divisões e as mesmas dificuldades se renovarão a cada mudança. Não é preciso perder de vista que o Espiritismo não está ainda na plenitude de sua força; do ponto de vista da organização, é uma criança que começa só a caminhar; importa, pois, no início sobretudo, premuni-lo contra as dificuldades do caminho.

Mas, dir-se-á, um dos Espíritos anunciados, dos que devem tomar parte na regeneração, não estará à testa do Espiritismo? É provável: mas como não terão na fronte uma marca para se fazerem conhecer, que não se afirmarão senão *pelos seus atos*, e não serão, para a maioria, reconhecidos como tais senão depois de sua morte, segundo o que tenham feito durante a sua vida; que, aliás, não o seria perpetuamente, é necessário prever todas as eventualidades. Sabe-se que a sua missão será múltipla: que a terá em todos os graus da escala, e nos diversos ramos da economia social, onde cada um exercerá a sua influência em proveito das ideias novas, segundo a especialidade de sua posição; todos trabalharão, pois, para o estabelecimento da Doutrina, seja numa parte, seja numa outra; uns como chefes de Estados, outros como jurisconsultos, outros como magistrados, sábios, literatos, oradores, industriais, etc.; cada um dará as suas provas em sua parte, desde o proletário até o soberano, *sem que nada além de suas obras o distinga do comum dos homens*. Se um deles deve tomar parte na direção, é provável que estará colocado providencialmente em posição de ali chegar pelos meios legais que serão adotados; circunstâncias, em aparência fortuitas, o conduzirão, sem propósito premeditado de sua parte, sem mesmo que tenha consciência de sua missão. (*Revista Espírita*: *Os messias do Espiritismo*, fevereiro-março de 1868, páginas 45 e 65.)

Em semelhante caso, o pior de todos os chefes será aquele que se der por eleito de Deus. Como não é racional admitir que Deus confia tais missões a ambiciosos, ou a orgulhosos, as virtudes características de um verdadeiro messias devem ser, antes de tudo, a simplicidade, a humildade, a modéstia, em uma palavra, o desinteresse material e moral mais completo; ora, só a pretensão de ser um messias, seria a negação dessas qualidades essenciais; ela provaria, naquele que se prevê semelhante título, ou uma tola presunção se for de boa-fé, ou uma insigne impostura. Não faltariam intrigantes, supostamente Espíritas, que quereriam se elevar pelo orgulho, ambição, cupidez; outros que teriam pretensas revelações com a ajuda das quais procurarão se pôr em relevo e fascinar as imaginações muito crédulas. É preciso prever também que, sob falsas aparências, os indivíduos poderiam tentar se apoderar do leme com pensamento dissimulado de fazer o navio naufragar, desviando-o de sua rota. Não sossobrará, mas poderá experimentar deploráveis atrasos, que é preciso evitar. Esses são, sem contradita, os maiores escolhos dos quais o Espiritismo deve se resguardar: quanto mais ficar consistente, mais os seus adversários lhe dirigirão ciladas.

É, pois, do dever de todos os Espíritas sinceros frustrar as manobras da intriga, que se podem urdir nos menores centros, como nos maiores. Deverão, antes de tudo, repudiar, da maneira mais absoluta, quem se colocar, por si mesmo, como um messias, seja como chefe do Espiritismo, seja como simples apóstolo da Doutrina. Conhece-se a árvore pelo seu fruto; esperai, pois, que a árvore dê seu fruto antes de julgar se é bom, e olhai ainda se os frutos estão estragados. (*O Evangelho Segundo o Espiritismo*, cap. XXI, nº 9. *Caráter do verdadeiro profeta.*)

Foi proposto fazer os próprios Espíritos designarem os candidatos, em cada grupo ou sociedade espírita. Além de que esse meio não obviaria todos os inconvenientes, deles haveria especiais nesse modo de proceder, que a experiência já demonstrou e que seria supérfluo lembrar aqui. É preciso não perder de vista que a missão dos Espíritos é de nos instruir, de nos melhorar, mas não de se substituir à iniciativa de nosso livre-arbítrio; eles nos sugerem pensamentos, nos ajudam com os seus conselhos, sobretudo no que toca às questões morais, mas deixam ao nosso julgamento o cuidado da execução das coisas materiais que não têm por missão nos poupar. Que os homens se contentem por serem assistidos e protegidos pelos bons Espíritos, mas que não descarreguem neles a responsabilidade que incumbe ao papel do encarnado.

Esse meio, aliás, suscitaria mais embaraço do que se pensa, pela dificuldade de fazer todos os grupos participarem nessa eleição; isso seria uma complicação nos maquinismos, e os maquinismos são tanto menos suscetíveis de se desorganizarem, quanto sejam mais simplificados.

O problema é, pois, constituir uma direção central nas condições de força e estabilidade que o coloque ao abrigo das flutuações, que respondem a todas as necessidades da causa e opõem uma barreira absoluta aos enredos da intriga e da ambição. Tal é o objetivo do plano do qual vamos dar um esboço rápido.

IV. Comissão central

Durante o período de elaboração, a direção do Espiritismo teve que ser individual; era necessário que todos os elementos constitutivos da Doutrina, saídos no estado embrionário de uma multidão de focos, desembocassem num centro comum, para ali serem controlados e confrontados, e que um só pensamento presidisse à sua coordenação para estabelecer a unidade no conjunto e a harmonia em todas as partes. Se fora de outro modo, a Doutrina parecer-se-ia a um mecanismo cujas rodagens não se engrenariam com precisão umas com as outras.

Já o dissemos, porque é uma verdade incontestável, claramente demonstrada hoje: a Doutrina não poderia sair de todas as peças de um só centro, como toda a ciência astronômica de um só observatório; e todo centro que tentasse constituí-la sobre as suas únicas observações, teria feito alguma coisa incompleta e se encontraria, numa infinidade de pontos, em contradição com os outros. Se mil centros tivessem querido fazer a sua doutrina, não haveria dois semelhantes sobre todos os pontos. Se estivessem de acordo pelo fundo, estariam inevitavelmente diferentes pela forma; ora, como há muitas pessoas que veem a forma antes do fundo, teria havido tantas seitas quanto as formas diferentes. A unidade não poderia sair senão do conjunto e da comparação de todos os resultados parciais; por isso, a concentração do trabalho era necessária. (*A Gênese*, cap. I, *Caracteres da revelação espírita*, nº 54 e seguintes.)

Mas o que era uma vantagem por um tempo, tornar-se-ia mais tarde um inconveniente. Hoje, que o trabalho de elaboração está terminado, no que concerne às questões fundamentais; que os princípios gerais da ciência estão estabelecidos, a direção, da individualidade que deve ter sido de começo, deve tornar-se coletiva; primeiro, porque chega um momento em que seu peso excede as forças de um homem, e, em segundo lugar, porque há mais garantia de estabilidade numa reunião de indivíduos, dos quais cada um não tem senão a sua voz, e que nada podem sem o concurso uns dos outros, do que num único, que pode abusar de sua autoridade e querer fazer prevalecer as suas ideias pessoais.

Em lugar de um chefe único, a direção será entregue a uma *comissão central* permanente, cuja organização e atribuições serão definidas de maneira a não deixar nada ao arbítrio. Essa comissão será composta de doze membros titulares, no máximo, que deverão, para esse efeito, reunir certas condições requeridas, e de um número igual de conselheiros. Completar-se-á, ela mesma, segundo as regras igualmente determinadas, à medida das vagas pela extinção ou outra causa. Uma disposição especial fixará o modo de nomeação dos doze primeiros.

A comissão nomeia o seu presidente por um ano.

A autoridade do presidente é puramente administrativa; ele dirige as deliberações da comissão, zela pela execução dos trabalhos e pela expedição dos assuntos; mas, fora das atribuições que lhe são conferidas pelos estatutos constitutivos, não pode tomar nenhuma decisão sem o concurso da comissão. Portanto, nada de abusos possíveis, nada de alimentos à ambição, nada de pretextos de intrigas e de ciúme, nada de supremacia contundente.

A comissão central será, pois, a cabeça, o verdadeiro chefe do Espiritismo, chefe coletivo, nada podendo sem o consentimento da maioria. Suficientemente numerosa para se esclarecer pela discussão, não o será bastante para que haja confusão.

A autoridade da comissão central será moderada, e seus atos controlados pelos congressos ou assembleias gerais, sobre os quais se falará adiante.

Para o público de adeptos, a aprovação ou a desaprovação, o consentimento ou a recusa, as decisões, em uma palavra, de um corpo constituído, representando uma opinião coletiva, terão forçosamente uma autoridade que elas jamais teriam emanando de um único indivíduo, que não representa senão uma opinião pessoal. Frequentemente, rejeita-se a opinião de um só, crendo-se humilhante de submeter-se a ela, e aceita-se sem dificuldade, a de vários.

Está bem entendido que se trata aqui de uma autoridade moral, no que concerne à interpretação e à aplicação dos princípios da Doutrina, e não de um poder disciplinar qualquer. Essa autoridade será, em matéria de Espiritismo, a de uma academia em matéria de ciência.

Para o público estranho, um corpo constituído tem mais ascendência e predominância entre os adversários; sobretudo, apresenta uma força de resistência e possui meios de ação que um indivíduo não poderia ter; luta com infinitamente mais vantagem. Atacam uma individualidade, despedaçam-na, não ocorrendo o mesmo com um ser coletivo.

Há igualmente, num ser coletivo, uma garantia de estabilidade que não existe quando tudo repousa sobre uma só cabeça; que o indivíduo esteja impedido por uma causa qualquer, tudo pode se entravado. Um ser coletivo, ao contrário, se perpetua sem cessar: que perca um ou vários de seus membros, nada periclita.

A dificuldade, dir-se-á, será a de reunir, de maneira permanente, doze pessoas que estejam sempre de acordo.

O essencial é que estejam de acordo sobre os princípios fundamentais; ora, isso será uma condição absoluta de sua admissão, como a de todos os participantes de sua direção. Sobre as questões pendentes de detalhe, pouco importa a sua divergência, uma vez que é a opinião da maioria que prevalece. Àquele cuja maneira de ver for justa, não faltarão boas razões para justificá-la. Se um deles, contrariado por não poder fazer admitir as suas ideias, se retira, as coisas não seguem menos seu curso, e não haveria lugar de lamentá-lo, uma vez que faria prova de uma suscetibilidade orgulhosa, pouco espírita, e que poderia tornar-se uma causa de perturbação.

A causa mais comum de divisão entre os cointeressados é o conflito dos interesses e a possibilidade, para um, de suplantar o outro em seu proveito. Esta causa não tem nenhuma razão de ser, desde o instante que o prejuízo de um não pode aproveitar aos outros, que são solidários e não podem senão perder em lugar de ganhar com a desunião. Eis uma questão de detalhe prevista na organização.

Admitamos que, entre eles, se encontre um falso irmão, um traidor, ganho pelos inimigos da causa; que poderá ele, uma vez que não tem senão sua voz nas decisões? Suponhamos que, por impossível, a comissão inteira entre num mau caminho: os congressos lá estarão para pô-la em ordem.

O controle dos atos da administração estará nos congressos, que poderão decretar censura ou acusação contra a comissão central, por causa de infração ao seu mandato, de desvio dos princípios reconhecidos, ou de medidas prejudiciais à Doutrina. É por isso que se apelará ao congresso nas circunstâncias em que se julgue que a sua responsabilidade poderia ser comprometida de maneira grave.

Se, pois, os congressos são um freio para a comissão, esta haure uma nova força em sua aprovação. É assim que esse chefe coletivo realça em definitivo a opinião geral e não pode, sem perigo para si mesmo, se afastar do caminho reto.

As principais atribuições dessa comissão central serão:

1º O cuidado dos interesses da Doutrina e a sua propagação; a manutenção de sua utilidade pela conservação da integridade dos princípios reconhecidos; o desenvolvimento de suas consequências;

2º O estudo dos princípios novos, suscetíveis de entrar no corpo da Doutrina;

3º A concentração de todos os documentos e informações que podem interessar ao Espiritismo;

4º A correspondência;

5º A manutenção, a consolidação e a extensão dos laços de fraternidade entre os adeptos e as sociedades particulares de diferentes países;

6º A direção da *Revista*, que será o jornal oficial do Espiritismo, e à qual poderá ser acrescentada uma outra publicação periódica;

7º O exame e a apreciação das obras, artigos de jornais, e todos os escritos interessando à Doutrina. A refutação dos ataques, se for o caso;

8º A publicação das obras fundamentais da Doutrina, nas condições mais propícias à sua vulgarização. A confecção e a publicação daquelas das quais daremos o plano, e que não tivermos tempo de fazer em nossa vida. Os encorajamentos dados às publicações que poderão ser úteis à causa;

9º A fundação e a conservação da biblioteca, dos arquivos e do museu;

10º A administração da caixa de assistência, do dispensário e do asilo;

11º A administração dos negócios materiais;

12º A direção das sessões da sociedade;

13º O ensino oral;

14º As visitas e instruções às sociedades particulares que se colocarem sob o seu patrocínio;

15º A convocação dos congressos e das assembleias gerais.

Essas atribuições serão repartidas entre os diferentes membros da comissão, segundo a especialidade de cada um, os quais, se for preciso, serão assistidos por um número suficiente de membros auxiliares, ou de simples empregados.

V. Instituições acessórias e complementares da comissão central

Várias instituições complementares da comissão central a ela serão anexadas, como dependências locais, à medida que as circunstâncias o permitam, a saber:

1º Uma *biblioteca*, onde se encontrarão reunidas todas as obras que interessam ao Espiritismo, e que poderão ser consultadas no mesmo lugar ou dadas em leitura;

2º Um *museu*, onde serão reunidas as primeiras obras da arte espírita, os trabalhos mediúnicos mais notáveis, os retratos dos adeptos que tiverem muito mérito da causa pelo seu devotamento, os dos homens que o Espiritismo honra, embora estranhos à Doutrina, como benfeitores da Humanidade, grandes gênios missionários do progresso, etc.

3º Um *dispensário* destinado às consultas médicas *gratuitas*, e ao tratamento de certas afecções, sob a direção de um médico licenciado;

4º Uma caixa de assistência e de previdência, em condições práticas;

5º Um asilo;

6º Uma sociedade de adeptos, tendo sessões regulares.

Sem entrar num exame prematuro a esse respeito, é útil dizer algumas palavras de dois artigos sobre os quais se poderia equivocar-se.

O estabelecimento de uma caixa geral de assistência é uma coisa impraticável, e que apresentaria sérios inconvenientes, assim como o demonstramos num artigo especial (*Revista* de julho de 1866, página 193). A comissão não pode se comprometer num caminho que seria logo forçada a abandonar, nem nada empreender que não esteja certa de realizar. Deve ser positiva e não se embalar com ilusões quiméricas; é o meio de caminhar por muito tempo e seguramente; para isso deve, em tudo, ficar nos limites do possível.

Essa caixa de assistência não pode e não deve ser senão uma instituição local, de uma ação circunscrita, cuja prudente organização poderá servir de modelo às, do mesmo gênero, que as sociedades particulares poderiam criar. É pela sua multiplicidade que podem prestar serviços eficazes, e não centralizando os meios de ação.

Será alimentada: 1º pela porção aplicada a essa destinação sobre a renda da caixa geral do Espiritismo; 2º pelos donativos especiais que lhe serão feitos. Ela capitalizará as somas recebidas de maneira a constituir para si uma renda; será sobre essa renda que dará socorros temporários ou vitalícios, e cumprirá as obrigações de seu mandato, que serão estipuladas em seu regulamento constitutivo.

O projeto de um asilo, na acepção completa da palavra, não pode ser realizado no início, em razão dos capitais que uma tal fundação exigiria, e, além disso, porque é preciso deixar, à administração, o tempo de se assentar e de caminhar com regularidade, antes de pensar em complicar as suas atribuições com empreendimentos, onde poderia fracassar. Abraçar muitas coisas antes de estar segura dos meios de execução seria uma imprudência. Compreender-se-á facilmente, refletindo-se em todos os detalhes que os estabelecimentos desse gênero comportam. É bom, sem dúvida, ter boas intenções, mas, antes de tudo, é preciso poder realizá-las.

VI. Extensão da ação da comissão central

Um centro de elaboração das ideias espíritas se formou, por si mesmo, na origem, sem desígnio premeditado, pela força das coisas, mas sem nenhum caráter oficial. Era necessário, porque, se não existisse, qual teria sido o ponto de reunião dos Espíritas disseminados em diferentes países? Não podendo comunicar suas ideias, suas impressões, suas observações, a todos os outros centros particulares, eles mesmos disseminados, e frequentemente sem consistência, teriam ficado isolados, e a difusão da Doutrina sofreria com isso. Era preciso, pois, um ponto onde tudo desembocasse, e de onde tudo pudesse se irradiar. O desenvolvimento das ideias espíritas, longe de se tornar um centro inútil, fará ainda melhor sentir a sua necessidade, porque a necessidade de se aproximar e de se formar uma união será tanto maior quanto o número de adeptos seja mais considerável. A constituição do Espiritismo, regularizando o estado das coisas, terá por efeito delas fazer saírem maiores vantagens, e preencher as lacunas que apresente. O centro que ela criar não será uma individualidade, mas um foco de atividade coletiva, agindo no interesse geral, e onde a autoridade pessoal se apagará.

Mas qual será a extensão do círculo de atividade desse centro? Está destinado a reger o mundo, e a tornar-se o árbitro universal da verdade? Se tivesse essa pretensão, isso seria mal compreender o espírito do Espiritismo que, por isso mesmo, proclama os princípios do livre exame e da liberdade de consciência, repudia o pensamento de se erigir em autocracia; desde o início, entraria num caminho fatal.

O Espiritismo tem princípios que, em razão do fato de estarem fundados sobre as leis da Natureza, e não sobre abstrações metafísicas, tendem a se tornar, e serão certamente um dia, os da universalidade dos homens; todos os aceitarão, porque serão verdades palpáveis e demonstradas, como aceitaram a teoria do movimento da Terra; mas pretender que o Espiritismo será, por toda parte, organizado da mesma maneira; que os Espíritas do mundo inteiro se sujeitarão a um regime uniforme, a um mesmo modo de proceder; que deverão esperar a luz de um ponto fixo para o qual deverão fixar os seus olhares, seria uma utopia tão absurda quanto pretender que todos os povos da Terra não formarão um dia senão uma única nação, governada por um único chefe, regulada pelo mesmo código de leis, e sujeita aos mesmos usos. Se há leis gerais que podem ser comuns a todos os povos, essas leis serão sempre, nos detalhes da aplicação e da forma, apropriadas aos costumes, aos caracteres, aos climas de cada um.

Assim o será com o Espiritismo organizado. Os Espíritas do mundo inteiro terão princípios comuns que os ligarão à grande família pelo laço sagrado da fraternidade, mas cuja aplicação poderá variar segundo as regiões, sem que, por isso, a unidade fundamental seja rompida, sem formar seitas dissidentes nem lançando a pedra e o anátema, o que seria antiespírita em primeiro lugar. Poderão, pois, se formar, e se formarão inevitavelmente, centros gerais em diferentes países, sem outro laço senão a comunhão de crenças e a solidariedade moral, sem subordinação de um ao outro, sem que o da França, por exemplo, tenha a pretensão de se impor aos Espíritas americanos e vice-versa.

A comparação das observações que citamos mais acima é perfeitamente justa. Há observatórios sobre diferentes pontos do globo; todos, a qualquer nação que pertençam, estão fundados sobre os princípios gerais e reconhecidos da astronomia, o que não os torna, por isso, tributários uns dos outros; cada um regula os seus trabalhos como o entende; comunicam reciprocamente as suas observações, e cada um aproveita, para a ciência, as descobertas de seus confrades. Ocorrerá o mesmo com os centros gerais do Espiritismo; serão os observatórios do mundo invisível, que se emprestarão reciprocamente o que tiverem de bom e de aplicável aos costumes das regiões onde estiverem estabelecidos: sendo o seu objetivo o bem da Humanidade, e não a satisfação de ambições pessoais. O Espiritismo é uma questão de fundo; se ligar à forma, seria uma puerilidade indigna da grandeza do objeto; eis porque os centros diversos, que estiverem no verdadeiro espírito do Espiritismo, deverão se estender mão fraterna, e se unirem para combater os seus inimigos comuns: a incredulidade e o fanatismo.

VII. Os Estatutos constitutivos

A redação dos estatutos constitutivos deveria preceder toda execução; se ela fosse confiada a uma assembleia, não seria menos preciso determinar, antecipadamente, as condições a preencher por aqueles que estivessem encarregados desse trabalho. A falta de base preliminar, a divergência de objetivos, talvez também as pretensões individuais, sem falar das intrigas dos adversários, poderiam conduzir a divisões. Um trabalho de tão grande importância não poderia ser improvisado; requereria uma grande elaboração, o conhecimento das verdadeiras necessidades da Doutrina adquiridos pela experiência e sérias meditações; para a unidade de vistas, a harmonia e a coordenação de todas as partes do conjunto, não poderia emanar senão da iniciativa individual, salvo para receber mais tarde a sanção dos interessados. Mas, desde o início, fora necessário ter uma regra, uma rota traçada, um objetivo determinado; estabelecida a regra, caminha-se com mais segurança, sem apalpadelas, sem hesitação.

No entanto, como não é dado a ninguém possuir a luz universal, nem de nada fazer perfeito, que um homem possa se iludir de suas próprias ideias; que outros podem ver o que ele não vê; que a pretensão de se impor a um título qualquer seria abusiva, os estatutos constitutivos seriam submetidos à revisão do próximo congresso que poderia trazer-lhes as retificações julgadas úteis.

Mas uma constituição, por boa que ela seja, não saberia ser perpétua; o que é bom para um tempo, pode tornar-se insuficiente mais tarde; as necessidades mudam com as épocas e o desenvolvimento das ideias. Não querendo senão com o tempo que ela cai em desuso, ou que seja um dia violentamente transtornada pelas ideias progressistas, é necessário que ela caminhe com essas ideias. Há doutrinas filosóficas e sociedades particulares como em política e em religião: seguir ou não seguir o movimento precursor é uma questão de vida ou de morte. No objeto do qual aqui se trata, seria, pois, um erro grave quanto encadear o futuro por uma regra que se declarasse inflexível.

Seria um erro não menos grave o de levar, à constituição orgânica, modificações muitos frequentes que a tirariam de sua estabilidade: é preciso agir com maturidade e circunspecção; só uma experiência de uma certa duração pode fazer a utilidade real das modificações. Ora, quem pode ser juiz em semelhante caso? Não é um único homem que não vê geralmente senão do seu ponto de vista: não seria mesmo o autor do trabalho primitivo que poderia ver sua obra com tanta complacência; são os próprios interesses, porque sofrem, de maneira direta e permanente, os efeitos da instituição, e podem sentir por onde ela peca.

A revisão dos estatutos constitutivos far-se-á pelos *congressos ordinários,* transformados para esse efeito em *congressos* orgânicos, em épocas determinadas, e se prosseguirá indefinidamente de maneira a mantê-los, sem interrupção, ao nível das necessidades e do progresso das ideias. Fosse isso em mil anos daqui.

As épocas de revisão sendo periódicas e conhecidas antecipadamente, não haveria lugar para apelar, nem convocações especiais. A revisão será não somente um direito, mas um dever para o congresso da época indicada; encontrar-se-á inscrita por antecipação na sua ordem do dia; de sorte que não estará subordinada à boa vontade de ninguém; que ninguém poderá rogar o direito de decidir, de sua autoridade privada, se ela é ou não oportuna. Se, depois da leitura dos estatutos, o congresso julgar que nenhuma modificação é necessária, os declarará mantidos em sua integridade.

Sendo forçosamente limitado o número de membros do congresso, tendo em vista a impossibilidade material de nele reunir todos os interesses, para não se privar das luzes dos ausentes, cada um poderá, em qualquer lugar do mundo que se encontre, no intervalo de dois congressos orgânicos, transmitir à comissão central suas observações, que serão colocadas na ordem do dia para o próximo congresso.

Não é senão num período de quase um quarto de século que se desenha um movimento apreciável nas ideias. Seria, pois, de vinte e cinco anos, que a constituição orgânica do Espiritismo seria submetida à revisão. Esse lapso de tempo, sem ser muito longo, é suficiente para permitir apreciar as novas necessidades e não levar perturbações com modificações muito frequentes.

No entanto, como é nos primeiros anos que haverá maior trabalho de elaboração, que o movimento social que se opera nesse momento pode fazer surgir necessidades imprevistas até que a sociedade haja se assentado, e que importa aproveitar sem muito atraso, as lições da experiência, as épocas de revisão serão mais aproximadas, mas sempre determinadas antes, até o fim deste século. No intervalo desses trinta primeiros anos, a constituição estará suficientemente completada e retificada para ter uma estabilidade relativa; é então que poderão começar, sem inconveniente, os períodos de vinte e cinco anos.

Desta maneira, a obra individual primeira, que abrira o caminho, se torna em realidade obra coletiva de todos os interessados, com as vantagens inerentes a esses dois modos, sem ter-lhes os inconvenientes; ela se modifica sob o império das ideias progressivas e da experiência, mas sem abalos, sem precipitações, porque o seu princípio está colocado na própria constituição.

VIII. Do programa das crenças

A condição absoluta de vitalidade para toda reunião ou associação, qualquer que seja o objeto, é a homogeneidade, quer dizer, a unidade de vistas, de princípios e de sentimentos, a tendência para um mesmo objetivo determinado, em uma palavra, a comunhão de pensamentos. Todas as vezes que homens se reúnem em nome de uma ideia vaga, jamais chegam a se entender, porque cada um compreende essa ideia à sua maneira. Toda reunião formada de elementos heterogêneos leva em si os germes da sua própria dissolução, porque ela se compõe de interesses divergentes, materiais, ou de amor-próprio, tendendo a um objetivo diferente, que se combatem, e muito raramente estão dispostos a fazer concessões ao interesse comum, ou mesmo à razão; que sofrem a opinião da maioria se não puderem fazê-lo de outro modo, mas que não se reúnem jamais francamente.

Assim o foi até este dia com o Espiritismo; formado gradualmente, em consequência de observações sucessivas, como todas as ciências, a aceitação tomou pouco a pouco mais amplitude. A qualidade de Espírita, aplicada sucessivamente a todos os graus da crença, compreende uma afinidade de nuanças, desde a simples crença nos fatos de manifestações, até às mais altas deduções morais e filosóficas; desde aquele que, detendo-se na superfície, nele não vê senão um passatempo de curiosidade, até aquele que procura concordância dos princípios com as leis universais, e suas aplicações aos interesses gerais da Humanidade; enfim, desde aquele que nele não vê senão um meio de exploração em seu proveito, até aquele que nele haure os elementos de sua própria melhoria moral.

Dar-se por Espírita convicto, não indica, pois, de nenhum modo, a medida da crença; essa palavra é muito dita por uns, e muito pouco pelos outros. Uma assembleia na qual se convocasse todos aqueles que se dizem Espíritas, apresentaria um amálgama de opiniões divergentes que não saberiam se assimilar e não desembocariam em nada de sério; sem falar dessas pessoas interessadas em nela semear a discussão, às quais abriria suas portas.

Essa falta de precisão, inevitável no início e durante o período de elaboração, frequentemente causou equívocos lamentáveis, naquilo que fez atribuir à Doutrina o que não era senão o abuso ou um desvio. Foi em consequência dessa falsa aplicação que é diariamente feita da qualidade de Espírita, que a crítica, que pouco se inquieta com o fundo das coisas, e ainda menos com o lado sério do Espiritismo, pôde encontrar matéria para a zombaria. Que um indivíduo se diga espírita ou pretenda fazer do Espiritismo, o que os prestidigitadores pretendem fazer da física, fosse ele um saltimbanco, é, aos seus olhos, o representante da Doutrina.

Tem-se feito, é verdade, uma distinção entre os bons e os maus, os verdadeiros e os falsos Espíritas, os Espíritas mais ou menos esclarecidos, mais ou menos convencidos, os Espíritas de coração, etc.; mas essas designações, sempre vagas, nada têm de autênticas, nada que as caracterizem quando não se conhece os indivíduos, e quando não se teve ocasião de julgá-los pelas suas obras.

Pode-se, pois, ser enganado pelas aparências. Disso resulta que a qualidade de Espírita, não permitindo senão uma aplicação incompleta, não é uma recomendação absoluta; essa incerteza lança nos espíritos uma espécie de desconfiança que impede estabelecer entre os adeptos um laço sério de confraternidade.

Hoje, que se fixou, entre todos, os pontos fundamentais da Doutrina, e sobre os deveres que incumbem a todo adepto sério, a qualidade de Espírita pode ter um caráter definido que não tinha antes. Um formulário de profissão de fé pode ser estabelecido, e a adesão, por escrito, a esse programa, será um testemunho autêntico da maneira de encarar o Espiritismo. Essa adesão, constatando a uniformidade dos princípios, será, além disso, o laço que unirá os adeptos numa grande família, sem distinção de nacionalidades, sob o império de uma mesma fé, de uma comunhão de pensamentos, de vistas, e de aspirações. A crença no Espiritismo não será mais uma simples aquiescência, frequentemente parcial, a uma ideia vaga, mas uma adesão motivada, feita com conhecimento de causa, constatada por um título oficial entregue ao adepto. Para evitar os inconvenientes da falta de precisão da qualidade de Espíritas, os signatários da profissão de fé tomarão o título de *Espíritas professos*.

Essa qualificação, repousando sobre uma base precisa e definida, não dá lugar a nenhum equívoco, permite aos adeptos que professem os mesmos princípios e caminhem no mesmo caminho, se reconhecerem sem outra formalidade senão a declaração de sua qualidade, e, havendo necessidade, a produção de seu título. Uma reunião composta de Espíritas professos, será necessariamente tão homogênea quanto o comporta a Humanidade.

Um formulário de profissão de fé, circunscrito e nitidamente definido, será o caminho traçado; o título de *Espírita professo* será a palavra de união.

Mas, dir-se-á, esse título é uma garantia suficiente contra os homens de sinceridade duvidosa?

Uma garantia absoluta contra a má-fé é impossível, porquanto há pessoas que fazem um jogo dos atos mais solenes; mas convir-se-á que essa garantia é maior do que quando não a havia de todo. Tal, aliás, que se dá sem escrúpulos por aquilo que não é, quando não se trata senão de palavras que se evolam, recua frequentemente diante de uma afirmação espírita que deixa marcas, e que lhe poderia ser oposta no caso em que se desviasse do caminho reto. Se, entretanto, houvesse os que não fossem retidos por essa consideração, o número deles seria muito pequeno e sem influência.

De resto, esse caso está previsto pelos estatutos, e é provido pela disposição especial.

Essa medida terá, inevitavelmente, por efeito afastar das reuniões sérias as pessoas que nela não estariam em seu lugar. Se delas se afastassem alguns Espíritas de boa fé, isso não seria sempre senão aqueles que não estão bastante seguros, por si mesmos, para se afirmar, os timoratos que temem se colocar em evidência, e aqueles que, em todas as circunstâncias, não são jamais os primeiros a se pronunciarem, querendo ver antes como as coisas amadurecerão. Com o tempo, uns se esclarecerão mais completamente, os outros tomarão coragem; até lá nem uns nem os outros poderão contar entre os sólidos defensores da causa. Quanto àqueles que se poderia lamentar, o número deles será pequeno e diminuirá a cada dia.

Não sendo nada perfeito neste mundo, as melhores coisas têm seus inconvenientes; querendo-se rejeitar tudo o que não está deles isento, nada seria admissível. Em tudo é preciso pesar a forma das vantagens e dos inconvenientes; ora, é bem evidente que aqui as primeiras levam a melhor sobre as segundas.

Nem todos aqueles que levam o nome de Espíritas aderem, pois, à constituição, isso é certo; também ela não é senão para aqueles que a aceitarão livre e voluntariamente, porque ela não tem a pretensão de se impor a ninguém.

O Espiritismo, não sendo compreendido do mesmo modo por todo o mundo, a constituição chama àqueles que o encaram do seu ponto de vista, com o objetivo de lhes dar um ponto de apoio quando se encontrarem isolados, de cimentar os laços da grande família pela unidade de crenças. Mas, fiel ao princípio da liberdade de consciência, que a Doutrina proclama como um direito natural, respeita todas as convicções sinceras, e não lança anátema àqueles que têm ideias diferentes; delas não aproveitará menos as luzes que poderão emitir fora de seu seio.

O essencial, pois, é conhecer aqueles que seguem a mesma senda; mas como sabê-lo com precisão? É materialmente impossível aí chegar por interrogatórios individuais, e, aliás, ninguém pode estar investido do direito de perscrutar as consciências. O único meio, o mais simples, o mais legal, é estabelecer um formulário de princípios, resumindo o estado dos conhecimentos atuais que ressaltam da observação, e sancionados pelo ensino geral dos Espíritos, aos quais cada um está livre para aderir. A adesão escrita é uma profissão de fé que dispensa de toda outra investigação, e deixa a cada um sua inteira liberdade.

A constituição do Espiritismo tem, pois, por complemento necessário, um programa de princípios definidos no que toca à crença, sem o qual isso seria uma obra sem importância e sem futuro. Esse programa, fruto da experiência adquirida, será a baliza indicadora do caminho. Para caminhar com segurança, ao lado da constituição orgânica, é preciso a constituição da fé, um *credo*, se o quiserem, que seja o sinal de referência de todos os aderentes.

Mas esse programa, não mais do que a constituição orgânica, não pode e nem deve acorrentar o futuro, sob pena de sucumbir, cedo ou tarde, sob as opressões do progresso. Fundado para o estado presente dos conhecimentos, deverá se modificar e se completar à medida que novas observações vierem demonstrar-lhe a insuficiência ou os defeitos. No entanto, essas modificações não devem ser feitas levianamente e nem com precipitação. Serão obras dos congressos orgânicos que, na revisão periódica dos estatutos constitutivos, juntará a do formulário de princípios.

Constituição e *credo,* caminhando constantemente de acordo com o progresso, sobreviverão na sequência dos tempos.

IX. Caminhos e meios

É deplorável, sem dúvida, ser obrigado a entrar em considerações materiais para atingir um fim todo espiritual; mas é preciso observar que a própria espiritualidade da obra se liga à questão da Humanidade e de seu bem-estar; que não se trata mais somente da emissão de algumas ideias filosóficas, mas de fundar alguma coisa de positivo e de durável, a extensão e consolidação da Doutrina, à qual será necessário fazer produzir os frutos que ela é suscetível de dar. Pensar que estamos ainda nos tempos em que alguns apóstolos podiam se pôr a caminho com o seu bastão de viagem, sem cuidado com o seu pouso e seu pão cotidianos, seria uma ilusão logo destruída por uma amarga decepção. Para fazer alguma coisa de sério, é preciso se submeter às necessidades que os costumes, da época em que se vive, impõem; essas necessidades são diferentes das dos tempos da vida patriarcal; o próprio interesse do Espiritismo exige, pois, que se calculem os seus meios de ação para não ser detido em caminho. Calculemos, pois, uma vez que estamos num século em que é necessário contar.

As atribuições da comissão central são bastante numerosas, como se vê, para necessitar uma verdadeira administração. Tendo cada membro funções ativas e assíduas, se não se usasse senão homens de boa vontade, os trabalhos poderiam sofrer com isso, porque ninguém teria o direito de censurar os negligentes. Para a regularidade do trabalho e da expedição dos negócios, é necessário ter homens com a assiduidade dos quais se possa contar, e cujas funções não sejam simples atos de complacência. Quanto mais tivessem independência pelos seus recursos pessoais, menos se sujeitariam a ocupações assíduas; se não o têm, não podem dar o seu tempo. É preciso, pois, que sejam remunerados, assim como o pessoal administrativo; com isso, a Doutrina ganhará em força, em estabilidade, em pontualidade, ao mesmo tempo que esse será um meio de prestar serviço às pessoas que poderiam dele ter necessidade.

Um ponto essencial, na economia de toda administração previdente, é que a sua existência não repouse sobre produtos eventuais, que possam fazer falta, mas sobre recursos fixos, regulares, de maneira a que sua marcha, haja o que houver, não possa ser entravada. É necessário, pois, que as pessoas que serão chamadas a dar o seu concurso não possam conceber nenhuma inquietação quanto ao seu futuro. Ora, a experiência demonstra que se devem considerar como essencialmente aleatórios todos os recursos que não repousem senão sobre o produto de cotizações, sempre facultativas, quaisquer que sejam as obrigações contratadas, e de uma arrecadação sempre difícil. Assentar despesas permanentes e regulares sobre recursos eventuais, seria uma falta de previdência que se poderia um dia lamentar. As consequências são menos graves, sem dúvida, quando se trata de fundações temporárias que duram o que elas podem; mas aqui é uma questão de futuro. A sorte de uma administração como esta, não pode estar subordinada às chances de um negócio comercial; deve ser, desde o seu início, senão tão florescente, pelo menos tão estável quanto o será daqui a um século. Quanto mais a sua base seja sólida, menos estará exposta aos golpes da intriga.

Em semelhante caso, a mais vulgar prudência quer que se capitalizem, de maneira inalienável, os recursos à medida que chegam, a fim de constituir uma renda perpétua, ao abrigo de todas as eventualidades. A administração, regulando suas despesas sobre a sua renda, a sua existência não pode, em nenhum caso, ser comprometida, uma vez que terá sempre os meios de funcionar. No começo, pode ser organizada numa pequena escala; os membros da comissão podem ser provisoriamente limitados a cinco ou seis, o pessoal e as despesas administrativas reduzidos à sua mais simples expressão, salvo para proporcionar o desenvolvimento e o crescimento dos recursos e das necessidades da causa, mas ainda seria preciso o necessário.

Foi para preparar os caminhos da instalação que consagramos, até este dia, o produto dos nossos trabalhos, assim como dissemos mais acima.

Se os nossos meios pessoais não nos permitem fazer mais, teremos pelo menos a satisfação de ter-lhe posto a primeira pedra.

Suponhamos, pois, que, por uma via qualquer, a comissão central esteja, num tempo dado, posta em condições de funcionar, o que supõe uma renda de 25 a 30 mil francos, limitando-se, no início; os recursos de todas as naturezas, de que disporá, em capitais e produtos eventuais, constituirão a *Caixa Geral do Espiritismo*, que será objeto de uma contabilidade rigorosa. Estando reguladas as despesas obrigatórias, o excedente da renda aumentará o fundo comum; será proporcionalmente aos recursos desse fundo que a comissão proverá as diversas despesas úteis para o desenvolvimento da Doutrina, sem que jamais disso possa fazer seu proveito pessoal, nem uma fonte de especulação para nenhum de seus membros. O emprego dos fundos e a contabilidade serão, aliás, submetidos à verificação de comissários especiais, delegados para esse efeito pelos congressos ou assembleias gerais.

Um dos primeiros cuidados da comissão será se ocupar com as publicações, desde que para isso houver possibilidade, sem esperar poder fazê-lo com a ajuda da renda; os fundos destinados para esse uso não serão, em realidade, senão um adiantamento, uma vez que reentrarão pela venda das obras, cujo produto retornará ao fundo comum. É um negócio administrativo.

X. Allan Kardec e a nova constituição

As considerações que encerra o extrato adiante da ata feita a propósito da caixa do Espiritismo, na Sociedade de Paris, em 5 de maio de 1865, por Allan Kardec, sendo o prelúdio da nova constituição do Espiritismo, que elaborava, e a exposição de seus motivos sobre a sua posição pessoal, tem seu lugar necessário neste preâmbulo.

"Falou-se muito dos produtos que eu retirava de minhas obras; seguramente, ninguém crê seriamente em meus milhões, apesar da afirmação daqueles que dizem ter, de boa fonte, que tenho um trem principesco, carruagem a quatro cavalos e que, em minha casa, não se anda senão sobre tapetes de Aubusson. (*Revista* de junho de 1862, página 179.) Seja o que for que se haja dito, além disso, o autor de uma brochura que conheceis, e que prova por cálculos hiperbólicos, que meu orçamento de receitas ultrapassa a lista civil do mais poderoso soberano da Europa, porque, na França somente, vinte milhões de espíritas são meus contribuintes (*Revista* de junho de 1863, página 175), há um fato mais autêntico do que os seus cálculos, é que jamais pedi a ninguém, que ninguém nada deu, jamais, a mim pessoalmente; em uma palavra, que *não vivo às custas de ninguém*, uma vez que, das somas que foram voluntariamente confiadas, nenhuma parcela dela foi desviada em meu proveito (1).

"Minhas imensas riquezas proviriam, pois, de minhas obras espíritas. Se bem que essas obras tiveram um sucesso inesperado, basta ser um pouco iniciado nos negócios de livraria, para saber que não é com livros filosóficos que se amontoam milhões em cinco ou seis anos, quando não se tem sobre a venda senão alguns centavos por exemplar. Mas que seja forte ou fraco, esse produto sendo o fruto de meu trabalho, ninguém tem o direito de se imiscuir no emprego que dele faço.

"Comercialmente falando, estou na posição de todo homem que recolhe o fruto de seu trabalho; corro o risco de todo escritor que pode vencer, como pode fracassar.

"Se bem que, sob esse aspecto, não tenha nenhuma conta a prestar, creio útil, pela própria causa à qual estou votado, dar algumas explicações.

"Quem viu o nosso interior outrora, e o vê hoje, pode atestar que nada mudou em nossa maneira de viver desde que me ocupo de Espiritismo; é muito simples agora como o fora outrora. É certo, pois, que meus benefícios, quaisquer que sejam, não servem para me dar os gozos do luxo. Por que isso acontece?

"O Espiritismo, tirando-me da obscuridade, veio me lançar num caminho novo; em pouco tempo encontrei-me arrastado por um movimento que estava longe de prever. Quando concebi a ideia de *O Livro dos Espíritos*, a minha intenção era de não me pôr em evidência e ficar desconhecido; mas, prontamente ultrapassado, isso não me foi possível: devi renunciar aos meus gostos de solidão, sob pena de abdicar a obra empreendida e que crescia cada dia; foi-me necessário seguir o impulso e tomar-lhe as rédeas. À medida que ela se desenvolvia, um horizonte mais vasto se desenrolava diante de mim e lhe recuava os limites; compreendi, então, a imensidade de minha tarefa, e a importância do trabalho que me restava a fazer para completá-la; as dificuldades e os obstáculos, longe de me assustarem, redobraram a minha energia; vi o objetivo e resolvi alcançá-lo com a assistência dos bons Espíritos. Sentia que não tinha tempo a perder e que não o perdi nem em visitas inúteis, nem em cerimônias ociosas; essa foi a obra de minha vida; dei-lhe todo o meu tempo, sacrifiquei-lhe o meu repouso, a

(1) Aquelas somas se elevavam, naquela época, ao total de 14.100 francos, cujo emprego, em proveito exclusivo da Doutrina, está justificado pelas contas.

minha saúde, porque o futuro estava escrito diante de mim em caracteres irrecusáveis.

"Sem nos afastarmos de nosso gênero de vida, essa posição excepcional não nos criou menos necessidades às quais, só os meus recursos pessoais, muito limitados, não me permitiam prover. Seria difícil imaginar a multiplicidade das despesas que ela puxa e que teria evitado sem isso.

"Pois bem, senhores, o que me proporcionou esse suplemento de recursos foi o produto de minhas obras. Digo-o com alegria, foi com o meu próprio trabalho, com os frutos de minhas vigílias que provi, em maior parte pelo menos, às necessidades materiais da instalação da Doutrina. Trouxe assim uma considerável cota-parte para a caixa do Espiritismo; aqueles que ajudam a propagação das obras, não poderão, pois, dizer que trabalham para me enriquecer, uma vez que o produto de todo livro vendido, de toda assinatura da *Revista*, aproveita à Doutrina e não ao indivíduo.

"Não era tudo prover ao presente; era necessário também pensar no futuro, e preparar uma fundação que, depois de mim, pudesse ajudar aquele que me substituirá na grande tarefa que terá que cumprir; essa fundação, sobre a qual devo me calar ainda, se liga à propriedade que tenho, e foi em vista disso que apliquei uma parte de meus produtos para melhorá-la. Como estou longe dos milhões, com os quais me gratificaram, duvido muito que, apesar de minhas economias, meus recursos não me permitirão jamais dar, a essa fundação, o complemento que gostaria de ver em minha vida; mas, uma vez que a sua realização está nos objetivos de meus guias espirituais, se não o faço por mim mesmo, é provável que, um dia ou outro, isso se fará. À espera, elaboro-lhe os planos.

"Longe de mim, senhores, o pensamento de tirar a menor vaidade do que venho de vos expor; foi necessária a perseverança de certas diatribes para me obrigar, embora contra a vontade, a romper o silêncio sobre alguns dos fatos que me concernem. Mais tarde, todos aqueles que a malevolência se empenhou em desnaturar serão dados à luz por documentos autênticos, mas o tempo dessas explicações ainda não chegou; a única coisa que me importava para o momento, era que fôsseis edificados sobre a destinação dos fundos que a Providência fez passar por minhas mãos, qualquer que lhe seja a origem. Não me considero senão como depositário, mesmo daqueles que eu ganho, com mais forte razão daqueles que me são confiados.

Alguém me perguntou, um dia, sem curiosidade, bem entendido, mas por puro interesse pela coisa, o que eu faria com um milhão, se o tivesse. Respondi-lhe que hoje seu emprego seria muito diferente do que o foi no princípio. Outrora, teria feito a propaganda com uma grande publicidade; agora, reconheço que isso teria sido inútil, uma vez que os nossos adversários dela estão encarregados com seus gastos. Não me colocando, então, em minhas mãos grandes recursos à minha disposição, para esse fim, os Espíritos quiseram provar que o Espiritismo deveria o seu sucesso à sua própria força.

"Hoje, que o horizonte se alarga, que o futuro sobretudo se desenrola, necessidades de uma ordem muito diferente se fazem sentir. Um capital, como aquele que supondes, receberia um emprego mais útil. Sem entrar nos detalhes que seriam prematuros, direi simplesmente que uma parte serviria para converter minha propriedade em uma casa especial de asilo espírita, cujos habitantes recolheriam benefícios da nossa Doutrina moral; a outra para constituir uma renda *inalienável* destinada: 1º à manutenção do estabelecimento; 2º para assegurar uma existência independente àquele que me sucederá e àqueles que o ajudarão em sua missão; 3º para subvencionar as necessidades correntes do Espiritismo, sem correr o risco de produtos eventuais, como sou obrigado a fazê-lo, uma vez que a maior parte de meus recursos repousa sobre o meu trabalho, que terá um fim.

"Eis o que farei; mas se essa satisfação não me for dada, sei que, de uma maneira ou de outra, os Espíritos que dirigem o movimento proverão a todas as necessidades em tempo útil; é porque não me inquieto de nenhum modo, e me ocupo daquilo que para mim é a coisa essencial: o término dos trabalhos que me restam a terminar. Isto feito, partirei quando aprouver a Deus me chamar."

Ao que disse, então, Allan Kardec, acrescenta hoje:

Quando a comissão for organizada, dela faremos parte a título de simples membro, tendo nossa parte de colaboração, sem reivindicar, para nós, nem supremacia, nem título, nem qualquer privilégio.

Se bem que parte ativa da comissão, não seremos nenhuma carga ao orçamento, nem por emolumentos, nem por indenizações de viagens, nem por uma causa qualquer; se jamais pedimos nada a ninguém para nós, o faríamos ainda menos nesta circunstância; nosso tempo, nossa vida, todas as nossas forças físicas e intelectuais pertencerão à Doutrina. Declaramos, pois, formalmente, que nenhuma parte dos recursos dos quais disporá a comissão será desviada em nosso proveito.

A ela trazemos, ao contrário, a nossa cota-parte:

1º Pela entrega do produto de nossas obras feitas e a fazer;

2º Pela aplicação de valores mobiliários e imobiliários.

Quando a Doutrina for organizada pela constituição da comissão central, nossas obras se tornarão propriedade do Espiritismo, na pessoa dessa mesma comissão, que delas terá a gerência e dará os cuidados necessários à sua publicação, pelos meios mais próprios a popularizá-los. Deverá igualmente se ocupar de sua tradução nas principais línguas estrangeiras.

A *Revista* foi, até este dia, e não poderia ser senão uma obra pessoal, tendo em vista que ela faz parte de nossas obras doutrinárias, servindo em tudo de anais ao Espiritismo. É lá que todos os princípios novos são elaborados e postos ao estudo. Era, pois, necessário que ela conservasse seu caráter individual para a fundação da unidade.

Fomos muitas vezes solicitados a fazê-la aparecer em épocas mais próximas; por lisonjeiro que fosse para nós esse desejo, não pudemos a ele aceder; primeiro, porque o tempo material não nos permitia esse aumento de trabalho, e, em segundo lugar, porque ela não deveria perder o seu caráter essencial, que não é o de um jornal propriamente dito.

Hoje, que a nossa obra pessoal se aproxima de seu termo, as necessidades não são mais as mesmas; a *Revista* se tornará, como as nossas outras obras, feitas e a fazer, propriedade coletiva da comissão, que lhe tomará a direção, para maior utilidade ao Espiritismo, sem que renunciemos, por isso, a lhe dar a nossa colaboração.

Para completar a obra doutrinária, resta-nos publicar várias outras obras, que dela não são a parte menos difícil, nem a menos penosa. Se bem que delas possuamos todos os elementos, e que o programa lhes esteja traçado até o último capítulo, poderíamos dar-lhes cuidados mais assíduos e ativá-las se, pela instituição da comissão central, estivéssemos livres de detalhes que absorvem uma grande parte de nosso tempo.

O primeiro período do Espiritismo foi consagrado ao estudo dos princípios e das leis cujo conjunto deveria constituir a Doutrina, em uma palavra, preparar os materiais, ao mesmo tempo que, pela divulgação da ideia, a semente estava lançada, mas que, semelhante àquela da parábola do Evangelho, não deveria frutificar por toda parte igualmente. A criança cresceu; está adulta, e o momento é chegado em que, sustentada por adeptos sinceros e devotados, deve caminhar ao objetivo que lhe está traçado, sem ser entravada pelos retardatários.

Mas como fazer essa triagem? Quem ousaria tomar a responsabilidade de um julgamento a ser feito sobre as consciências individuais? O melhor era, pois, que essa triagem se fizesse por si mesma, e para isso o meio era muito simples; bastava plantar uma bandeira, e dizer: aqueles que a adotam seguem-na!

Tomando a iniciativa da constituição do Espiritismo, usamos de um direito comum, o que tem todo homem de completar, como o entende, a obra que começou, e de ser juiz da oportunidade; desde o instante em que cada um está livre para se reunir ou não, ninguém pode se lamentar de sofrer uma pressão arbitrária. Criamos a palavra *Espiritismo* pelas necessidades da causa; temos muito o direito de determinar-lhe as aplicações, e de definir as qualidades e as crenças do verdadeiro espírita. (*Revista Espírita*, abril de 1866, página III).

Segundo tudo o que precede, compreender-se-á facilmente o quanto era impossível e prematuro estabelecer essa constituição no início. Se a Doutrina Espírita estivesse formada com todas as peças, como toda concepção pessoal, teria sido completada desde o primeiro dia, e, desde então, nada teria sido mais simples do que constituí-la; mas como não foi ela feita senão gradualmente, em consequência de aquisições sucessivas, a constituição teria, sem dúvida, reunido todos os amantes de novidades, mas teria sido logo abandonada por aqueles que não lhe teriam aceito todas as consequências.

Mas, dir-se-á talvez, não é uma cisão que estabeleceis entre os adeptos? Fazendo dois campos, não é enfraquecer a falange?

Todos aqueles que se dizem espíritas não pensam do mesmo modo sobre todos os pontos, a divisão existe de fato, e é bem mais prejudicial porque pode chegar que não se saiba se, num Espírita, se tem um aliado ou um antagonista. O que faz a força é o universo; ora, uma união franca não poderia existir entre pessoas interessadas, moral e materialmente, a não seguir o mesmo caminho, e que não perseguem o mesmo objetivo. Dez homens sinceramente unidos por um pensamento comum são mais fortes do que cem que não se entendem. Em semelhante caso, a mistura de objetivos divergentes tira a força de coesão entre aqueles que quereriam andar juntos, absolutamente como um líquido que, se infiltrando em um corpo, é um obstáculo para a agregação das moléculas.

Se a constituição tem por efeito diminuir momentaneamente o número aparente dos espíritas, terá por consequência inevitável dar mais força àqueles que caminharão de comum acordo para a realização do grande objetivo humanitário que o Espiritismo deve alcançar. Conhecer-se-ão e poderão se estender a mão de um canto do mundo ao outro.

Além disso, ela terá por efeito opor uma barreira às ambições que, se impondo, tentariam desviá-lo em seu proveito, e de fazê-lo desviar de sua rota. Tudo está calculado em vista desse resultado, pela supressão de toda autocracia ou supremacia pessoal.

– 70 –

Credo espírita

Preâmbulo

Os males da Humanidade vêm da imperfeição dos homens: é pelos seus vícios que se prejudicam uns aos outros. Enquanto os homens forem viciosos, serão infelizes, por que a luta dos interesses engendra, sem cessar, misérias.

Boas leis contribuem, sem dúvida, para a melhoria do estado social, mas são impotentes para assegurar a felicidade da Humanidade, porque não fazem senão comprimir as más paixões, sem aniquilá-las; em segundo lugar, porque são mais repressivas do que moralizadoras, e elas não reprimem senão os atos maus mais salientes, sem destruir a causa. Aliás, a bondade das leis está em razão da bondade dos homens; enquanto estes estiverem dominados pelo orgulho e pelo egoísmo, farão leis em proveito das ambições pessoais. A lei civil não modifica senão a superfície; só a lei moral pode penetrar o foro interior da consciência e reformá-lo.

Estando, pois, admitido que é a contusão causada pelo contato dos vícios que torna os homens infelizes, o único remédio para os seus males está no seu aperfeiçoamento moral. Uma vez que as imperfeições são a fonte dos males, a felicidade aumentará à medida que as imperfeições diminuírem.

Por boa que seja uma instituição social, se os homens são maus, falseá-la-ão e lhe desnaturarão o espírito para explorá-la em seu proveito. Quando os homens forem bons, farão boas instituições e elas serão duráveis, porque todos terão interesse em sua conservação.

A questão social não tem, portanto, o seu ponto de partida na forma de tal ou tal instituição; está inteiramente no aperfeiçoamento moral dos indivíduos e das massas. Aí está o princípio, a verdadeira chave da felicidade da Humanidade, porque então os homens não pensarão mais em se prejudicarem uns aos outros. Não basta colocar um verniz sobre a corrupção, é a corrupção que é preciso extinguir.

O princípio do aperfeiçoamento está na natureza das crenças, porque as crenças são o móvel das ações e modificam os sentimentos; está também nas ideias inculcadas desde a infância e identificadas com o Espírito, e nas ideias que o desenvolvimento ulterior da inteligência e da razão podem fortificar, e não destruir. Será pela educação, mais ainda do que pela instrução, que se transformará a Humanidade.

O homem que trabalha seriamente pelo seu próprio aperfeiçoamento assegura a sua felicidade desde esta vida; além da satisfação de sua consciência, isenta-se das misérias, materiais e morais, que são a consequência inevitável de suas imperfeições. Terá a calma porque as vicissitudes não farão senão de leve roçá-lo; terá a saúde porque não usará o seu corpo para os excessos; será rico, porque se é sempre rico quando se sabe contentar-se com o necessário; terá a paz da alma, porque não terá necessidades factícias, não será mais atormentado pela sede das honras e do supérfluo, pela febre da ambição, da inveja e do ciúme; indulgente para com as imperfeições de outrem, delas sofrerá menos; excitarão a sua piedade e não a sua cólera; evitando tudo o que pode prejudicar o seu próximo, em palavras e em ações, procurando, ao contrário, tudo o que pode ser útil e agradável aos outros, ninguém sofrerá com o seu contato.

Assegura a sua felicidade na vida futura, porque, quanto mais estiver depurado, mais se elevará na hierarquia dos seres inteligentes, e logo deixará esta Terra de provas por mundos superiores; porque o mal que tiver reparado nesta vida não terá mais que reparar em outras existências; porque, na erraticidade, não encontrará senão seres amigos e simpáticos, e não será atormentado pela visão incessante daqueles que teriam do que se lamentar dele.

Que homens, vivendo juntos, estejam animados desses sentimentos, serão tão felizes quando o comporta a nossa Terra; que, gradualmente, esses sentimentos ganham todo um povo, toda uma raça, toda a Humanidade, e o nosso globo tomará lugar entre os mundos felizes.

É uma quimera, uma utopia? Sim, para aquele que não crê no progresso da alma; não, para aquele que crê em sua perfectibilidade indefinida.

O progresso geral é a resultante de todos os progressos individuais; mas o progresso individual não consiste somente no desenvolvimento da inteligência, na aquisição de alguns conhecimentos; isso não é senão uma parte do progresso, e que não conduz necessariamente ao bem, uma vez que se veem homens fazerem muito mau uso de seu saber; consiste, sobretudo, no aperfeiçoamento moral, na depuração do Espírito, na extirpação dos maus germes que existem em nós; aí está o verdadeiro progresso, o único que pode assegurar a felicidade da Humanidade, porque é a própria negação do mal. O homem mais avançado em inteligência pode fazer muito mal; aquele que é avançado moralmente, não fará senão o bem. Há, pois, interesse para todos no progresso moral da Humanidade.

Mas o que fazem o aperfeiçoamento e a felicidade das gerações futuras, para aquele que crê que tudo acaba com a vida? Que interesse tem em se aperfeiçoar, em se constranger, em domar as suas paixões, de privar-se pelos outros? Não tem nenhum; a própria lógica lhe diz que seu interesse está em gozar depressa e por todos os meios possíveis, uma vez que, amanhã talvez, não será mais nada.

A doutrina do niilismo é a paralisia do progresso humano, porque circunscreve a visão do homem sobre o imperceptível ponto da existência presente; porque restringe as ideias e as concentra forçosamente sobre a vida material; com essa doutrina, o homem não sendo nada antes, nada depois, todas as relações sociais cessam com a vida, a solidariedade é uma palavra vã, a fraternidade uma teoria sem raízes, a abnegação em proveito de outrem um logro, o egoísmo com a sua máxima: cada um por si, um direito natural, a vingança um ato de razão; a felicidade está para o mais forte e os mais espertos; o suicídio, o fim lógico daquele que, ao cabo de recursos e expedientes, não espera mais nada, e não pode se tirar do lodaçal. Uma sociedade fundada sobre o niilismo, levaria em si o germe da próxima dissolução.

Outros, porém são os sentimentos daquele que tem fé no futuro; que sabe que nada do que adquire em saber e em moralidade não está perdido para ele; que o trabalho de hoje trará frutos amanhã; que ele mesmo fará parte dessas gerações futuras mais avançadas e mais felizes. Sabe que, trabalhando para os outros, trabalhará para si mesmo. Sua visão não se detém na Terra: ela abarca o infinito dos mundos que serão um dia sua morada; entrevê o lugar glorioso que será seu quinhão, como o de todos os seres chegados à perfeição.

Com a fé na vida futura, o círculo das ideias se alarga; o futuro está para si; o progresso pessoal tem um objetivo, uma utilidade *efetiva*. Da continuidade das relações entre os homens, nasce a solidariedade; a fraternidade está fundada sobre uma lei natural e sobre o interesse de todos.

A crença na vida futura, portanto, é o elemento de progresso, porque é o estimulante do Espírito: só ela pode dar coragem nas provas, porque lhe fornece a razão, a perseverança na luta contra o mal, porque mostra um objetivo. É, pois, em consolidar essa crença no espírito das massas que é preciso se ligar.

No entanto, essa crença é inata no homem; todas as religiões a proclamam; por que não deu, até este dia, os resultados que se deve dela esperar? É que, em geral, é apresentada em condições inaceitáveis para a razão. Tal como a mostram, rompe todas as relações com o presente; desde que se deixa a Terra, torna-se estranho à Humanidade; nenhuma solidariedade existe entre os mortos e os vivos; o progresso é puramente individual; trabalhando para o futuro, não se trabalha senão para si, não se pensa senão em si, e ainda por um objetivo vago que nada tem de definido, nada de positivo sobre o que o pensamento possa repousar com segurança; é, enfim, porque é antes uma esperança do que uma certeza material. Disso resulta em uns a indiferença, em outros a exaltação mística que, isolando o homem da Terra, é essencialmente prejudicial ao progresso real da Humanidade, porque negligencia os cuidados do progresso material, ao qual a Natureza lhe faz um dever concorrer.

Entretanto, por incompletos que sejam os resultados, não são menos reais. Quantos homens foram encorajados e sustentados no caminho do bem por essa esperança vaga! Quantos se detiveram sobre a rampa do mal pelo medo de comprometer o futuro? Quantas nobres virtudes essa crença não desenvolveu! Não desdenhemos as crenças do passado, embora imperfeitas que elas sejam, quando conduzem ao bem: estão em relação com o grau avançado da Humanidade. Mas a Humanidade progredindo, quer crenças em harmonia com as novas ideias. Se os elementos da fé ficam estacionários, e são ultrapassados para o Espírito, perdem toda influência, e o bem que produziram num tempo não pode prosseguir, porque não estão mais à altura das circunstâncias.

Para que a doutrina da vida futura leve, doravante, os frutos que dela se deve esperar, é preciso, antes de tudo, que ela satisfaça completamente a razão; que responda à ideia que se tem da sabedoria, da justiça e da bondade de Deus; que não possa receber nenhum desmentido da ciência; é preciso que a vida futura não deixe no Espírito nem dúvida, nem incerteza; que seja tão positiva quanto a vida presente, da qual é a continuação, como o dia de amanhã é a continuação da véspera; é necessário que a vejam, que a compreendam, que a toquem, por assim dizer, com o dedo; é preciso, enfim, que a solidariedade do passado, do presente e do futuro, através das diferentes existências, seja evidente.

Tal é a ideia que o Espiritismo dá da vida futura; é o que lhe faz a força, é que isso não é uma concepção humana, que não teria senão o mérito de ser mais racional, mas sem mais de certeza do que as outras. É o resultado dos estudos feitos sobre os exemplos fornecidos por diferentes categorias de Espíritos que se apresentam nas manifestações, o que permitiu explorar a vida extracorpórea em todas as suas fases, desde o alto até o mais baixo da escala dos seres. As peripécias da vida futura não são, pois, mais uma teoria, uma hipótese mais ou menos provável, mas um resultado de observações; são os próprios habitantes do mundo invisível que vêm descrever o seu estado, e é tal situação que a imaginação mais fecunda não teria podido conceber, se não fosse apresentada aos olhos do observador.

Dando a prova material da existência e da imortalidade da alma, nos iniciando nos mistérios do nascimento, da morte, da vida futura, da vida universal, tornando-nos palpáveis as consequências inevitáveis do bem e do mal, a Doutrina Espírita faz, melhor do que todas as outras, ressaltar a necessidade de aperfeiçoamento individual. Por ela o homem sabe de onde vem, para onde vai, por que está sobre a Terra; o bem tem um objetivo, uma utilidade prática; ela não forma o homem somente para o futuro, forma-o também para o presente, para a sociedade; pelo seu aperfeiçoamento moral, os homens preparam sobre a Terra o reino de paz e de fraternidade.

A Doutrina Espírita é, assim, o mais poderoso elemento moralizador, naquilo em que ela se dirige, ao mesmo tempo, ao coração, à inteligência e ao interesse pessoal bem compreendido.

Por sua própria essência, o Espiritismo toca em todos os ramos dos conhecimentos físicos, metafísicos e da moral; as questões que ele abarca são inumeráveis; no entanto, podem se resumir nos pontos seguintes que, sendo considerados como verdades adquiridas, constituem o programa das crenças espíritas.

– 71 –

Princípios fundamentais da Doutrina Espírita, reconhecidos como verdades adquiridas

A morte corpórea de Allan Kardec interrompeu as Obras desse Espírito eminente; este volume termina sobre um ponto de interrogação, e muitos leitores quereriam vê-lo resolvido logicamente, como o sabia fazer o douto professor em Espiritismo; sem dúvida, isso deveria ser assim.

No Congresso espírita e espiritualista internacional de 1890, os delegados declararam que, desde 1869, os estudos seguintes tinham revelado coisas novas, e que, segundo o ensinamento preconizado por Allan Kardec, alguns dos princípios do Espiritismo, sobre os quais o mestre baseara seu ensinamento, deveriam ser colocados no ponto e de acordo com os progressos da ciência há 20 anos.

Essa corrente de ideias, comum aos delegados vindos de todas as partes da Terra, provou que um volume novo deveria ser feito, para casar o ensinamento de Allan Kardec com aquele que nos dá, constantemente, a procura da verdade.

Essa será a *obra da Comissão de propaganda*; contamos muito com os bons conselhos de nosso F.E.S. que provou ao Congresso a sua competência, sobre as mais altas questões filosóficas, para secundar a comissão nessa composição de um trabalho coletivo, sem cessar progressivo; esse volume deverá, ele mesmo, a seu turno, ser posto ao ponto, quando um novo Congresso lhe terá decidido. "A ciência, disse Allan Kardec, está chamada a constituir a verdadeira gênese segundo as leis da Natureza.

"As descobertas da ciência glorificam a Deus em lugar de rebaixá-lo; não destroem senão o que os homens edificaram sobre as ideias falsas que se fizeram de Deus.

"O Espiritismo, caminhando com o progresso, não será jamais ultrapassado, porque se novas descobertas lhe demonstrarem que estava no erro sobre um ponto, modificar-se-á sobre esse ponto; se uma nova verdade se revela, ele a aceita." (*A Gênese*, pág. 27.)

P.G.LEYMARIE.

ÍNDICE ANALÍTICO

(O número à frente dos assuntos, neste Índice Analítico, refere-se à numeração de cada tema principal da obra.)

NOTA EXPLICATIVA

"Hoje, creem, e sua fé é inabalável, porque assentada na evidência e na demonstração, e porque satisfaz à razão. [...]. Tal é a fé dos espíritas, e a prova de sua força é que se esforçam por se tornarem melhores, domarem suas inclinações más e porem em prática as máximas do Cristo, olhando todos os homens como irmãos, sem acepção de raças, de castas, nem de seitas, perdoando aos seus inimigos, retribuindo o mal com o bem, a exemplo do divino modelo." (KARDEC, Allan. Revista Espírita de 1868.1ª.ed. Rio de Janeiro: FEB, 2005. p. 28, janeiro de 1868.)"

A investigação rigorosamente racional e científica de fatos que revelavam a comunicação dos homens com os Espíritos, realizada por Allan Kardec, resultou na estruturação da Doutrina Espírita, sistematizada sob os aspectos científico, filosófico e religioso.

A partir de 1854 até seu falecimento, em 1869, seu trabalho foi constituído de cinco obras básicas: "O Livro dos Espíritos" (1857), "O Livro dos Médiuns" (1861), "O Evangelho segundo o Espiritismo" (1864), "O Céu e o Inferno" (1865), "A Gênese" (1868), além da obra "O Que é o Espiritismo" (1859), de uma série de opúsculos e 136 edições da "Revista Espírita" (de janeiro de 1858 a abril de 1869). Após sua morte, foi editado o livro "Obras Póstumas" (1890).

O estudo meticuloso e isento dessas obras nos permite extrair conclusões básicas: a) todos os seres humanos são Espíritos imortais criados por Deus em igualdade de condições, sujeitos às mesmas leis naturais de progresso que levam todos, gradativamente, à perfeição; b) o progresso ocorre através de sucessivas experiências em inúmeras reencarnações, vivenciando necessariamente todos os segmentos sociais, única forma de o Espírito acumular o aprendizado necessário ao seu desenvolvimento; c) no período entre as reencarnações, o Espírito permanece no Mundo Espiritual, podendo comunicar-se com os homens; d) o progresso obedece às leis morais ensinadas e vivenciadas por Jesus, nosso guia e modelo, referência para todos os homens que desejam se desenvolver de forma consciente e voluntária.

Em diversos pontos de sua obra, o Codificador se refere aos Espíritos encarnados em tribos incultas e selvagens, então existentes em algumas regiões do Planeta, e que, em contato com outros polos de civilização, vinham sofrendo inúmeras transformações, muitas com evidente benefício para os seus membros, decorrentes do progresso geral ao qual estão sujeitas todas as etnias, independentemente da coloração de sua pele.

Na época de Allan Kardec, as ideias frenológicas de Gall e as da fisiognomonia de Lavater eram aceitas por eminentes homens de Ciência, assim como provocou enorme agitação nos meios de comunicação e junto à intelectualidade e à população em geral, a publicação, em 1859 – dois anos depois do lançamento de *O Livro dos Espíritos* – do livro sobre a *Evolução das Espécies,* de Charles Darwin, com as naturais incorreções e incompreensões que toda ciência nova apresenta. Ademais, a crença de que os traços da fisionomia revelam o caráter da pessoa é muito antiga, pretendendo-se haver aparentes relações entre o físico e o aspecto moral.

O Codificador não concordava com diversos aspectos apresentados por essas, assim chamadas, ciências. Desse modo, procurou avaliar as conclusões desses eminentes pesquisadores à luz da revelação dos Espíritos, trazendo ao debate o elemento espiritual como fator decisivo no equacionamento das questões da diversidade e desigualdade humanas.

Allan Kardec encontrou, nos princípios da Doutrina Espírita, explicações que apontam para leis sábias e supremas, razão pela qual afirmou que o Espiritismo permite "resolver os milhares de problemas históricos, arqueológicos, antropológicos, teológicos, psicológicos, morais, sociais, etc." (Revista Espírita, 1862, p. 401). De fato, as leis universais do amor, da caridade, da imortalidade da alma, da reencarnação, da evolução, constituem novos parâmetros para a compreensão do desenvolvimento dos grupos humanos nas diversas regiões do Orbe.

Essa compreensão das Leis Divinas permite a Allan Kardec afirmar que:

"O corpo deriva do corpo, mas o Espírito não procede do Espírito. Entre os descendentes das raças apenas há consanguinidade." (O Livro dos Espíritos, item 207, p. 176).

"[...] o Espiritismo, restituindo ao Espírito o seu verdadeiro papel na Criação, constatando a superioridade da inteligência sobre a matéria, faz com que desapareçam, naturalmente, todas as distinções estabelecidas entre os homens, conforme as vantagens corporais e mundanas, sobre as quais só o orgulho fundou as castas e os estúpidos preconceitos de cor."(Revista Espírita, 1861, p. 432.)

"Os privilégios de raças têm sua origem na abstração que os homens geralmente fazem do princípio espiritual, para considerar apenas o ser material exterior. Da força ou da fraqueza constitucional de uns, de uma diferença de cor em outros, do nascimento na opulência ou na miséria, da filiação consanguínea nobre ou plebeia, concluíram por uma superioridade ou uma inferioridade natural. Foi sobre este dado que estabeleceram suas leis sociais e os privilégios de raças. Deste ponto de vista circunscrito, são consequentes consigo mesmos, porquanto, não considerando senão a vida material, certas classes parecem pertencer, e realmente pertencem, a raças diferentes. Mas se se tomar seu ponto de vista do ser espiritual, do ser essencial e progressivo, numa palavra, do Espírito preexistente e sobrevivente a tudo, cujo corpo não passa de um invólucro temporário, variando, como a roupa, de forma e de cor; se, além disso, do estudo dos seres espirituais, ressalta a prova de que esses seres são de natureza e de origem idênticas, que seu destino é o mesmo, que todos partem do mesmo ponto e tendem para o mesmo objetivo; que a vida corporal não passa de um incidente, uma das fases da vida do Espírito, necessária ao seu adiantamento intelectual e moral; que em vista desse avanço o Espírito pode sucessivamente revestir envoltórios diversos, nascer em posições diferentes, chega-se à consequência capital da igualdade de natureza e, a partir daí, à igualdade dos direitos sociais de todas as criaturas humanas e à abolição dos privilégios de raças. Eis o que ensina o Espiritismo. Vós que negais a existência do Espírito para considerar apenas o homem corporal, a perpetuidade do ser inteligente para só encarar a vida presente, repudiais o único princípio sobre o qual é fundada, com razão, a igualdade de direitos que reclamais para vós mesmos e para os vossos semelhantes." (Revista Espírita, 1867, p. 231.)

"Com a reencarnação, desaparecem os preconceitos de raças e de castas, pois o mesmo Espírito pode tornar a nascer rico ou pobre, capitalista ou proletário, chefe ou subordinado, livre ou escravo, homem ou mulher. De todos os argumentos invocados contra a injustiça da servidão e da escravidão, contra a sujeição da mulher à lei do mais forte, nenhum há que prime, em lógica, ao fato material da reencarnação. Se, pois, a reencarnação funda, numa lei da Natureza o princípio da fraternidade universal, também funda na mesma lei o da igualdade dos direitos sociais e, por conseguinte, o da liberdade. (A Gênese, cap. I, item 36, p. 42-43. Vide também Revista Espírita, 1867, p.373).

Na época, Allan Kardec sabia apenas o que vários autores contavam a respeito dos selvagens africanos, sempre reduzidos ao embrutecimento quase total, quando não escravizados impiedosamente.

É baseado nesses informes "científicos" da época que o Codificador repete, com outras palavras, o que os pesquisadores europeus descreviam quando de volta das viagens que faziam à África negra. Todavia, é peremptório ao abordar a questão do preconceito racial:

"Nós trabalhamos para dar a fé aos que em nada creem; para espalhar uma crença que os torna melhores uns para os outros, que lhes ensina a perdoar aos inimigos, a se olharem como irmãos, sem distinção de raça, casta, seita, cor, opinião política ou religiosa; numa palavra, uma crença que faz nascer o verdadeiro sentimento de caridade, de fraternidade e deveres sociais." (KARDEC, Allan. Revista Espírita de 1863 - 1ª.ed. Rio de Janeiro: FEB, 2005. - janeiro de 1863.)

"O homem de bem é bom, humano e benevolente para com todos, sem distinção de raças, nem de crenças, porque, em todos os homens, vê irmãos seus." (O Evangelho segundo o Espiritismo, Cap. XVII, item 3, p. 348)

É importante compreender também, que os textos publicados por Allan Kardec na *Revista*

Espírita tinham por finalidade submeter à avaliação geral as comunicações recebidas dos Espíritos, bem como aferir a correspondência desses ensinos com teorias e sistemas de pensamento vigentes à época. Em Nota ao Capítulo XI, item 43, do livro *A Gênese*, o Codificador explica essa metodologia:

"Quando, na Revista Espírita de janeiro de 1862, publicamos um artigo sobre a "interpretação da doutrina dos anjos decaídos", apresentamos essa teoria como simples hipótese, sem outra autoridade afora a de uma opinião pessoal controversível, porque nos faltavam, então, elementos bastantes para uma afirmação peremptória. Expusemo-la a título de ensaio, tendo em vista provocar o exame da questão, decidido, porém, a abandoná-la ou modificá-la, se fosse preciso. Presentemente, essa teoria já passou pela prova do controle universal. Não só foi bem aceita pela maioria dos espíritas, como a mais racional e a mais concorde com a soberana justiça de Deus, mas também foi confirmada pela generalidade das instruções que os Espíritos deram sobre o assunto. O mesmo se verificou com a que concerne à origem da raça adâmica." (A Gênese, Cap. XI, item 43, Nota, p. 292.)

Por fim, urge reconhecer que o escopo principal da Doutrina Espírita reside no aperfeiçoamento moral do ser humano, motivo pelo qual as indagações e perquirições científicas e/ou filosóficas ocupam posição secundária, conquanto importantes, haja vista o seu caráter provisório decorrente do progresso e do aperfeiçoamento geral. Nesse sentido, é justa a advertência do Codificador:

"É verdade que esta e outras questões se afastam do ponto de vista moral, que é a meta essencial do Espiritismo. Eis por que seria um equívoco fazê-las objeto de preocupações constantes. Sabemos, aliás, no que respeita ao princípio das coisas, que os Espíritos, por não saberem tudo, só dizem o que sabem ou o que pensam saber. Mas como há pessoas que poderiam tirar da divergência desses sistemas uma indução contra a unidade do Espiritismo, precisamente porque são formulados pelos Espíritos, é útil poder comparar as razões pró e contra, no interesse da própria doutrina, e apoiar no assentimento da maioria o julgamento que se pode fazer do valor de certas comunicações." (Revista Espírita, 1862, p. 38.)

Feitas essas considerações, é lícito concluir que na Doutrina Espírita vigora o mais absoluto respeito à diversidade humana, cabendo ao Espírita o dever de cooperar para o progresso da Humanidade, exercendo a caridade no seu sentido mais abrangente (*"benevolência para com todos, indulgência para as imperfeições dos outros e perdão das ofensas"*), tal como a entendia Jesus, nosso Guia e Modelo, sem preconceitos de nenhuma espécie: de cor, etnia, sexo, crença ou condição econômica, social ou moral.

A Editora